本书受到国家自然科学基金"基于工业物联网平台
联盟协同与竞争机制研究"（项目号：72201178

U0516157

RESEARCH ON THE OPTIMIZATION OF
PRODUCT ACTIVE MAINTENANCE SERVICE BASED ON
INDUSTRIAL INTERNET OF THINGS

基于工业物联网的
产品主动维护服务优化研究

孙明耀◎著

经济管理出版社
ECONOMY & MANAGEMENT PUBLISHING HOUSE

图书在版编目（CIP）数据

基于工业物联网的产品主动维护服务优化研究 ／ 孙明耀著. -- 北京 ： 经济管理出版社，2025. 7. -- ISBN 978-7-5243-0406-7

Ⅰ．F405

中国国家版本馆 CIP 数据核字第 2025429NK3 号

组稿编辑：范美琴
责任编辑：范美琴
责任印制：许　艳
责任校对：王纪慧

出版发行：经济管理出版社
　　　　　（北京市海淀区北蜂窝 8 号中雅大厦 A 座 11 层　100038）
网　　址：www.E-mp.com.cn
电　　话：(010) 51915602
印　　刷：唐山玺诚印务有限公司
经　　销：新华书店
开　　本：720mm×1000mm/16
印　　张：13
字　　数：238 千字
版　　次：2025 年 7 月第 1 版　　2025 年 7 月第 1 次印刷
书　　号：ISBN 978-7-5243-0406-7
定　　价：88. 00 元

前　言

　　工业物联网为产品售后服务带来机遇的同时也带来了挑战。一方面，工业物联网技术提升了服务供应链的可追溯性与协同服务能力等，实现了对产品的远程运维，因此提升了维护质量并缩短了服务响应时间；另一方面，由于数据质量等问题引发远程监控与诊断的误差，导致用户与服务商需承担额外的管控成本。如何将工业物联网在维护服务中的应用特点以及不精确监控诊断纳入维护服务商的能力规划决策中，如服务速率（服务时间）、技工数量与定价决策等，以主动管控误差、优化服务供给策略成为服务运营领域的新研究视角。以往研究聚焦于物联网在备件库存与维护策略方面的应用，忽视了其对服务能力规划、服务定价以及服务供给策略的影响。本书考虑离散性诊断错误与连续性诊断误差两种情形，建立相应的错误成本模型，并联合工业物联网在维护服务中的应用特点，研究服务商在不同情境下的服务能力规划、服务定价与服务供给策略。本书主要包括七章内容：第 1 章是绪论。本章对本书的研究背景、研究意义以及研究框架进行了概述。第 2 章是文献综述。本章对现有研究进行了综述，指出现有研究存在的不足以及本书的研究重点。第 3 章是产品远程诊断服务的监控质量与定价决策研究。本章应用贝叶斯更新对工业物联网监控与诊断结果进行建模，通过构建用户错误成本结余、等待成本以及服务定价三者间的关系，探讨用户的加入—退出决策。基于此，研究不同情境下服务商的最优监控质量与服务定价策略。这部分研究为服务商与工业物联网相关的投入提供了决策支持。第 4 章是离散性诊断错误下考虑受损部件修复—替换均衡的能力规划决策。本章通过对离散性监控误差模型进行刻画，在考虑受损部件修复与替换权衡的基础上，使用 M/M/1 排队论方法确定服务商的最优能力规划决策，这部分研究揭示了离散诊断错误、备件价格与服务提前期等对服务商关于受损部件修复—替换能力规划的影响机制，为服务商主动管控诊断错误、优化维护服务过程提供了决策支持。第 5 章是考虑连续性诊断误差的服务能力规划与监控质量决策。本章对连续性诊断误差所导致的错误成本进行建模，基于此建立 M/M/1 排队与博弈联合优化模型，分析服务商的最优能力规划与监控质量决策，为服务商管控诊断偏差、优化服务能力等提供支撑。第 6 章是考虑连续性诊断误差的服务能力规划与服务供给竞争研究。本章基于第 5 章的研究结果与建模方法，将研究对象由垄断服务商拓展至双寡头服务商，研究服务商之间的竞争均衡，并将服务商的均衡服务供给策略与垄断服务商的最优服务供给策略进行比较。这部分研究为服务商提供了在垄断与双寡头市场中同时考虑服务能力与供给策略联合优化的理论支持，同时，为服务商在竞争环境下主动管控诊断误差提供了决策支持。第 7 章是结论与展望。本章对全书的研究进行了总结，并展望了未来研究方向。

　　本书是对基于工业物联网的售后服务能力规划的初探，受限于笔者水平，本书的研究存在不足之处，并且由于有些问题存在一定的处理难度，导致研究内容尚未形成完整的闭环，希望各位读者提供建议与意见。

目　录

1 绪论

1.1 研究背景

随着产品的科技含量不断提高，产品结构不断复杂化，对产品运行状态的实时在线监测与诊断变得尤为重要。在现代工业体系中，因产品维护与故障停机等导致的生产成本占据总生产成本的 30%～50%[1]。以美国工业体系为例，近几十年来传统的维护成本快速提升，从 20 世纪 80 年代的 6000 亿美元增长到 90 年代的 8000 亿美元，并在 21 世纪初增长到 12000 亿美元。其中，因产品状态诊断错误而导致的不恰当维护产生的成本占据了总维护成本的 1/3～1/2[2]。因此，准确诊断产品退化状态并制定恰当的维护修复方法，对提升售后服务效率、降低维护成本具有重要意义。然而，传统售后服务模式缺乏有效的信息收集与集成方式，导致出现服务供应链协同性低、维护方法不当、响应速度慢的问题。为适应现代产品科技含量提高、结构复杂化、停机成本较高的现状，传统产品售后服务模式亟待变革。

近年来，学术界与实业界开始关注基于工业物联网的远程维护服务新模式。传感器成本的降低（从 1992 年的 22 美元降至 2014 年的 1.4 美元）以及处理速

---

① Topal A E, S Ramazan. A new MIP model for mine equipment scheduling by minimizing maintenance cost [J]. European Journal of Operational Research, 2010, 207 (2)：1065-1071.

② 廖雯竹. 基于产品衰退机制的预知性维护策略及生产排程集成研究 [D]. 上海：上海交通大学，2011.

度的提升（从 29MHz 提高至 2875MHz），再加上数据处理与信息交互技术的发展，进一步促进了工业物联网技术在实际生产运营中的应用①。根据全球移动通信系统协会（GSMA）的统计，2010 年以来全球物联网连接产品数量的复合增长率达到了 20.9%，万物互联成为全球网络的发展方向。据预测，2025 年全球物联网产品连接数量将达到 251 亿个（见图 1-1）。在我国，中国信息通信研究院对我国工业物联网产业规模进行了统计分析，截至 2020 年，工业物联网产业经济整体规模约为 3.1 万亿元，同比增长约为 47.9%（见图 1-2）。

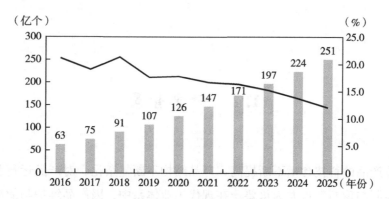

图 1-1　全球物联网产品连接数量

资料来源：前瞻产业研究院《2019 年物联网行业市场研究报告》。

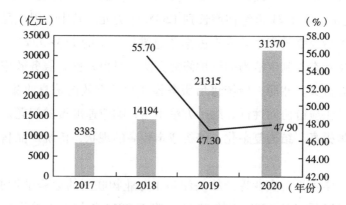

图 1-2　2017—2020 年我国工业物联网产业经济总体情况

资料来源：中国信息通信研究院《工业物联网产业经济发展报告 2020》。

---

① Olsen T L, Tomlin B. Industry 4.0: Opportunities and challenges for operations management [J]. Manufacturing & Service Operations Management, 2020, 22（1）：113-122.

在此背景下，各制造业巨头积极部署基于工业物联网的远程监控诊断平台以促进企业服务化转型。例如，劳斯莱斯采用按照飞行时数对飞机引擎收费的商业模式，并且通过其远程监控平台，对引擎退化状态进行实时监控与分析，并承担引擎的维护、修理以及升级的任务；西门子的"MindSphere"物联网平台通过对生产数据的实时分析，实现了预测性维护、资源优化以及能源管理等。其他工业物联网远程监控平台包括通用电气的 Predix、菲尼克斯电气的 ProfiCloud 等；国内制造业领导者也积极部署工业物联网平台，如海尔的 COSMOPlat、徐工工业云以及三一重工的根云等。物联网监控平台的应用提高了服务供应链企业间的协同服务能力，提升了精准维护能力与产品可靠性，缩短了产品停机时间。Christopher 和 Holweg（2011）将物联网的供应链优势概括为"4R"：及时响应性（Responsiveness）、可靠性（Reliability）、适应性（Resilience）以及协同关系（Relationship）。表 1-1 总结了基于工业物联网的远程监控维护服务模式与传统维护服务模式在服务质量、诊断精度与服务响应时间三方面的关键区别，不难发现，基于工业物联网的远程监控维护服务模式在服务质量、诊断精度与服务响应性三方面均具有较大优势。

表 1-1 两种售后服务模式的比较

维护服务模式	服务质量		诊断精度	服务响应时间
	可靠性	协同性	信息完备度	可预测性
远程监控模式	较高	高	较高	较高
传统模式	低	低	较低	极低

注：笔者根据相关资料整理。

然而，基于工业物联网的远程监控维护服务同样面临监控诊断偏差的困扰。传统维护服务模式诊断依赖产品专家的经验，由于缺乏足够的信息会导致产品状态诊断误差较高。尽管物联网技术实现了对产品运行信息的实时监测，但是因数据质量等问题导致的误检问题仍不可忽视。例如，阿斯麦尔（ASML）公司对其在全球范围内出售的光刻机进行监控与维护，但是由于物联网平台的监控存在不精确的问题，经常出现多检与漏检现象，对企业的关键备件库存管理造成了影响。

可以预见，基于工业物联网的维护服务转型将成为企业开展服务型制造的一个重点。但是众多企业将重点放在了提升物联网技术方面，而忽视了物联网技术的应用对运营管理决策带来的影响，尤其是在考虑远程监控存在错误的情形下，使得工业物联网技术难以充分发挥其经济效益。因此，如何将工业物联网的关键应用特性与不精确诊断因素纳入维护服务商的运营管理决策中，以优化服务能力并充分发挥物联网技术的经济效益成为亟待解决的问题。服务竞争作为服务运营管理的重要部分，同样面临着上述问题。接下来本节将从三个方面对本书的研究背景进行详细介绍。

1.1.1 基于工业物联网的企业服务化转型变革

在当今竞争激烈的市场中，制造公司努力通过提供个性化的产品与价值增值服务实现更高的用户黏性、盈利能力和可持续性。这种服务化的价值主张被称为产品—服务系统（PSS），这是一种通过关注生命周期创造价值的业务战略，通过不同利益相关者（如客户、OEM 和供应商）的合作和互动来实现。通过采用PSS，制造商的重点逐渐从以产品为中心的方式转变为以服务为导向的方式，即服务化，其中产品是服务创新的工具。因此，生产的目标不再是以所有权为导向的产品交付，而是将产品与生产绩效（如按绩效付费）和使用率（如按使用次数付费）捆绑销售。另外，随着工业产品科技含量的提高以及技术升级的加快，用户已经没有能力完全掌握产品的操作与运维方法。因此，用户对于专业售后服务的需求更加强烈，促使企业提供更为完备的"产品+服务"解决方案。IBM、Rolls-Royce、海尔、沈阳 i5 机床、陕鼓等诸多国内外领先制造业企业进行了服务化转型，并且与服务相关的收益已超过了产品销售的收益。

从技术的角度来说，工业物联网被认为是对 PSS 具有最大经济影响的技术手段，并且已被制造企业（如汽车、医疗产品等）广泛采用。一方面，工业物联网的可追溯性缓解了售后服务过程中产品端到端的数据可视化问题，实现了制造企业内部资源间的纵向集成以及价值链主体间的横向集成。在传统售后服务模式中，由于缺乏对产品生产过程及运营状态的监控，导致产品在出现故障之后，服务商很难在短时间内定位产品生产时所使用的制造资源，而工业物联网实现了企业内部制造资源之间的纵向集成，可以随时使用权限获取产品相关的生产及运营信息，通过 RFID 标签中记录的信息，服务商可以获取产品生产的批号、生产时间、操作员或者检测员等，从而可以迅速定位到出现故障的生产环节，以安排最为匹配的服务资源进行维护修理，提升售后服务的质量。例如，劳斯莱斯在引擎上安装传感器以实时监测反映引擎状态的各关键参数，超过 20 种参数如油压、油温及震动水平等的相关数据被实时上传至工业物联网平台，以预测引擎故障的时间、部位以及维护需求等。另一方面，工业物联网实现了产品价值链企业之间的横向集成，包括原材料供应商、制造商、分销商、售后服务商以及用户在内的多个价值主体通过工业物联网平台实现产品数据的共享，能更高效地开展协作，降低了售后服务的影响时间，这种高效协作的优势在大型复杂产品情境下更体现得淋漓尽致。例如，波音飞机制造商利用工业物联网及数字化技术，将其错综复杂的供应链交织在一起。飞机制造通常遵循一种基于单元的制造方法，即所有的飞机配件需要流入飞机装配点进行装配，并且大多数的飞机组件来自世界各地的供应商。因此，如果缺乏高效的供应链跟踪机制，整个售后服务业务流程就会变得极其复杂，难以管理。波音飞机以工业物联网平台为载体，建立了全球开放式的物联网生态系统，使得价值链上的各个主体建立了一种共生关系，从而在彼此之间形成新的协同效应。

尽管近年来物联网在技术以及应用层面取得了快速的发展，但是相应的运营管理措施却未能跟上技术发展的步伐，导致在实际应用中不能充分发挥物联网所带来的效益。如前文所述，工业物联网的高度集成特性不但提升了售后服务的服务质量，并且降低了售后服务的响应时间。然而，现有的研究并未将上述物联网在售后服务中的应用特性纳入用户与服务商的决策中。为弥补相关研究的不足，本书以定量模型的方法将上述物联网特性纳入用户与服务商的决策中，旨在为服务商提供结合用户行为的运营决策支持。

1.1.2　工业物联网不精确诊断与产生的错误成本

感知控制技术及信息处理技术是工业物联网的核心，尽管传感器技术、监控技术以及数据分析技术都取得了巨大进步，但在实际生产运营过程中，远程监控数据仍然会受到数据噪声的影响，进而会影响服务商的判断与决策。例如，电网与我国经济、民生等息息相关，保障电网的正常运作具有重要的意义。因此，某公司研发了"零序暂态故障指示器"用于 10kV 配电线路的故障判断（单相故障、相间短路），判断属于瞬时故障或永久故障，并对故障点进行定位。其主要功能就是检测电网线上数据，当线上数据（功率因素、谐波占比、三相不平衡等）超出标准后，产品报警，对电网的健康度进行综合评价。但是，在实际应用中，产品也会出现误报与拒报的现象，如表 1-2（1）和表 1-2（2）所示。表

1-2（1）统计的是产品误报率，即多检现象；表1-2（2）统计的是产品拒报率，即漏检现象。

表1-2（1）　误报率（误报故障次数/总上报故障次数）

区域	2019-10	2019-11	2019-12	2020-1	2020-2	2020-3	2020-4	2020-5	2020-6	2020-7
西北	0/0	0/3	1/2	0/4	1/2	2/4	0/4	3/12	3/16	2/13
东北	/	/	/	/	/	1/1	0/1	1/4	1/8	2/5
西南	/	/	/	1/4	0/0	0/2	1/7	2/9	3/12	2/10
华北	/	/	/	/	/	0/0	1/1	1/2	0/1	1/3

注："/"代表产品尚未安装。

资料来源：企业资料。

表1-2（2）　拒报率（拒报故障次数/实际故障次数）

区域	2019-10	2019-11	2019-12	2020-1	2020-2	2020-3	2020-4	2020-5	2020-6	2020-7
西北	0/0	0/3	1/2	0/4	1/2	2/4	0/4	3/12	3/16	2/13
东北	/	/	/	/	/	0/0	1/2	0/3	1/8	0/3
西南	/	/	/	0/3	0/0	1/3	0/6	1/8	0/9	0/8
华北	/	/	/	/	/	0/0	0/0	0/1	0/1	0/2

注："/"代表产品尚未安装。

资料来源：企业资料。

导致远程监控出现错误的主要因素为数据质量问题。工业物联网部署的传感器可监控现实世界中的一系列反映产品状态的指标，如温度、油压、振幅、声音等，这些收集得到的数据被传输到工业物联网分析云端，通过一系列的数据挖掘步骤，如数据存储、数据预处理、预测性建模与分析等，来实时反映产品的运行状态。其核心就是从海量的产品运行数据中提取有价值的信息，并使用这些信息提前预知将要发生的产品故障。但是，工业物联网的数据具有以下特点：不确定性、噪声、大量且分散、连续性、相关性等。因而，对工业物联网的数据分析更依赖于较高的数据质量。然而，在实际应用中，工业物联网的各个层级均出现了不同程度的数据质量问题。工业物联网的基础构架主要包括三个层级：物理层、网络层以及应用层。因此，影响物联网数据质量的因素也分布于这几个方面，Karkouch 等（2016）总结了影响物联网数据质量的十大因素，有兴趣的读者可以阅读相应文献。

除数据质量因素外，在对产品退化状态进行预测分析时，预测模型精度以及数据与产品故障模式之间的模糊关系也会引发物联网不精确诊断。Xu 和 Chan（2016）对预测模型的误差进行了介绍，例如，运用统计变量"平均绝对误差（MAPE）"对预测模型的精准度进行估计，结果显示 MAPE 的值在 4.8% ~ 16.9%；而当使用统计变量"确定性系数（R^2）"时，结果显示 R^2 的值在 17.7% ~ 42.0%/每小时。另外，物联网监控得到的多源数据与产品故障模式之间的映射关系不清楚。以 IF 半导体后道封装工厂的引线焊接（Wire Bonding）工序为例，焊线机产品的复杂与精密特性导致其存在多种故障模式，尽管内嵌传感器可以监控得到多类焊线机运转的数据，但是哪类或者哪些类数据反映何种故障模式是模糊的，导致产品故障多检与漏检现象频发。

数据质量、预测模型以及数据源与故障模式之间的模糊联系导致了物联网不精确诊断现象的出现，进而造成了用户与服务商的错误成本。当多检现象发生时，会导致产品用户的非必要停机成本，同时会导致服务商额外的备件库存成本；而当漏检现象发生时，会导致产品用户使用不可靠产品而生产出次品的成本，同时会造成服务商因违反产品可靠性的补偿成本。上述 IF 公司案例中的误诊结果即为多检与漏检，因此需要不断调整其维护速率、技工数量以及技工能力等的决策，以保障产品的可靠性，降低停机成本。另外，Topan 等（2018）总结了阿斯麦尔（ASML）工厂对其全球范围内出售的光刻机运行监控中的不精确诊断因素，并分析了多检与漏检因素对其备件库存优化的影响，其中提到一些故障预警错误率达到 50% 以上。多检与漏检是不精确诊断的结果，而导致该结果的根本原因是对产品退化状态的判断存在误差。当产品某些关键部件的连续性退化状态超出了产品可正常使用的阈值时，由于物联网不精确诊断因素，某些已超出故障阈值的部件被诊断为正常运转，因而导致了漏检；而某些未超出故障阈值的部件被诊断为故障，因而导致了多检。

尽管已经有研究开始将不精确诊断因素纳入服务运营管理决策中，但是现有研究大多关注多检与漏检的离散性诊断错误与确定性错误成本，这种假设简化了分析过程却也无法探讨错误成本的特征，而错误成本又是不精确诊断的关键。因而本书关注连续性诊断误差，且相应的错误成本随着诊断误差递增，从而探讨不精确诊断导致错误成本的结构性特征。

1.1.3 服务商面临的能力规划、服务供给与竞争问题

以排队论为基础研究服务能力规划决策问题是服务运营领域的研究热点。服务能力指的是服务商可以满足用户需求的能力，如服务速率、服务站点数量以及服务员水平等。服务能力规划是指企业根据决策期限内市场需求变动的情况，对服务能力（如服务速率、站点数量与服务人员水平等）进行优化、调整以及更新的过程，以实现市场需求与服务能力的平衡，最终获得某个或者某些指标的最优。与一般性服务不同，产品维护服务还伴随着备件的替换，拆卸旧部件安装新部件构成了一个替换过程，但是除了拆卸和安装，维护修复还需要润滑、打磨、焊接等步骤，因此维护修复一般比替换更耗费时间。Alger 和 Salanie（2006）指出了汽车维护服务过程中存在的备件替换不确定因素：由于用户必须依赖产品专家的维护建议，因此为提升服务效率或者获取更大的服务收益，服务商会建议产品用户替换原本可以修复的受损部件。研究表明，在汽车修复过程中，53%的零件替换都是非必要的。所以，服务商在进行服务能力规划时，需要考虑两方面因素导致的备件替换不确定性：一是受损部件的多检与漏检；二是上述部件的修复—替换均衡。以 ASML 公司为例，其通过部署工业物联网远程监控平台对全球范围内的光刻机产品的关键部件进行监控，而监控得到的备件需求信号存在不确定性，造成备件替换的误差；另外，对于一些非必要替换的受损部件，需要决定采用修复或者替换的维护方法，以优化备件库存，降低库存成本。尽管监控信号存在误差，但该公司通过优化服务能力、提高诊断精度等方式，可以节省的库存成本达 30%以上，部分备件的库存成本节省达到 89%。

服务商还面临因不精确诊断导致的差异化服务供给问题。具备物联网诊断的监控服务与一般性服务在以下方面存在差异：第一，监控服务的诊断误差小于一般性服务。由于缺乏有效的数据集成方法，传统维护服务模式对产品退化状态的诊断往往依赖于技工的经验，从而导致较高的诊断误差，并产生较大的错误成本，尤其体现在大型复杂产品领域。第二，监控服务的服务质量较高。物联网实现了产品全生命周期端到端的数字化集成，产品全生命周期的相关数据都存储于物联网平台，因此，当故障发生时，物联网技术可以准确定位故障类别，并提高服务供应链的协同性等，进而为故障产品制定最为恰当的维护方案，提升售后服务的质量。第三，监控服务的响应时间较短。传统售后服务模式通常在产品故障发生后，服务商才确定相应的维护计划并组织相应的备件、技工等，这种方式导

致售后服务的响应时间较长，造成用户较大的非计划停机成本；物联网实现了产品的预测性维护，可以提前预知产品故障，服务商因此可以提前准备所需的维护资源，如关键备件、维护技工等，从而降低了整个维护过程的响应时间。尽管监控服务相较于一般性服务存在诸多优势，但是由于数据安全等原因的考量，同时监控服务往往需要付出更大的成本，如相应软件与硬件的购买与更新等，有些产品用户不愿意共享生产数据而拒绝加入服务商的物联网监控平台，因此服务商需要考虑服务供给方式，同时提供监控服务与一般性服务或者只提供监控服务。例如，尽管上述电网监控案例中的"零序暂态故障指示器"对于识别电网潜在故障、保障电网安全运行具有积极作用，但是该产品的安装率仍旧不高，导致出现基于物联网的维护模式与传统维护模式并存的局面。

在售后维护服务市场中，服务商面临着愈加激烈的竞争，尤其是在售后服务巨大的市场被不断发掘的情形下。Olsen 和 Tomlin（2020）指出，产品制造商如西门子、通用电气等，希望在潜力巨大的售后服务市场中占据更为重要的位置，因而加剧了竞争。以汽车售后服务为例，德勤在 2019 年发布的《2019 中国汽车后市场白皮书》指出，2020 年中国将成为汽车保有量全球最大市场，并且车龄的增长使后市场成为新的产业焦点，但是由于主机场对于原厂件的流通和配件信息技术的垄断，我国汽车独立后市场份额不足 40%，而欧美国家则达到 60% 以上。但是物联网数字技术的发展使得独立后市场渠道迎来发展契机，以阿里巴巴、京东等为代表的互联网巨头带来了不同的商业模式，通过线下门店标准化管理体系，结合数字门店实现精准运营，通过基于互联网技术的模式创新来尝试改善目前的消费者痛点以占领市场，并与传统车企在后市场方面竞争，如阿里入股的汽车超人、京东京车会等。以产品制造商为代表的传统服务商、备件生产商、互联网新势力以及保险公司等大量玩家的入局，加剧了售后服务市场的竞争。尽管现有研究关注了服务市场的竞争，但是当考虑物联网不精确诊断因素时，现有研究的服务商竞争均衡是否仍然成立值得探究，同时，对于市场中的领导者，如产品制造商提供售后服务时，其是否应当通过强势的价格战逼退潜在服务商？而对于潜在服务商，从经济学角度考量，其是否应当引入物联网监控诊断技术？这些都是物联网环境下售后服务竞争值得研究的问题。

综上所述，工业物联网的发展为产品售后服务带来机遇的同时也带来了服务运作方面的挑战。本书基于物联网环境下产品售后服务的实际需要与相关理论的研究不足，探讨在离散性诊断错误与连续性诊断误差情境中，工业物联网的不精确诊断因素对售后服务商能力规划（如服务速率、站点数量与技工水平等）、差异化服务供给与竞争策略的影响，有迫切且重要的理论研究价值和实际应用价值。

1.2 研究问题和意义

1.2.1 研究问题

本书聚焦在工业物联网环境下，以产品售后服务商为研究对象，将工业物联网在售后服务中的应用特性以及不精确诊断纳入售后服务商的服务能力规划以及服务供给模型中，从离散性诊断错误与连续性诊断误差两个视角，研究了不同情境（状态诊断、维护修复、部件修复替换）下服务商的能力规划与服务供给决策优化问题，并同时纳入不同市场环境的考量（垄断与双寡头），旨在为工业物联网环境下服务商提供结合用户行为的关键决策理论支持，从优化决策以主动管理诊断偏差、优化能力规划及服务供给策略两方面为售后服务商提供相关启示。具体研究问题如下：

（1）受数据质量等的影响，产品运行状态的远程监控结果存在偏差。提高监控质量可以提升诊断精度，但同时会加大服务商投资成本，因此服务商需要权衡这两方面的决策。以往研究多关注工业物联网在线监控对备件库存或者设备维护计划的影响，忽视了在线监控尤其是监控结果存在错误的情况下，设备维护服务商的能力规划与服务定价等的运营策略。本章考虑诊断精度由监控质量与诊断的时间决定，基于此构建用户策略性排队模型研究服务商最优监控质量与服务定价决策，并分析诊断时间对均衡决策的影响。研究表明：当监控质量与诊断时间相互独立时，服务商净收益函数对于监控质量存在极大值点，且均衡状态下最优监控质量与诊断时间为"互补"关系；当监控质量与诊断时间存在内生关系时，服务商净收益随监控质量递增。此外，用户的加入—退出策略取决于服务商决策，而且受潜在需求规模的影响。

（2）考虑受损部件多检与漏检两类诊断错误以及受损部件的修复—替换均衡，研究服务商的服务时间与技工数量决策。以往研究忽略了修复服务与部件替换之间的联系：服务商可以通过提高修复质量的方式来降低备件替换水平，但这同时会降低服务商的服务速率。因此，在进行服务能力规划时，服务商必须考虑该受损部件修复—替换均衡。然而，现有研究多将维护服务与备件替换分开研究，未考虑服务商修复服务质量与备件替换之间的联系，尤其是在考虑多检与漏检两类错误的情形下。基于此，本书提出了售后服务商关于服务速率、价格以及技工数量的联合决策模型，研究服务质量、系统拥挤度以及备件消耗三者之间的均衡，同时，探讨工业物联网的漏检、多检和服务提前期等对最优决策的影响。另外，在考虑工业物联网快速响应性的情境下，研究物联网及时响应性对服务商相关决策的影响，为售后服务商在不同环境下的能力规划、定价决策及服务质量与备件替换均衡决策提供理论支持。

（3）将离散性监控错误拓展至连续性诊断偏差，考虑服务商的监控质量投入成本以研究维护服务供应商的最优服务能力、定价以及监控质量的联合决策问题。具体地，首先考虑服务商的短期决策问题：产品监控所使用的硬件与软件设施，如传感器、网络等在短时间内不会发生变化，即监控质量在短期决策中是外生变量。其次将研究问题拓展至长期决策问题：服务商需要决定产品监控所使用的硬件与软件设施，即监控质量为服务商的决策之一。产品用户通过衡量服务所带来的收益与定价以及不精确诊断导致的错误成本的相对大小，确定自己的加入—退出决策；服务商根据用户的加入—退出决策，通过确定合适的服务能力、价格与监控质量以最大化自身收益。与传统研究不同，本书考虑维护服务对产品用户的效益来自两方面：监控与服务。首先，基于工业物联网的诊断可以发现潜在的产品故障，因此及时停机可避免因使用不可靠产品造成的生产成本，如次品成本；其次，维护服务可以修复产品，从而使产品用户可以恢复生产。

（4）考虑连续诊断误差与竞争性服务商，研究垄断与双寡头服务商的最优服务能力规划与供给决策，并比较垄断市场与双寡头市场下决策的异同。现有相关研究均以定性的方法分析物联网技术对供应链的影响，缺乏相应的定理分析模型。另外，现有差异化服务相关研究主要为价格、质量或者提前期差异化，对于因不精确监控诊断导致的差异化服务供给策略还未有相应研究。本书定义了工业物联网可靠性概念，建立受监控质量影响的产品状态诊断误差模型，同时考虑工业物联网的应用特性，如可追溯性或者及时响应性等，并将其纳入售后服务商的决策模型中。同时，分析在垄断市场与双寡头市场环境中，引入一般性服务（不含物联网监控）对监控服务（含物联网监控）最优监控质量的影响机制。本书旨在厘清工业物联网的应用特性以及不精确监控诊断等售后服务商能力规划决策的影响，并且为服务商在不同市场环境（垄断或者竞争）下的服务供给决策提供理论支持。

1.2.2　研究意义

工业物联网的快速发展与应用为企业开展售后维护服务带来机遇的同时也带来了运作管理方面的挑战。最突出的问题就是因数据质量等问题导致的诊断误差从供需两端影响服务商的决策。本书通过建立诊断误差与错误成本模型，同时将工业物联网在售后维护服务的应用特性与诊断误差纳入服务商的决策模型中，分别在离散性诊断错误与连续性诊断误差下，研究工业物联网在售后服务不同应用情境下的服务能力规划与服务供给策略，不仅对工业物联网环境下售后服务商的运营策略与诊断误差管控有很好的指导意义，还在理论上对已有研究进行了补充。

在理论上，以往关于售后维护服务的研究大致分为两类：一是与耐用消费品的售后服务相关的研究，如汽车、空调以及电子用品等，其研究重点是顾客满意度与服务商效益之间的均衡问题；二是与产品相关的售后服务研究，如飞机引擎、CT 或者 MRI 等医疗产品，其研究重点是如何进行服务能力规划以及合同设计以降低故障带来的产品失效成本。然而，现有研究均未考虑工业物联网的应用将会给上述售后服务决策带来的影响。例如，工业物联网大幅降低了故障响应的时间并提高了服务供应链的可视化程度与协同服务水平。此外，大多数关于工业物联网对运营策略影响的研究依然集中于产品维护计划或者库存方面。例如，以最小化产品维护成本为目标的维护时间间隔决策，只有少数学者关注工业物联网的应用对售后服务系统能力规划的影响机制且研究普遍假设对产品退化状态的监控结果是准确的，但是在实际中，监控得到的结果往往会受数据噪声或者数据分析方法的限制而产生偏差。而在有关备件供应的问题上，现有研究主要集中在备件库存优化方面，忽略了备件消耗与前端服务质量之间的相互联系。因此，本书研究的理论价值体现在三个方面：

（1）丰富了服务运营管理理论。不同于以往售后维护服务相关的研究，本书从系统规划的角度，将工业物联网在售后服务中的应用特性纳入售后服务能力规划模型中，并研究其对服务商能力规划、服务供给与服务竞争策略的影响，对基于工业物联网的售后服务决策提供了新研究视角。例如，工业物联网提高了服务供应链的可视化程度，从而提高了产品生产与运行的可追溯性水平，供应链企业因此可以提高协同服务能力，进而提升售后服务的质量；再如，工业物联网可以提前预知产品故障的时间、位置等信息，服务商因此可以提前准备相关服务资源，有效缩短了产品故障响应时间。同时，本书将物联网不精确诊断因素纳入考量，分别研究了在离散性诊断错误与连续性诊断误差两种情形下的服务商能力规划决策，弥补了相关研究的空白。

（2）丰富了与诊断服务相关的研究。以往关于诊断服务的研究均考虑离散性诊断错误，如严重诊断为轻微，或者轻微诊断为严重，并且相应的错误成本是确定的，导致无法对错误成本的相关性质进行分析，而错误成本又是不精确诊断相关研究的关键。本书构建了基于产品连续性退化状态的诊断误差模型，考虑错误成本随诊断误差增大而增大的情形，研究服务商的最优能力规划决策。这使得本书可以探究相关参数对用户与服务商错误成本的影响及用户与服务商错误成本之间的相互影响关系。本书的研究丰富了诊断服务相关的研究内容，并且拓宽了通过运营管理方式主动管控在线监控误差的研究视角。

（3）为备件库存优化理论提供了新的研究视角。服务型制造的发展使得产品科技含量与复杂程度不断提高，产品用户无法自己识别出所需维护类型与备件，而必须依赖于服务商的专业服务。因此，相对用户而言，服务商具有一定的信息优势，进而会刺激服务商去替换一些原本可以修复的零部件，比如，在4S店进行汽车维护修复时，用户往往会使用4S店给出的修复以及备件替换方案，为提升服务速率与利润，4S店或许会替换一些原本可修复的受损部件。基于此，本书探究在考虑受损零部件修复—替换均衡情形下，通过建立排队论模型，研究上述受损部件修复—替换均衡以确定服务商的服务能力规划决策，为备件库存优化理论提供新的研究视角。

在实践中，工业物联网在售后维护服务中的应用越来越受到企业的重视。工业物联网的可视化特性提高了服务供应链的可追溯性、可靠性、及时响应性等，并增强了服务供应链的协同能力，因而提高了售后服务的质量，并缩短了产品的停机时间。但是，工业物联网的可靠性取决于所部署的硬件与软件设施，如果部署不当，将会引发数据质量问题，进而导致其监控所得退化状态存在误差，漏检、多检现象频发。同时，随着服务型制造的不断发展，产品复杂度以及个性化程度不断提高，对产品的日常维护以及修复任务也变得复杂，产品用户为维持自身的核心竞争力，往往将产品维护服务交付给产品制造商或者第三方服务商。由于用户难以依靠自身的知识水平来确定产品的退化状态与所需的维护修复服务需求，所以必须依赖服务商的诊断建议，服务商可以通过提升修复质量来降低备件的替换量，但同时会导致服务速率的降低。因此，本书聚焦于考虑工业物联网诊断误差的产品售后服务能力规划研究，结合已有的工业实际、概念性研究成果等，同时考虑工业物联网的可追溯性、快速响应性等特点，挖掘受诊断误差影响的用户决策行为，为售后维护服务商提供结合用户行为的运营关键决策支持。此外，考虑工业物联网监控诊断多检与漏检现象，结合受损部件的修复—替换均衡考量，研究售后服务商关于修复质量、系统拥挤度以及备件替换三者之间的相互影响，对于服务商优化服务过程与备件供应、提高利润有指导意义。

综上所述，本书具有重要的理论研究价值和实际应用意义。

1.3 研究内容

1.3.1 研究线索

本书首先从工业物联网在工业界应用的实际出发，考虑工业物联网远程监控对维护服务带来的积极作用，同时考虑不精确监控诊断因素，以现有研究为基础，提出本书的研究问题；其次对与本书相关的研究进行分类整理，提出现有研究的不足之处以及本书对相关文献的补充与贡献。在解决该问题的过程中，从监控偏差角度看，本书将物联网监控诊断偏差分为离散性诊断错误与连续性诊断误差，离散性诊断错误是指多检与漏检现象，离散性诊断错误是连续性诊断误差的具体表现形式；连续性诊断误差是离散性诊断错误产生的根本原因。本书同时考虑上述两种误诊类别，目的在于分析售后服务在不同情境下监控偏差对服务商能力规划决策的影响，并且这种研究方法使得本书可以分析不同情境下的错误成本对服务商运营管理决策的影响。本书研究的逻辑关系如图1-3所示。

对于离散性诊断错误，本书第3章考虑设备存在严重退化与轻微退化两种状态，且两种状态需要的维护方式不同，且错误的维护方式会造成相应的错误成本。基于此，研究设备用户与维护服务供应商的均衡决策，探讨不同情境下服务商最优能力规划策略的异同。第4章考虑物联网监控过程中的多检与漏检现象，

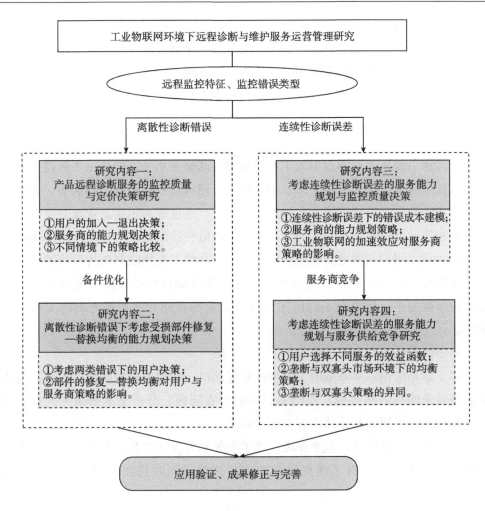

图1-3 本书研究的逻辑关系

在第3章的基础上，纳入受损部件的修复—替换均衡问题的因素，探讨服务商的最优服务时间与技工数量相关决策。之后，为探讨因诊断偏差产生的错误成本的结构化特征，第5章和第6章将第3章和第4章中的离散性诊断错误拓展至连续性诊断误差，并建立随诊断误差递增的错误成本模型，分析连续性诊断误差对服务商能力规划的影响机制。从市场环境与服务商竞争协调角度看，在离散性诊断错误情境下，本书着重分析垄断服务商关于受损部件修复—替换均衡的能力规划决策；在连续性诊断误差情境下，本书同时分析了垄断服务商与双寡头服务商关于服务能力规划与服务供给策略的决策，以及竞争性服务商之间的纳什均衡。由于受损部件修复—替换均衡问题的复杂性，离散诊断错误情境下本书只探讨了垄断服务商的能力规划决策，而将竞争性服务商关于修复质量与备件替换的竞争均衡作为本书未来的主要研究方向之一。同时，连续性诊断误差下服务商的竞争均衡策略对离散性诊断错误下的服务商竞争均衡也具有一定的启发意义。

1.3.2　研究内容与框架

许多售后服务企业通过引入工业物联网提高服务水平，但是由于将过多的精力投入技术层面，从而忽略了工业物联网的应用对运营管理决策的影响，尤其是在考虑工业物联网监控诊断存在偏差的情境下，这也成为困扰企业充分发挥工业物联网经济效益的瓶颈之一。因此，本书从离散性诊断错误与连续性诊断误差两个方面，建立用户与服务商的错误成本模型，并将工业物联网在售后维护服务中的应用特性（如可追溯性、及时响应性等）纳入服务商的服务系统规划与服务供给决策模型中，研究在不同应用情境下工业物联网对售后服务商的关键决策影响。

本书的具体研究内容安排如下：

第1章是绪论。本章阐明了本书的研究动机；针对工业物联网远程监控为维护服务带来的机遇与挑战，提出了具体的研究问题，分析了本书研究的意义所在；最后给出了研究的具体内容与研究路线。

第2章是文献综述。本章详细梳理了服务能力规划以及工业物联网环境下运营管理相关研究，分析了现有研究的不足之处，同时指出本书对现有研究的贡献。

第3章是产品远程诊断服务的监控质量与定价决策研究。受数据质量等的影响，产品运行状态的远程监控结果存在偏差。提高监控质量可以提升诊断精度，但同时会加大服务商投资成本，因此服务商需要权衡这两方面的决策。以往研究多关注工业物联网在线监控对备件库存或者设备维护计划的影响，忽视了在线监控尤其是监控结果存在错误的情况下，设备维护服务商的能力规划与服务定价等的运营策略。本章考虑诊断精度由监控质量与诊断的时间决定，基于此构建用户策略性排队模型，进而研究用户的加入—退出均衡策略。在用户均衡决策的基础上，构建服务商关于最优监控质量与最优服务定价的决策模型，研究服务商最优监控质量与服务定价决策，并在不同情境下分析诊断时间对均衡决策的影响。

第4章是离散性诊断错误下考虑受损部件修复—替换均衡的能力规划决策。

由于产品的复杂性，用户无法自己判断产品出现的问题及所需替换的零件，因此需要依赖服务商的诊断。考虑两方面因素导致的备件使用误差：一是诊断偏差，本章考虑离散性诊断错误，即多检与漏检现象；二是受损部件修复—替换均衡，服务商可以提升修复质量以降低备件替换量，但同时会导致服务速率的降低。用户考虑服务质量、价格、等待成本以及备件成本等因素决定是否选择该服务。服务商以用户决策为基础，确定最优服务能力、服务价格以及员工数量以最大化自身利润，进而分析备件的提前期以及备件的价格对最优服务速率、价格以及备件供给策略的影响机制。

第5章是考虑连续性诊断误差的服务能力规划与监控质量决策。本章将上一章的离散性诊断错误拓展至连续性诊断误差，考虑远程监控的诊断精度取决于工业物联网的监控质量，并建立随监控质量递减的用户与服务商错误成本模型。考虑用户对于服务的感知效益由监控与服务两部分组成，前者使得用户规避使用不可靠产品的风险成本，后者使得用户可以恢复生产，通过建立排队论模型，研究维护服务商在短期与长期决策环境下的服务能力、定价与监控质量联合决策，并分析用户与服务商错误成本对服务均衡的不同影响，以及在本书情境下传统研究的结论是否还成立。进而，考虑工业物联网监控信息对后续维护服务的加速效应，研究当加速效应导致的服务速率异质性存在时服务排队系统的稳态结构，并基于此探讨工业物联网的加速效应对均衡状态下服务商决策以及服务系统的影响。

第6章是考虑连续性诊断误差的服务能力规划与服务供给竞争研究。在得到第4章状态诊断环节的服务商能力规划决策后，要解决的就是如何将状态诊断嵌入维护修复能力规划决策中。本章在已建立的诊断误差模型基础上，考虑两种差异化维护策略：基于工业物联网的售后服务模式和传统模式，并将工业物联网在售后服务中的应用特性纳入研究，建立用户关于上述两种服务的效用函数。通过建立排队与博弈联合模型，分别研究垄断与双寡头市场下服务商的最优能力规划与服务供给决策，并比较两种市场模式下服务商策略的异同。同时，研究在不同市场环境下，引入一般性服务对监控服务最优监控质量的影响机制。

第7章是结论与展望。总结本书的主要内容，分析本书研究的不足之处及展望未来的拓展方向。

2　文献综述

与本书相关的主要研究包括专业服务能力规划、物联网及数字化环境下的运营管理决策以及差异化服务供给与竞争策略三类文献。在进行研究综述之前，本章先从整体上对国内外相关研究进行了统计分析，国内文献以"中国知网"中的核心期刊、EI 以及 CSSCI 索引为依据，国外文献以"Web of Science"中的 SCI-Expanded、SSCI 以及 A&HCI 库为依据进行检索。以关键词"售后服务"和"after-sales service"分别进行检索，得到统计结果如图 2-1 所示。结果显示，售后服务研究受到国内外的关注。首先，我国期刊中相关研究的发文数量明显少于国外期刊，售后服务运营管理尚有很大的发展空间；其次，与我国发文量相对平稳不同，国外研究文献数量有明显上涨的趋势，尤其是在近年来制造与服务融合的新形势下。同样地，以关键词"物联网"和"Internet of Things"分别进行检索，得到统计结果如图 2-2 所示。结果显示，自 1991 年美国麻省理工学院的 Kevin Ash-ton 教授首次提出物联网的概念后，学术界并没有太多地关注相关研究。但是，在第四次工业革命（工业 4.0）被提出之后，相关研究急剧上升，成为近些年来国内外的研究热点。

然而，当把售后服务与物联网两个主题联合进行检索时，知网数据库只有 12 篇相关研究，且发表日期均在 2010 年之后；国外包括这两个主题的文献检索得到 452 篇，其中 424 篇发表在 2013 年之后。由以上分析可以看出，在工业 4.0 以及服务型制造时代背景下，基于物联网的售后服务模式成为多个领域的热点及重点研究方向。

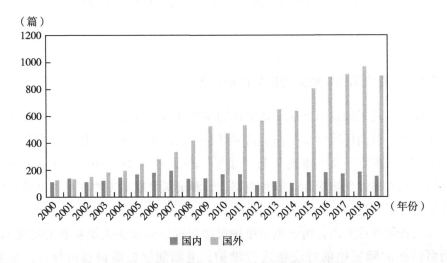

图 2-1 国内外以"售后服务"为主题的发文量统计

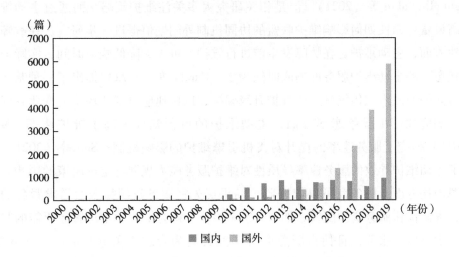

图 2-2 国内外以"物联网"为主题的发文量统计

2.1 工业物联网下的维护服务

2.1.1 基于工业物联网的主动维护服务

主动维护是指通过对造成设备劣化的主要参数进行监控，及时调整、改善参数劣化情况，进而保障设备平稳运营并延长寿命。主动维护与传统维修相比，是"主动"与"被动"及"事前"与"事后"的关系（Raza and Ulansky, 2019）。现有研究从可靠性、响应性、服务速率、资源配置及成本等角度对主动维护服务的特征进行了探讨。

在设备可靠性方面，由于主动维护可以提前预知设备关键参数的劣化状态，因而可以在故障发生前对设备进行维护，进而能够提高设备可靠性。很多学者以此为基础，研究了提升设备可靠性的主动维护策略，如 Muller 等（2008）、Özgür-Ünlüakın 等（2021）。但是相关研究大多关注维护策略，而通过主动维护提高设备可靠性如何影响维护联盟的协同机制等问题值得进一步研究。在故障响应性方面，主动维护是在故障发生前进行维护，可大大降低响应时间，实际上理想状态下的主动维护服务的响应时间为零。García 等（2022）提出了一种基于人机协同的非侵入式传统制造业维护升级架构，以快速应对制造环境的变化并提高故障响应性。在服务速率方面，主动维护的可预知性提高了维护速率。Kurz（2016）研究了服务速率的提升对飞机引擎维护的影响机制；Sun 等（2021）研究了主动维护导致的服务速率异质性对维护服务能力规划与定价决策的影响。在资源消耗方面，服务商可以依据监控结果优先将服务资源指派给需求紧急的用户，进而优化服务资源配置，如 Hu 等（2021）认为事前的主动服务所需的服务资源少于事后服务，且使得服务商资源配置更为合理。在降低维护成本方面，Kıvanç 等（2022）以蓄热式空气加热器为对象，研究了主动维护在降低成本方面的作用。陈菊红等（2018）研究了主动维护服务的价值衡量及收益分配机制，发现主动维护服务可以大大提高客户和企业的收益。

2.1.2　工业物联网平台下的供需匹配机制研究

工业物联网平台不仅可以提前预知设备故障，而且可以起到聚集和整合分散化的服务资源、实现多个行业业务的横向集成、提高资源配置效率的作用。例如，通用电气公司（GE）发布的工业物联网平台 Predix，已经实现十多个领域的设备接入，并且联盟中的其他企业围绕 Predix 发挥各自优势，提升了平台的运营与服务能力。

区别于一般性消费服务的价格匹配策略，设备主动维护服务关注的重点是监控质量、响应时间以及服务可靠性等方面。对于工业物联网平台来说，考虑设备维护供需双方的特性，同时纳入工业物联网平台自身的盈利目标，建立高效的设备维护需求方与服务供给方资源的聚集与匹配机制，优化供需匹配策略，才能同时达到服务质量与平台盈利的"双赢"局面。

物联网平台依赖于需求方与供给方的积极参与，因此聚集双边用户参与平台是优化供需匹配的基础。现有关于平台聚集双边用户的研究多集中于消费平台领域，如陈希和王娟（2018）研究了在线医疗服务供需匹配机制。一些学者同时关注共享平台的供需匹配机制（Alaei et al.，2022；王志宏和傅长涛，2019；张利凤等，2021）。针对物联网平台，Ullah 等（2020）考虑工业物联网平台向用户提供服务的能力不同，研究了如何匹配平台与能力的问题，并提出了 21 条决定平台选择的关键指标。用户的转换成本是影响物联网平台选择的重要因素，Basaure等（2020）指出，随着物联网平台之间的互操作性增强，用户可以在不同的物联网平台之间进行切换而不丢失所累积的数据，研究了用户转换成本对平台竞争的影响机制。虽然现有研究对平台聚集策略进行了探讨，但是尚未形成一个系统的研究框架。与一般消费平台不同，工业物联网平台面对更为个性化的用户需求以及职能更加多样化的供给侧主体，且维护服务是由承担不同职能的供给侧主体协同完成，给平台供需两侧用户聚集带来了更大的挑战，值得进一步研究。

供需双方用户聚集后，平台需要提供精确、高效的供需匹配机制以满足双方需求，促进平台成长。供需匹配包括供给、需求和信息、价格的相互匹配，但是通过文献整理发现，现有关于供需匹配的研究主要集中在价格匹配方面。例如，对于即时需求平台，Bai 等（2019）考虑平台的供需两端都是内生的，前者取决于平台对于供给方的支付，后者取决于平台对用户的收费，研究了即时需求平台下的供需两端定价机制。Taylor（2018）研究了即时需求平台下，用户的延时敏感性与供给方的独立性对双边定价策略的影响机制。除即时需求平台外，许多学者从供需两侧、第三方平台以及竞争平台的视角探讨了网约车平台的供需匹配机制。近年来，价格与其他属性方面的匹配联合优化成为研究热点。Özkan（2020）以拼车平台为研究对象，指出研究匹配策略与价格的联合优化决策对于提升平台的整体绩效具有重要作用。Daniels 和 Turcic（2021）考虑出租车行业的供需匹配技术落后于 Uber 等叫车平台，研究了出租车行业能否以及如何在规制约束下与 Uber 等平台展开技术竞争。尽管学者对一般消费平台的供需匹配机制进行了大量研究，但是并不完全适用于工业物联网平台。原因是除价格因素外，基于工业物联网主动维护服务的可靠性、响应性以及监控精确性是供需匹配过程中用户更为关注的因素，如何刻画这些特征并纳入平台的用户聚集和供需匹配策略中，对于工业物联网平台成长具有重要意义。

网络效应和服务互补是平台竞争的基本属性，是形成平台间共同用户基础的源泉。学者针对网络效应对平台竞争的影响进行了研究。Belleflamme 和 Peitz（2010）考虑卖方的投资会影响网络效应强度，研究了平台竞争与卖方的投资策略。Dou 和 Wu（2021）研究了非定价式网络效应激发措施对平台竞争以及补贴策略的影响机制。Siddiq 和 Taylor 等（2022）研究了自动驾驶汽车对网约车平台竞争以及盈利的影响。Xie 等（2021）研究了同侧以及跨侧网络效应存在的情境下，平台具有部分多归属特点的竞争问题。平台的竞争是由用户多归属（Multihoming）引发，即双边用户可以同时选择不同平台。平台希望通过多归属属性吸收竞争平台的双边用户，同时阻止自身平台上的双边用户选择多归属。定价是平台竞争的重要策略之一，如 Belleflamme 和 Peitz（2019）研究了存在平台竞争时，谁可以从多归属中获益的问题。Bernstein 等（2021）将平台需求端与供给端用户排队现象纳入多归属下的平台竞争策略，研究了峰时定价与供给端用户的多归属决策问题。考虑卖方差异性与部分多归属，赵燕飞和王勇（2020）研究了提供增值服务的双寡头平台竞争策略。对双边用户进行补贴是平台增强用户黏性、提高竞争力的重要策略，Bakos 和 Halaburda（2020）考虑双边市场的多归属情形，研究了平台竞争情境下的补贴机制。桂云苗等（2021）研究了不同归属情形下双边平台关于服务质量补贴的竞争均衡。严磊等（2019）分析了在单归属与多归属下，消费者反广告行为对媒体平台竞争与社会福利的影响。

综上可以看出，现有研究对一般消费平台如网约车平台、每日交易市场平台的竞争策略进行了大量的研究，但是对于有关主动维护的工业物联网平台竞争策略尚未形成统一的理论框架。价格与补贴是一般消费平台的竞争重点，但是区别于一般消费，如何提高监控精确度、降低响应时间和提高维护可靠性，以保证设备平稳运行是工业物联网平台的竞争重点。因此，结合不同平台联盟特征，分析不同工业物联网平台下维护联盟关于主动维护服务的竞争均衡，具有理论与实践的双重意义。

2.2　专业服务能力规划决策

以排队论为基础研究服务能力规划决策问题是服务运营领域的研究热点。服务能力指的是服务商可以满足用户需求的能力，比如服务速率、服务站点数量以及服务人员水平等。服务能力规划是指企业根据决策期限内市场需求的变动的情况，对服务能力（如服务速率、站点数量与服务人员水平等）进行优化、调整以及更新的过程，以实现市场需求与服务能力的平衡，最终获得某个或者某些指标的最优。当用户无法依靠自身知识来判断服务需求，而需要依赖外部服务商的建议时，学术界将这种服务称为"专业服务"或者"专家服务"。医疗服务、售后服务、法律服务以及咨询服务都属于专业服务类别。服务能力规划是服务供应链管理研究中的重要内容之一（Wang et al.，2015）。

2.2.1　专业服务中的速度—质量均衡

提升平均服务时间可以提高服务质量，但同时会导致服务速率的降低，进而用户的平均等待时间增加，许多学者研究了上述服务质量—速度均衡。Anand 等（2011）考虑提高服务时间可以提升服务质量，但同时会造成顾客等待成本的增加，研究了专业服务系统中的质量—速度均衡。研究结果表明，用户对服务时间的敏感度是均衡价格、服务速度、需求、队列拥挤度和服务提供商收入的关键驱动因素。服务时间敏感导致的结果与传统的服务价格竞争模型非常不同。以此为基础，学者展开了大量的拓展研究。Li 等（2016）考虑竞争性服务商以及顾客有限理性，研究了竞争性服务的定价及能力规划决策，证明了服务商收入函数关于服务费率是单峰的，并表明服务速率竞争具有唯一且稳定的均衡。Ni 等（2013）考虑顾客对于服务时间感知的异质性，对顾客行为进行了研究，同时，给出了顾客异质性情境下，服务商的能力规划及定价决策机制。对于动态系统中的服务质量—速率均衡问题，Kostami 和 Rajagopalan（2013）考虑多阶段的服务过程，且某一阶段的服务需求与该阶段的服务价格以及上一阶段的服务质量相关，文章对多阶段的服务能力以及定价决策进行了分析。研究结果给出了在不同决策环境下，服务商的定价以及服务速率决策。Dai 等（2016）研究了医疗保险结构对上述服务质量—速度均衡的影响。Wang 等（2019）考虑医疗服务中除了服务以外，还需要用药等，因此患者对于医疗服务的净效益不仅仅依赖于医疗服务的定价，还包括用药的成本。研究考虑随着服务速率的降低，医生可以更全面地评估患者所需要的治疗，因而可以降低患者的用药成本，避免开具一些非必要的药品。研究发现，如果医疗机构从药品中获得的收入份额减少，或者药品变得更昂贵，医院应采取不同的应对方式。从政策的角度来看，政府通常会设置服务价格上限以控制医疗费用，研究发现，这会降低服务质量并增加医疗消耗。当医疗机构从药品中保留较少的收入或药品价格较低时，这种影响会更加严重。Guo 等（2019）从按次付费与捆绑付费两个角度，研究了报销政策对公共医疗体系中社会福利、回诊率和等待时间的影响。研究发现，当潜在患者人数较多时，捆绑付费方式相较于按次付费方式可以产生更高的社会福利与较低的患者回诊率，而按次付费则相较于捆绑付费可以降低病患的等待时间；但是当潜在患者人数较少时，捆绑付费在上述三个绩效指标中均优于按次付费。国内学者关于服务系统中的速度—质量均衡的研究较少，周华和周水银（2014，2016）对专业服务的最优专家水平或者最优的定价策略进行了研究。李武强和刘树林（2013）将用户等待成本进行细分，并研究其对服务商关于速度—质量均衡决策的影响。

本书第 3 章同样研究了售后服务系统中的上述服务速率—质量均衡，但是与以上研究不同，售后服务往往伴随着备件的替换，并且当修复速度提高时，技工在有限时间内的可修复的部件将会减少，同时需要替换的零部件将会增加（零件的替换快于修复）。另外，售后服务系统存在一个提前期，如备件的准备时间、服务技工的旅行时间等，影响用户的等待时间。因此，本书的研究将专业服务系统中的速度—质量均衡拓展至速度—质量—备件消耗三者之间的均衡问题，且考虑服务系统中的两阶段排队过程，研究服务商的最优服务速率与定价决策，研究结果为服务商优化受损部件修复—替换过程提供决策支持。

2.2.2　诊断服务能力规划

诊断服务侧重于确定客户需求，但不会执行任何后续的服务过程。Debo 等

（2008）通过建立排队论模型，研究了专业服务中服务商的诱导行为。由于服务商相比顾客来说具有信息优势，服务商有可能诱导顾客来消费没有价值但是可以提高服务商收益的不必要服务。研究发现，当等待成本较高时，诱导策略反而会导致服务商收益的降低；当等待成本及潜在的顾客需求较低时，诱导策略才会增加服务商的收益。Alizamir 等（2013）以诊断服务为对象，考虑增加诊断时间可以提高诊断精度，但同时会造成系统过度拥挤的问题，使用贝叶斯信息更新模型，研究了诊断服务系统中的精确度—拥挤度均衡。结果显示，存在一个由系统拥挤度和已进行的诊断次数决策组成的区间，当专家对顾客类别的信念落在该区间中时，则应当进一步分析顾客的问题。Wang 等（2010）同样研究了诊断服务系统的能力规划问题，其重点是研究服务员能力水平对于服务系统的影响机制。该研究考虑病患的状态是离散的，并且产生的诊断错误也是离散的，即严重型病患被诊断为轻微病患或者轻微病患被诊断为严重病患，构建了患者与医院的错误成本。通过将服务系统抽象为 G/M/N 队列，研究了诊断服务系统的能力规划问题。一些学者研究了两阶段服务过程：第一阶段为诊断；第二阶段为服务。Saghafian 等（2018）考虑第一层护士的初步诊断与第二层医生的医疗服务之间的交互作用，以及两个层级中护士与医生的知识水平，研究了急诊系统中的分流问题。针对产品状态诊断系统，考虑专家水平导致的不精确诊断现象，Sun 等（2020）研究了诊断服务系统的最优专家水平以及诊断速率决策。研究显示，在专家水平内生以及外生两种情形下，专家水平与诊断时间的影响机制相反。将专家服务过程分为分拣以及服务两个过程，考虑顾客异质性（紧急顾客、非紧急顾客），Dobson 和 Sainathan（2011）分别研究了在以等待成本或者总成本最小化为目标的情形下，分拣过程对上述两个指标的影响机制。

产品状态诊断服务归属于专业诊断服务类别。现有关于诊断服务的研究均假设产品或者其他对象的问题状态是离散的，且导致的错误成本一定，如 Wang 等（2010），该假设简化了分析过程却也导致无法对错误成本相关性质进行分析，而错误成本又是诊断服务的关键特征。因此，为研究诊断服务中错误成本的关键特性，本书第 4 章考虑更一般的情形，将上述离散性诊断错误拓展至连续性诊断误差模型，并且考虑因诊断误差导致的错误成本随着诊断误差递增，丰富了诊断服务的相关研究。

2.2.3 "产品+服务"的能力规划研究

关于考虑服务设施有限情形，Kostami 等（2017）研究了服务设施能力有限的情形下，两类顾客共享服务的能力规划问题。研究以健身房中的男女顾客为例，两类顾客的服务感知效益互相影响，结果揭示了服务商的价格歧视策略与服务能力规划之间的影响机制。Li 等（2014）研究了顾客耐用产品与服务联合销售的情况下，零售商是否应该将服务部分外包的决策。结果表明，外包可以提升零售商的服务水平承诺，并且降低制造商的批发价格，提高整体需求。此外，该研究给出了零售商自建服务或者外包服务的条件。考虑制造商向用户提供主要的售后服务（比如零件替换），而由于其服务能力有限，需要将一些附加服务部分外包的情形（如清洗、维护等），所以产品制造商以及零售商可以对于这些附加服务展开竞争，Dan 等（2018）研究了制造商的保修合同机制以及制造商与服务商之间关于附加服务的竞争机制。考虑到耐用品特性方面的差异化，Jain 和 Bala（2018）研究了在服务商服务能力有限的情形下，是否应当依据产品差异化提供差异化的售后服务策略。一些学者关注"产品+服务"模式下的顾客满意度与企业收益问题。Kurata 和 Nam（2010）研究了当制造商向所有顾客提供保修服务，零售商向一部分愿意额外支付的用户提供附加服务时，服务水平与顾客满意度之间的关系。研究发现，以最大化服务商利润所得到的保修服务的服务水平往往小于最大化顾客满意度的服务水平，即使制造商与零售商为集中决策时，上述结果仍然成立。进一步地，Kurata 和 Nam（2013）考虑顾客需求的不确定性，即当制造商或者零售商都无法准确了解用户的需求时，企业最大化效益与顾客满意度的均衡问题。还有一些文献以实证的方法研究了影响售后服务中顾客满意度的指标，Gaiardelli 等（2007）认为高层管理人员和中层管理人员应着重注意对售后业务的结构化业务绩效评估系统的定义，并且由于售后服务供应链中涉及许多参与者，因此需要在供应链的每个层次上一致地设计一套集成的、多属性的评估措施。Pan 和 Nguyen（2015）的研究可以帮助制造公司确定提升客户满意度的关键绩效评估标准。Shokouhyar 等（2020）针对用户满意度，提出了一个评估售后服务对客户满意度影响的工具模型。以生产运营产品维护为对象的研究，大部分学者的关注点在维护策略、合同设计以及备件库存的优化上，只有少数学者从服务系统的角度分析能力规划等运营决策。Kurz（2016）以飞机引擎的维护服务为研究对象，在考虑引擎到达及维护速率均服从一般分布的情形下，以最小化服务能力投入以及拖期成本为研究目标，对各服务站点的最优服务速率进行决策。进一步地，Kurz 和 Pibernik（2016）考虑了服务能力有限的情形，服务商需要及时调整服务速率，将研究拓展至服务商可以动态地调整服务速率以最大化自身利益。

Iravani 和 Krishnamurthy（2007）以维护技工为对象，研究了在产品具有异质性以及技工拥有多个但有限的维护能力的情境下，维护系统中的技工管理决策。结果显示，静态机器优先级规则可以降低产品的停机成本，而最长队列策略可以平衡各机器之间的负载。谢文明等（2013）研究了基于服务型制造的产品维护外包合同设计机制。董克和吕文元（2017）针对租赁产品的维护问题，提出了一种考虑顾客满意度的维护策略模型。

现有关于"产品+服务"的研究重点关注服务合同的设计方面，而忽视了依托于产品展开的服务竞争问题。与上述研究不同，本书第 5 章以服务商的能力规划决策为基础，研究了在连续性诊断误差与不确定错误成本的情形下，服务商在垄断市场与双寡头市场环境下的最优服务供给策略，并给出了服务商竞争的纳什均衡。

表 2-1 对上述现有相关研究进行了总结。从总体上来说，关于服务能力规划的研究主要是以排队论的方法，对服务系统中的能力要素（如服务速率、服务员水平以及数量等）进行优化决策。本书从以下方面区别于以上研究：第一，从产品售后服务能力规划角度看，现有研究将维护服务与备件替换分开研究，前者关注维护策略，后者关注库存控制，忽视了过程间的关联。本书考虑受损部件修复—替换均衡：即服务商可以提升修复质量来降低备件替换量，但同时会导致服务速率降低，研究服务商的最优能力规划决策。第二，现有关于诊断服务的研究均假设产品或者其他对象的问题状态是离散的，且导致的错误成本一定，如 Wang 等（2010），该假设简化了分析过程却也导致无法对错误成本相关性质进行分析，而错误成本又是诊断服务的关键特征。因此，本书考虑更一般的情形，即产品的退化状态是连续的且导致的错误成本随诊断误差递增，从而探讨诊断服务中错误成本的相关性质。第三，现有关于"产品+服务"的相关研究主要关注合同设计方面，缺乏因不精确监控导致的差异化服务供给与服务商竞争机制相关的探索。

表 2-1　服务能力规划相关研究综述

文献标注	研究对象		决策变量			研究主题
	服务	产品+服务	能力	价格	其他	
Wang 等（2015）						综述

续表

文献标注	研究对象		决策变量			研究主题
	服务	产品+服务	能力	价格	其他	
Debo 等（2008）	√		√	√		服务商具有信息优势下引诱顾客过度消费策略
Alizamir 等（2013）	√		√		Belief threshold	离散诊断错误的诊断精度—用户等待均衡
Wang 等（2010）	√		√		诊断区间	离散诊断错误下医生水平与数量决策
周华和周水银（2016）	√			√		专家薪资结构对能力规划的影响
Anand 等（2011）	√		√	√		服务系统中服务质量—速率均衡
李武强和刘树林（2013）	√		√			顾客成本细化对速度—质量均衡的影响
Kostami 和 Rajagopalan（2013）	√		√			动态环境下速度—质量均衡
Kostami 等（2017）		√	√	√		共享服务中的能力规划决策
Li 等（2014）		√	√		服务外包	服务能力的外包决策
Dan 等（2018）		√				最优保修服务水平决策
Kurata 和 Nam（2010）；Kurata 和 Nam（2013）		√			服务水平	服务商收益与顾客满意度均衡问题
Kurz（2016）		√	√			预知信息对产品维护服务能力的影响

2.3　物联网及数字化环境下的运营管理决策

2020 年，Olsen 和 Tomlin 在国际期刊 *Manufacturing & Service Operations Management* 上发展的题为 *Industry 4.0：Opportunities and Challenges for Operations Mana-*

gement 的文章，对工业 4.0 关键技术给运营管理研究带来的机遇与挑战进行了详细分析。文章指出，到 2025 年，工业物联网相关应用，如库存、维护以及员工产能等，带来的效益将会达到数万亿美元。此外，文章还指出，基于工业物联网的售后模式将会对现有售后服务模式带来巨大冲击。一些学者从不同的角度对物联网的相关研究进行了综述。Ben-Daya 等（2019）从供应链的角度对物联网应用相关的研究进行了综述，从物联网使能、原料供应、制造、运送以及回收等方面对工业物联网对供应链的影响进行了文献分析。研究指出，工业物联网在提高供应链透明度及响应能力方面具有积极作用。Manavalan 和 Jayakrishna（2019）以工业 4.0 的需求为出发点，对物联网嵌入式的可持续供应链相关研究进行了综述。文章的概念模型由供应链管理的几个关键模块组成，包括商业、技术、可持续发展、协作和管理策略等，研究为企业实施工业 4.0 转型提供了可量化的标准。Ammar 等（2018）从工业物联网构架安全性的角度进行了研究综述。Wang 等（2020）考虑了区块链技术对工业物联网的影响，从技术及管理方面进行了论述。物联网提供了多种功能来帮助供应链管理，如节省成本、库存精准控制和产品跟踪。但是，物联网对不同供应链流程的影响程度尚不清楚。

2.3.1 物联网对供应链不同环节影响的相关研究

为了分析物联网的应用对供应链造成的影响，学者们从供应链不同环节，包括物料管理、制造与维护、交付及回收等，进行了诸多的分析与研究。

2.3.1.1 物料管理

Verdouw 等（2013）认为物联网实现了供应链的数字化，从而产品在生产及供应的各个环节都可以被追踪，进而可以提高质量控制及生产计划。Zhou 和 Piramuthu（2015）分析了供应链可追溯性的重要意义，提出了供应链可追溯性的三个层级以及层级间的整合方法，并且提出了一个基于不完全追踪数据的贝叶斯因果网络模型对可追溯性进行建模。在电子商务环境下，零售商必须选择可靠的产品运送服务商以确保产品能及时地送到顾客手上，Jie 等（2015）在考虑物联网的影响下，提出了一个包含三方主体的产品交付服务提供商评价模型，以实现协同和客户满意。Wang 等（2020）引入了一种基于物联网的车间物料管理系统，该系统可以实时捕获动态数据并有效地沿供应链进行整合。借助基于特征的建模方法，可以将实时信息合并到企业资源计划（ERP）系统中，而无须手动输入数据。结果表明，该系统在降低成本、提高效益以及优化库存方面表现优异。其他的相关研究还包括 Chopra（2020）、Ng 等（2015）、Škulj 等（2019）等。颜波等（2014）研究了物联网环境下的农产品供应链风险评估与控制方法。考虑物联网实现了需求信息的共享，赵道致和李志保（2016）研究了考虑制造商与消费者特点的零售商定价订购策略。

2.3.1.2 制造与维护

物联网对制造影响的相关研究涵盖了诸多方面，包括车间可视化、生产计划与调度、主动维护、质量控制以及可持续化等。Chen 和 Tsai（2017）分析了基于物联网的实时制造模式现阶段的发展、面临的困境以及机遇。考虑物联网的实时可追溯性、可视化以及互操作性特点，Zhang 等（2016）提出了一个实时生产绩效分析与异常诊断模型，仿真结果表明，该模型可用于实时有效地分析动态和随机制造过程的生产性能和异常情况。Dweekat 等（2017）研究了物联网环境下对供应链绩效的衡量方法。Bokrantz 等（2017）使用实证研究方法，通过对 25 位维护方面的专家三轮的德尔菲法调查，提出了未来数字化工厂中的维护组织结构。一些学者从质量控制与可持续化方面对物联网的影响进行了分析。Cheng 等（2016）研究了使用自动虚拟计量方式实现制造过程零缺陷的方法。Foidl 和 Felderer（2015）分析了工业 4.0 时代质量管理方面的挑战。Stock 和 Seliger（2016）分析了工业 4.0 为可持续性制造的发展带来的机遇。钟丽等（2019）考虑物联网的投资成本，研究了产品制造商进行物流技术改进对两级供应链中制造商与零售商合作机制的影响。

2.3.1.3 交付

关于物联网对产品交付的影响，学者们主要从以下几个方面进行了研究：仓储、订单及库存管理、运输。Seliger 等（2019）提出了一个基于物联网的仓储管理方法，通过实时数据收集与共享，可以实现仓储的可视化管理，提高效率，并防止库存短缺和假冒。Choy 等（2017）考虑随着产品定制化的发展，单个仓库需要存储的产品种类增多，导致存储位置分配问题更加复杂。通过建立基于 RFID 的物联网系统，文章研究了改善存储位置分配问题的方法。Qiu 等（2015）考虑物联网可以实现公共物流服务的可视化以及信息共享，提出了提升公共物流服务效益与效率的服务架构。Yao（2017）关注网络购物的一站式送货优化问题，介绍了物联网作为一站式交付模式的重要逻辑和技术支撑，分析了实体互联网的运行机制，并探讨了一站式交付的运行条件。Zhu（2018）研究了基于物联网和大数据的协同物流配送调度方法和云机器人系统。Qu 等（2017）探讨了如何设计一个具有鲁棒性的信息结构和实时控制方案，以控制生产系统的动态性，还研究了典型的生产物流执行过程，并采用系统动力学来设计具有成本效益的物联网解决方案。汪旭晖和张其林（2016）研究了如何将物联网技术应用到农产品冷链物流体系建设中，构建了包括多个物联网系统与信息平台在内的农产品冷链物流体系。为解决果蔬类商品直销物流"最后一公里"问题，都牧等（2014）提出了一种基于物联网的蔬果网上直销的"农—宅"系统方案。

2.3.1.4 回收

考虑到物联网可以监控并收集产品全生命周期的数据，Paksoy 等（2016）提出了一种闭环供应链模型，同时使用新产品与在制造产品以满足需求。Fang 等（2016）以工业物联网为基础，提出了采购、生产以及产品回收的三阶段联合定价及返回收购决策。Kumar 等（2016）研究了物联网系统应当如何实施，从而获取消费者使用产品的数据，以及对逆向供应链的影响。李乔松（2015）提出了基于物联网的逆向物流信息管理系统的构架，并对其基本情况进行阐述。李辉等（2018）认为，物联网实现了制造业之间的资源共享，并以此为基础研究了碳配额和减排双重约束下的制造商之间产品转移的最优决策问题。

学者们对物联网对供应链不同环节的影响进行的相关研究整体可分为两类：一是研究物联网特性对供应链的影响；二是将物联网作为信息收集的工具研究其他问题，如调度等。鲜有研究真正以定量化方式将物联网的特性纳入用户以及企业的决策模型中，为弥补相关缺陷，本章第 3～5 章将物联网及时响应性、不精确诊断性、高度集成性等纳入服务商与用户的决策模型中，以定量研究的方法分析物联网在售后服务中的应用特性对服务商能力规划、服务供给与竞争决策的影响机制。

2.3.2 监控诊断技术对运营管理决策的影响

除上述研究外，一些学者关注监控诊断技术对运营决策的影响，相关研究基本可以分为两个方面：精确诊断与不精确诊断。对于精确诊断，Xu 和 Chan（2016）研究了如何应用预测得到的需求信息来降低紧急救治中心的拥挤度。通过预测潜在患者的达到率信息，该研究提出了一类可以有效管理紧急救治中心分流，并且能降低分流后患者等待时间的主动控制策略。Kurz（2016）将飞机引擎维护系统抽象成为一个多站点的作业车间，并且具有提前期要求。该研究假定需求到达率及各站点的服务速率为一般分布，以最小化拖期成本以及产能投资成本为目标，通过建立 G/G/1 排队模型对各个站点的服务速率进行优化。此外，考虑信息技术的发展，可以降低需求到达的随机性并且提高各个站点的服务速率。该研究对这种加速效应对服务能力规划的影响进行了研究。Kurz 和 Pibernik（2016）将上述研究拓展至服务商可以自由调整服务速率时，产品维护服务商的能力规划决策，如在需求高峰期服务商可以采用较高的服务速率，而在需求较少时服务商可以降低相应的服务速率以降低能力成本。Chen 和 Jiang（2019）研究了监控技术对汽车保险市场的影响。该研究考虑监控技术可减轻道德风险和逆向选择的问题，因为该技术可帮助保险公司监控司机的驾驶行为并更好地识别驾驶员的风险类型，从而使公司能够根据驾驶员的驾驶行为和风险来设定保费。该研究给出了双寡头市场下服务商之间的纳什均衡策略。Wang 和 Toktay（2008）结合预知信息与需求提前期研究库存控制系统。该研究考虑了两类情况：①顾客提前期是同质的并且需求在每个时间段是标量，研究发现（s，S）库存控制策略是最优的；②顾客需求提前期是异质的，顾客需求在各时段内是向量，该研究使用启发式算法研究了最优库存控制策略。Li 和 Ryan（2011）研究了将产品实时状态信息与库存控制决策结合的备件库存控制模型，通过使用维纳过程对产品实时信息进行监控并预测备件需求，并且使用贝叶斯更新对需求信息进行更新，研究给出了依赖于信息更新的动态基础库存控制策略。Du 和 Larsen（2017）认为预知信息包含两类信息：一是订单下达时间，二是顾客要求的交货期。研究以交货期的不同将顾客进行分类，研究了顾客的订购策略及供应商的库存控制策略。国内学者关于预知信息的相关研究主要集中在调度与指派方面，如郑斐峰等（2018）研究了在预知信息有限的情形下集装箱码头泊位与岸桥联合在线调度问题，苏兵等（2016）研究了预知信息对旅行者问题的影响。

关于不精确信息的研究较少，Topan 等（2018）研究了不精确需求信息对产品关键备件库存策略的影响，其首次将不精确信息进行分类研究，包括误报、漏报以及故障时间预警错误三类。该研究通过大量的实验算例，发现预测得到的需求信息可以极大地降低产品维护商的备件库存成本，并且成本降低的程度取决于信息的精确度。Nguyen 等（2019）研究了监控质量与备件替换的联合优化决策问题，考虑实时监控信息容易受到外界干扰而导致对产品状态的监控结果存在误差，并且该误差取决于在线监控的质量，提出了一个动态的检测及维护策略。Karabag 等（2020）考虑一个产品系统是由多个关键部件组成的，并且其中任何一个部件失效都会导致系统瘫痪，但是，在实际中，不可能对所有部件都进行状态监控。因此，服务商需要建立一个基于不完整监控信息的产品维护策略。研究发现，完善的信息对于那些价格相对便宜且可靠性相对较低的部件而言更重要。Fischer 等（2020）研究了预知信息变动对产品生产系统的影响机制。上述研究揭示了不精确需求对库存控制、维护策略等的影响，但是尚未有学者将不精确诊断信息与服务系统规划结合进行研究。

随着物联网技术的不断应用与发展，监控诊断技术对企业运营管理决策的影响受到学术界的重视。但是现有研究大多未考虑不精确诊断的影响，且少有的不精确诊断相关的研究集中于备件库存优化或者维护策略优化方面，忽视了其对服务系统规划的影响。因此，本书第 3 章从离散性诊断错误的角度研究服务商的服务质量—速度—备件消耗三者间的均衡问题；之后，将离散性诊断错误拓展至连续性诊断误差，本书第 4 章和第 5 章研究了垄断与双寡头市场环境下服务商的能力规划、服务供给与竞争决策。本节将相关研究总结为表 2-2。

表 2-2 物联网数据质量及影响相关研究

文献标注	是否考虑不精确诊断影响		研究对象	研究主题
	否	是		
Olsen 和 Tomlin（2020）				工业 4.0 关键技术给运营管理研究带来的机遇与挑战
Daya 等（2019） Wang 等（2020）				物联网应用的相关综述
Xu 和 Chan（2016）	√		医疗急诊系统	考虑未来病患潜在到达信息的急诊中心分流策略研究
Kurz（2016）	√		产品维护系统	精确诊断下的能力规划决策
Kurz 和 Pibernik（2016）	√		产品维护系统	可调整服务速率的选择策略
Chen 和 Jiang（2019）	√		保险服务	司机驾驶行为可监控下的保险服务供给策略
Topan 等（2018）		√	库存系统	诊断误差下的备件库存优化
Nguyen 等（2019）		√	产品维护系统	诊断误差下的维护策略优化
Karabag 等（2020）		√	库存系统	基于不完全监控的多部件系统的维护决策
Fischer 等（2020）		√	生产系统	基于预知信息变动下生产系统优化

不难发现，尽管近年来很多学者开始关注工业物联网的应用给供应链带来的影响，但是仍旧在以下两方面存在问题。第一，与服务系统能力规划结合的相关研究较少。现有研究主要关注工业物联网对维护策略优化或者备件库存的影响，如 Nguyen 等（2019）和 Topane 等（2016），忽视了工业物联网的应用对企业售后服务系统能力规划的影响，如企业是否应调整服务速率、服务站数量等。第二，缺乏以定量模型方式将物联网特性纳入用户与服务商决策中的研究。大部分的研究仍聚焦于基于工业物联网的生产或者物流系统设计，或者以定性方法对物联网的影响进行分析，以定量模型的方法探讨物联网环境下的运营管理决策的研究较少。经过文献整理，笔者发现尚未有研究真正将物联网的关键特性纳入决策模型中，相关研究亟待补充。因此，本书以产品售后服务能力规划为研究对象，将工业物联网在售后服务中的应用特点加入用户与服务商的决策模型中，如流程可追溯、快速响应等，并考虑不精确诊断因素，从离散性诊断错误与连续性诊断误差两个角度研究工业物联网的这些特质对服务商服务能力规划与服务供给决策的影响机制。

2.4　差异化服务供给与竞争策略

2.4.1　服务差异化指标

随着世界经济越来越倚重服务业的发展，不管是对于传统服务行业还是原始产品制造商来说，制定正确的服务策略变得越来越重要。实际上，当企业面对不同偏好的顾客时，差异化的服务提供策略可以更好地实现供需匹配。同时，采取差异化策略直接影响公司的资源—管理过程，并且这是其整体竞争战略的一部分。市场分割是研究差异化服务的基础，市场细分通常被定义为根据客户从服务中获得价值的各种方式，将一个异质市场划分为一组同质的子市场。一些学者从实证研究的角度，对服务差异化进行了研究。识别衡量特定服务的绩效指标，是研究服务差异化的基础。Gebauer 等（2011）调查了 332 家实现了服务化转型的制造业，并以此为基础研究了顾客需求的复杂性、顾客中心性、创新、服务差异化、经营绩效之间的关系。Lang 等（2018）根据不同的云服务模型、公司规模和行业特征，使用德尔菲法确定了 16 个专业人员，并根据其相对重要性对 QoS 进行排序，建立了衡量云服务供应商的评价体系。Sañudo 等（2019）使用定性与定量分析相结合的方法，对铁路服务的重要属性指标进行了研究，确定票价系统、旅行时间和间态相关的交叉运输属性是提高铁路运输质量的最重要因素。除了上述服务系统的关键属性指标外，还有部分研究分别关注了飞机服务、餐饮服务、生态旅游服务、民宿服务等。除服务的关键属性外，一些学者使用实证的方法研究了差异化服务的运营策略。以美国汽车行业为背景，Guajardo 等（2016）研究了售后服务相关属性（如合同长度、服务质量等）对消费者需求的影响，以及服务属性和汽车质量之间是否存在互补/替代的效应。进一步地，Guajardo 和 Cohen（2018）认为，是否以及如何采用服务差异化的决策是企业服务运营战略的核心，考虑消费者的偏好和提供差异化服务所需的经营能力，提出了一个服务差异化的框架，强调识别和使用市场分割作为差异化服务交付的核心。Ali-Marttila 等（2015）研究了在工业维护服务中，对于顾客和服务商而言，哪些服务相关的属性对于他们最有价值。蔺雷和吴贵生（2007）研究了我国制造企业服务增强差异化机制。

通过文献整理可以发现，现有研究尚未将物联网的不精确诊断因素作为服务差异化产生的原因进行研究。本书第 5 章以物联网诊断因素为标准，将服务分为监控服务与一般性服务，并分析了垄断与双寡头市场中服务商的差异化服务供给决策。

2.4.2 服务质量与价格的差异化

更多的学者使用模型的方法研究服务差异化运营管理策略，基本可以分为两个方面：服务质量与价格差异化、服务提前期与价格差异化。为充分利用服务资源，一些学者提出了依据服务质量进行定价的决策，以满足更多顾客的需求。考虑即时需求服务平台双方，服务提供者可以自行选择提供不同质量的服务，而顾客可以依据他们的偏好进行服务选择，Lin 和 Zhou（2019）研究了在一个垄断平台下，不同定价策略对平台收益的影响机制。随着数据密集型的实时服务需求出现了爆炸式增长，并且这些服务对信息传输的效率要求较高，传统的 FCFS 服务模式难以满足其需求，Gaivoronski 等（2016）考虑在服务能力有限的情况下，信息传输服务商应当如何制定价格以获取最大的效益。当企业可以同时提供产品出售与一次性租赁服务时，Yu 等（2018）考虑了两种产品销售模式中产品质量的不同，研究了产品出售与一次性租赁服务的定价决策以及两者之间相互影响的机制。考虑在队列服务系统中的两类用户，一类用户可以获知实时的等待时间而另一类顾客不可以，Hu 等（2018）研究了这种信息异质性如何影响系统的产出以及社会福利，研究结果显示，一定程度的信息异质性对于提高系统的产出以及社会福利具有积极作用。Zhong 等（2018）在考虑库存服务水平差异的基础上，研究了资源池及服务资源分配策略。在实际选择服务时，顾客需要花费精力去搜索适合自己的服务类型，考虑服务系统中各服务员的服务质量差异，Yang 等（2019）研究了顾客是否应该花费精力去了解各个站点服务的质量以及所在队列的等待时间决策。丁锋等（2019）研究了在集中决策和分散决策下最优产品定价和最优服务水平决策，以及顾客偏好对商家制定差异化竞争策略的影响。陈远高和刘南（2010）建立了价格和服务敏感的双渠道竞争模型，分析了集中和分散情况下服务差异的双渠道供应链中制造商和零售商的最优决策。

本书第 5 章同样考虑了基于物联网诊断的监控服务与一般性服务在服务质量与价格方面的差异化，但由于不精确诊断的影响，第 5 章同时纳入不同服务模式下用户与服务商所遭遇的错误成本差异化因素，并分析因监控质量导致的不精确诊断因素如何影响服务商的服务供给与竞争策略。

2.4.3 服务提前期与价格的差异化

在服务运营研究中，服务提前期即响应时间通常被用来衡量服务水平的高低。Jain 和 Bala（2018）考虑服务差异化可以更好地区分产品的质量，从而提高收益，同时差异化服务需要付出额外成本之间的均衡，研究了企业在提供差异化产品的同时，是否应当提供差异化的售后服务。Zhao 等（2012）将顾客分为价格敏感型以及提前期敏感型两类，并且服务商可以选择提供统一的服务或者差异化服务策略，研究了服务商是否应该提供差异化服务的策略。研究发现，当价格敏感型顾客在统一服务模式下有正的效益或者提前期敏感型顾客在差异化模式下有正效益的时候，服务商应选择差异化服务策略；否则，需视情而定。Jayaswal 和 Jewkes（2016）考虑了价格与提前期敏感型顾客，分别在资源共享与专用两种情形下，研究了服务商之间的竞争是如何影响价格和提前期差异化决策的。考虑顾客需求紧急程度的不同，Gabor 等（2018）研究了具有服务差异化和响应时间保证的基础库存模型，并给出了非紧急客户的响应时间（在交货时间内）分布的精确形式。考虑服务商能力有限的情形，So（2000）和 Maglaras 等（2018）

研究了顾客对价格以及等待时间敏感的环境下，利益最大化服务商的价格以及平均等待时间决策。郭放等（2019）研究了考虑差异化服务成本的多车型电动汽车路径优化与充电策略问题，并建立了该问题的整数规划数学模型，通过多组算例验证了算法的有效性。

与本书最接近的研究是 Li 和 Kumar（2018），考虑初始云服务供应商可以同时提供快速与标准的云服务，而进入者服务商只能提供标准的云服务，他们研究了在垄断与双寡头市场环境下，服务商的最优定价及云平台服务商之间的竞争策略。但是与 Li 和 Kumar（2018）不同的是，本书第 5 章研究了不精确监控信息导致的错误成本对服务商决策的影响；另外，本书同时研究了监控质量（决定监控误差大小）内生情形，即服务商的能力规划、服务供给策略以及监控质量的联合优化模型，并以此为基础，探讨在不同市场环境中引入一般性服务对基于工业物联网监控服务的监控质量的影响。

表 2-3 对差异化服务相关研究进行了总结。不难看出，现有相关研究主要集中于服务价格、提前期以及服务质量的差异化方面，并且从垄断市场与竞争市场两个维度进行了较为系统的研究。但是，相关研究均以服务本身为研究对象，而在基于工业物联网的售后服务中，工业物联网诊断与维护服务共同组成了售后服务过程，因此，除价格、提前期与质量等方面的差异化外，同样需要考虑服务类型的差异化（含工业物联网的监控服务与不含工业物联网的一般性服务），以及不同类型服务的错误成本差异化问题。所以，本书第 5 章将诊断误差导致的错误成本差异化问题纳入用户与服务商的决策模型中，研究服务商在不同市场环境下的差异化服务供给策略。

表 2-3　服务差异化相关研究综述

文献标注	差异化属性		考虑竞争		研究主题
	质量	提前期	是	否	
Lin 和 Zhou（2019）	√			√	考虑服务质量差异的即时需求服务平台的定价策略
Gaivoronski 等（2016）	√			√	考虑信息传输优先级的服务商定价决策
Yu 等（2018）	√			√	产品出售以及一次性租赁服务的相互影响机制
Zhong 等（2018）	√			√	考虑库存服务水平差异的资源池分配策略

续表

文献标注	差异化属性		考虑竞争		研究主题
	质量	提前期	是	否	
Yang 等（2019）	√			√	差异化服务下的顾客搜索决策
丁锋等（2019）	√		√		顾客偏好对服务水平与价格差异化的影响
Li 等 Kumar（2018）		√	√		差异化云服务供给策略
Jain 和 Bala（2018）		√		√	差异化产品是否影响服务
Jayaswal 和 Jewkes（2016）		√	√		竞争如何影响服务差异化决策
Zhao 等（2012）	√			√	顾客异质时，服务商是否应提供差异化服务决策

2.5　研究评述

工业物联网的应用与服务型制造的不断发展给企业售后服务带来机遇的同时，也带来了运营管理方面的巨大挑战。同时，差异化的顾客需求与服务商之间的竞争从供需两端考验着售后服务商的决策。因此，诸多学者从不同视角进行了有关售后服务能力规划、工业物联网下的运营管理决策以及差异化服务的研究。综合以上文献分析，将现有研究不足以及本书聚焦的问题总结如下：

（1）现有关于物联网对生产运营影响的研究主要集中于维护策略或者备件库存优化方面，鲜有研究从服务系统规划、服务供给与竞争决策的角度探讨工业物联网的影响，尤其是在考虑不精确诊断的情境下。比如，尽管工业物联网的应用提升了售后维护服务的效率与效果，但是在实践中，却经常出现错误判断设备状态而造成非必要停机或者次品不断产生的现象，对设备用户以及服务商都造成了一定的生产成本。因此，本书第 3 章考虑两类工业物联网监控错误，运用贝叶斯更新方法确定用户关于工业互联网平台服务的效益，确定用户的加入—退出决策。基于此构建服务商关于监控质量与服务定价的优化模型，探讨不同情境下服务商决策的异同。

（2）大部分研究将维护服务与备件替换分开研究，忽略了过程间的相互影响：服务商可以提升修复质量而降低备件的替换量，但这也会导致服务速率的降低，现有研究缺乏关于上述部件修复—替换均衡的思考。例如，在进行汽车维修、维护的过程中，由于汽车构造的复杂性，用户难以判断哪些零件需要替换，所以用户会依从于 4S 店的建议，而 4S 店为获取更大的收益，有可能会替换一些原本可以修理的零件。因此，以受损部件的修复—替换均衡为研究对象，本书第 4 章考虑物联网两类监控错误与受损部件的修复—替换均衡，确定用户的加入—退出决策模型；以用户决策为基础，研究了服务商的最优服务能力规划决策，进而分析物联网离散诊断错误、服务提前期以及备件收益等对服务商均衡决策的影响。最后，研究工业物联网及时响应性对服务商决策的影响。研究发现，两类诊断错误对服务商关于修复—替换均衡的影响是相反的；当单位备件利润提高时，服务商反而应提高修复质量、降低备件替换量以维持服务对用户的吸引力；尽管物联网的及时响应性提升了服务速率，但均衡状态下用户的期望等待时间不降反升。

（3）缺乏考虑因数据质量等因素引发的不精确诊断问题的相关研究。同看病类似，医生对患者的"望闻问切"是治疗以及开处方的基础；同样，专家对物联网所产生的数据进行分析，是识别产品退化状态及所需备件的基础。但是，由于信息监控的不完整性以及数据噪声等的影响，专家需要从局部信息中得到产品整体的退化状态，因此会导致不精确诊断。一些学者研究了产品状态诊断的能力规划问题，比如专家水平以及诊断速率决策。但是，大多数的研究都未考虑数据噪声等带来的诊断误差影响，并且少数关注不精确诊断（医疗领域）的研究都假设状态是离散的，且诊断误差导致的错误成本是一定的，这种假设简化了分析过程，但同时导致无法对错误成本的结构化特征进行分析，而错误成本又是不精确诊断的关键。因此，本书第 5 章考虑更普适性的情境，即产品的退化（如磨损、机械疲劳等）往往是一个连续过程，构建了诊断误差与监控质量之间的函数关系，研究服务商的最优能力规划决策。此外，本章考虑工业物联网平台导致的维护服务"加速效应"，即服务商可依据设备实时退化信息，提前安排维护资源，在保障服务质量的前提下提高服务速率，研究加速效应对服务商均衡决策的影响。

（4）现有研究尚未将工业物联网的关键特性纳入售后服务商的决策中，同时缺乏因不精确诊断而导致的差异化服务供给与服务竞争策略的相关研究。大多数学者聚焦于物联网相关的技术层面，如工业物联网架构、工业物联网大数据处理等，但忽视了其对企业生产运营的影响；而少有的相关研究也基本停留在定性分析阶段，并未将工业物联网在售后服务中的应用特性纳入用户与服务商的决策中。此外，因监控质量而引发的差异化服务供给模式也尚未有相应研究。因此，本书第5章从服务系统规划的视角，将工业物联网在售后服务中的应用特性纳入用户与服务商的决策中，同时考虑两种服务商模式：基于工业物联网的监控服务模式与一般性服务模式，研究用户在两种服务下的净收益。同时纳入竞争性服务商考量，研究竞争性服务商关于两类服务模式供给策略的纳什均衡，分析并比较售后服务商在垄断市场与双寡头市场环境下的能力规划与服务供给策略。研究发现，在垄断市场下，服务商的最优服务供给决策取决于监控服务是否可以明显优于一般性服务，但是在双寡头市场环境下，存在唯一的纳什均衡：领导服务商采用物联网技术但只供给监控服务，而潜在服务商应放弃该技术而仅提供一般性服务。

3 产品远程诊断服务的监控质量与定价决策研究

3.1 问题描述

新一代信息技术（如物联网、大数据、信息—物理系统等）与制造业的深度融合提升了对工业产品的远程监控能力以及基于产品实时状态的维护能力。众多制造业巨头积极部署远程监控平台以提升竞争力，为服务型制造的发展带来了新机遇。例如，阿斯麦尔 ASML 公司通过部署远程监控平台对其出售的光刻机进行状态诊断，并基于此优化其关键备件库存控制策略；劳斯莱斯对飞机引擎退化状态进行实时监控与分析，并承担引擎的维护、修理以及升级的任务。有数据统计显示，远程诊断可以提升 20% 的生产效率，并使设备的故障率降低 50% 以上[①]。但是，受限于数据质量等因素，远程诊断服务在现实应用中会出现诊断偏差，严重影响了企业对于维护服务的升级优化。现有相关研究对远程诊断的技术进行了大量的探索，如怎样设计数据处理算法以提升诊断精度或者如何构建远程诊断平台等，但是较少学者关注远程诊断服务的运营管理问题，导致无法充分发挥技术升级带来的经济效益，尤其是在远程诊断结果存在误差的情形下。

产品在日常使用过程中会由于磨损、环境变化、腐蚀等原因而产生功能退化

---

① 武汉大学工业互联网研究课题组．"十四五"时期工业互联网高质量发展的战略思考［J］．中国软科学，2020（5）：1-9.

现象，因此需要及时、精准维护以保障产品的正常使用。远程诊断可以大幅提升产品维护效率、降低维护成本。典型的基于远程诊断的维护服务过程如下：首先，当产品功能退化到一定程度而出现异常时，远程诊断平台提前发出预警；其次，产品专家或者专业售后人员对预警数据进行分析，诊断得出产品的故障位置、所需替换的零部件等信息；最后，组织技工到现场依据专家制定的维护流程，对产品问题进行处理。然而，专家或者专业售后人员的诊断结果受预警数据质量的影响（后文称为监控质量）较大，从而会导致诊断结果与现实存在偏差。根据 Alizamir 等（2013）以及 Topan 等（2018），诊断偏差包括两类：严重退化诊断为轻微退化（错误 I ）与轻微退化诊断为严重退化（错误 II）。由于技工维护是依据专家给出的维护指导进行操作，所以诊断结果误差会直接体现在产品的修复效果上，进而对产品用户造成一定的错误成本。以生产设备为例，当错误 I 发生时，会出现维护不足的现象，继续生产会导致次品率的提升；当错误 II 发生时，会出现过度维护现象，导致用户承担非必要的维护成本（如可继续使用的零部件被替换）。如何在考虑诊断误差与错误成本的基础上对维护服务系统进行规划以充分发挥远程诊断平台的效益，成为企业降本增效的关键。

依据上述维护服务过程，服务商可以通过两种方法提升远程诊断的精确度：第一，增大硬件与软件投资成本（如传感器、网络等），提升监控数据的数据质量（监控质量）；第二，提高专家的诊断时间，许多诊断服务研究均假设提升诊断时间会提高诊断精度。该假设也与现实一致：当专家有更多时间将预警数据与过往的故障数据库进行匹配和对比时，也就更可能准确地定位故障并给出维护方案。但是这两种提升精度的方法均对服务系统有负面影响，前者需要加大投资，后者会造成用户的等待时间增长。因此，远程诊断服务商需要寻求监控质量、投资成本以及用户等待之间的均衡，以最大化自身收益。

相关研究包括两个方面：一是考虑监控质量的维护运营管理决策，二是基于排队论的诊断服务研究。大部分关于远程诊断对企业管理决策影响的研究都关注维护策略与备件库存策略方面。如 Topan 等（2018）以光刻机的维护为例，考虑关键备件替换需求可以通过远程监控平台预测得到，但同时存在多类诊断偏差，基于此对诊断偏差进行建模并研究了带有偏差的预测信息对备件库存策略的影响。Nguyen 等（2019）考虑监控质量是影响基于产品实时状态维护策略的重要因素，研究了监控质量与基于实时状态维护策略的联合优化问题，并提出一种动态的监控质量与维护方案的调整策略。Kurz（2016）以飞机引擎维护为研究对象，考虑远程监控信息以降低需求不确定性并提高维护的服务速率，研究了各个维护站点的能力规划联合优化问题。吴琼等（2018）研究了考虑响应时间的制造企业远程监控服务定价策略，但是并未考虑诊断偏差的影响，也未考虑服务系统中用户的排队问题。与上述研究目标不同，本章从排队系统优化的视角研究远程诊断下的维护服务的定价与监控质量联合决策问题，难点在于如何基于服务商监控质量决策构建诊断误差以及相应错误成本函数，并且诊断误差如何影响远程诊断维护服务系统均衡也值得进一步探究。

关于基于排队论的诊断服务优化问题，Wang 等（2010）考虑提高护士的专业水平或者诊断时间可以降低诊断误差，研究了医疗服务系统中护士的专业水平、诊断时间以及护士数量的联合优化问题。Alizamir 等（2013）假设提高诊断时间可以提高诊断精度，对诊断服务中的两类错误进行了建模，研究了诊断服务系统的动态精确度—拥挤度均衡问题。周华和周水银（2014，2016）研究了专家服务系统下的最优专家水平决策问题以及专业服务的定价问题。李武强和刘树林（2013）研究了用户偏好对服务系统速度—均衡的影响。上述研究均考虑了诊断精度由专家诊断时间确定，但是在远程诊断服务中，监控质量同样是决定诊断精度的重要因素。将监控质量纳入考量后，如何构建由监控质量与诊断时间共同确定的诊断精度以及用户错误成本模型，并研究其对排队系统和服务商决策的影响成为挑战。本章通过构建贝叶斯更新模型建立诊断误差与错误成本函数，并基于此研究远程监控维护服务系统中用户加入—退出策略以及服务商的决策均衡问题。

基于上述工业实践遇到的问题以及相关理论研究的不足，本章考虑产品远程诊断中的诊断误差，研究远程诊断服务商监控质量与服务定价联合决策。假设远程诊断精度由监控质量与专家诊断时间共同确定，服务商可以通过提高监控质量（如使用更精确的传感器）的方式提高诊断的精度，但同时需要支付更多的投资成本。用户通过权衡远程诊断服务效益、等待成本以及服务价格，决定是否使用该服务。服务商以用户决策为基础，通过确定合适的监控质量以及服务价格以最大化自身利益。本章通过构建策略性排队模型，主要探讨以下科学问题：①用户对于远程诊断服务的效益应如何表示？②在不同市场环境下，用户的均衡决策是否一致？③服务商关于监控质量与定价的联合决策是怎样的？④专家诊断时间怎样影响系统均衡？

3.2 模型与假设

将本章所使用的符号总结如表3-1所示。

表3-1 符号总结

符号	含义
p_0	产品为严重退化的先验概率
c_1	错误Ⅰ发生时用户产生的错误成本
c_2	错误Ⅱ发生时用户产生的错误成本
δ	监控质量或者诊断时间提升时，诊断精度提升的比率
τ	专家诊断时间
q	监控质量
P	服务定价
c_w	用户单位时间等待成本
Λ	潜在需求达到率
λ	有效需求达到率
W	用户平均等待时间
U	用户净效益
R	服务商净收益

本章考虑两类市场主体：产品用户及远程诊断服务商。产品有两种退化状态：严重退化或者轻微退化。远程诊断维护服务过程如下：首先，远程诊断平台收集产品运行数据，并对异常状况发出预警；其次，产品专家对预警数据进行分析、比对等处理，诊断确定产品故障位置并给出解决方案；最后，服务商组织技工到现场依据专家制定的方案进行维护。由于数据质量问题，导致专家的诊断结果存在误差并最终导致用户要承担一定的错误成本。本章考虑监控质量与专家的诊断时间共同决定诊断精度，当监控质量越高且诊断时间越长时，诊断结果越准确；但同时会造成较高的投资成本与用户较长的等待时间。

本章使用 M/M/1 队列对系统进行建模，其中诊断时间为 τ，用户的潜在需

求到达率为 Λ，τ 与 Λ 分别服从于指数分布与泊松分布。本章不考虑无用时间损耗，即诊断时间 τ 全部被专家应用于确定产品故障与所需维护的相关信息。现有关于售后维护服务系统优化的研究中，多采用 M/M/1 队列进行建模，如 Sun 等（2021）使用 M/M/1 队列分析了阿斯麦尔 ASML 关于光刻机维护的能力规划问题；Kurz 等（2016）同样使用单服务员队列研究了劳斯莱斯飞机引擎维护的能力规划决策，该队列模型不但简化了分析过程以求得问题的解析结构，而且在一定程度上刻画了售后维护服务系统的不确定性。

3.2.1 用户的感知效益

每个进入队列的用户，其使用产品状态为严重退化（M）或者轻微退化（m）。对于严重退化的产品，需要大修维护（如部件替换等），将这种服务类型记为"+"；对于轻微退化的产品，需要小修维护（如润滑清理等），将这种服务类型记为"−"。当严重退化产品（M）进行了大修维护（+）或者轻微退化产品（m）进行了小修维护（−）时，用户不会产生任何额外成本。但是，当严重退化产品（M）采用小修维护（−）时，用户产生错误成本 c_1（错误 I），例如，维护不足的设备会导致次品的产生，影响企业制造成本及信誉等；当轻微退化产品（m）采用大修维护（+）时，用户的错误成本为 c_2（错误 II），例如，非必要备件替换成本与停机成本。

令产品状态为 M 的先验概率为 p_0。本章假设固定值先验概率有以下两个原因：首先，现有应用贝叶斯更新的诊断服务相关研究，如 Wang 等（2010）和 Alizamir 等（2013）均采用固定值先验概率；其次，在实践中，产品服务商会根据历史数据统计得到产品严重退化或者轻微退化的概率（固定值）以辅助决策。在产品实际状态为 M 的条件下，服务商通过远程诊断得出产品所需服务类型为"+"的概率为 α；在产品实际状态为 m 的条件下，通过诊断得出产品所需服务类型为"−"的概率为 β，并且 α 和 β 均为监控质量 q 及诊断时间 τ 的增函数。本章使用贝叶斯更新对诊断精度进行建模，如果通过诊断得出产品所需服务类型为"+"，则产品状态为 M 的后验概率为：

$$p_1 = \frac{\alpha p_0}{\alpha p_0 + (1-\beta)(1-p_0)} \tag{3-1}$$

如果诊断结果为"−"，则产品状态为 M 的后验概率为：

$$p_2 = \frac{(1-\alpha)p_0}{(1-\alpha)p_0 + \beta(1-p_0)} \tag{3-2}$$

由于本章的重点是探究监控质量和诊断时间的决策问题，因此假设产品状态为 M 的先验概率为 $p_0 = \frac{1}{2}$。该假设简化了本章的模型并且与现实情形一致，原因是当产品的两种退化状态区别比较模糊时，用户才更可能使用远程诊断服务。如果产品的两种退化状态差别较大，即 p_0 接近于 0 或 1 时，用户自身便可识别，而不会去使用该服务。该假设与 Wang 等（2010）和 Wang 等（2015）一致。另外，α 与 β 代表了远程诊断精度，其取决于监控质量 q 与诊断时间 τ，且满足 $\alpha > \frac{1}{2}$，$\beta > \frac{1}{2}$，即专家通过诊断降低了产品状态的不确定性，进而有更大的概率制定正确的维护策略。线性更新函数被广泛应用于贝叶斯更新，因为其可以有效地利用结构化方式来解决决策理论框架中的建模和规划任务。所以，本章假设 $\alpha = \beta = \frac{1}{2} + \delta\tau q$，其中，$\delta$ 代表当监控质量或者诊断时间提高时，诊断精确度提升的比率。

本章将使用与不使用远程诊断服务两种情形下的用户错误成本之差作为用户对于服务的感知效益，即"错误成本结余"。为聚焦于远程诊断服务，本章不考虑在未使用远程诊断时服务商依据实际经验对产品状态做出判断的情形，即当未使用远程诊断时，错误 I 与错误 II 发生的概率均为 $\frac{1}{4}$，用户的期望等待成本为 $\frac{1}{4}c_1$ 和 $\frac{1}{4}c_2$；当用户使用远程诊断服务时，由贝叶斯更新函数可知，两类错误发生的概率分别为 $\frac{1}{2}(1-\alpha)$ 和 $\frac{1}{2}(1-\beta)$，用户的错误成本为 $\frac{1}{2}(1-\alpha)c_1$ 和 $\frac{1}{2}(1-\beta)c_1$。所以，两种情形下用户的"错误成本结余"可以表示为：

$$V(q) = \left[\frac{1}{2}(1-\alpha) - \frac{1}{4}\right]c_1 + \left[\frac{1}{2}(1-\beta) - \frac{1}{4}\right]c_2 = \frac{1}{2}\delta\tau q(c_1 + c_2) \tag{3-3}$$

3.2.2 用户的加入—退出决策

除去价格 P 外，用户还需要付出一个等待成本。通过权衡感知效益、价格以及等待成本的大小，用户做出加入或者退出队列的决策。加入队列的那部分用户形成市场的有效需求 λ（$\leq \Lambda$）。另外，本章假设用户加入队列的速度小于服务商的服务速度，即 $\lambda < \dfrac{1}{\tau}$；否则，队列的长度将会无限大。本章使用 M/M/1 队列对该服务

系统进行建模，所以用户的期望等待时间为 $W = \dfrac{1}{\dfrac{1}{\tau} - \lambda}$。令 c_w 代表单位等待时间的

成本，则用户的期望等待成本为：

$$C_w = \dfrac{c_w}{\dfrac{1}{\tau} - \lambda} \tag{3-4}$$

因此，用户的净效益函数为：

$$U(\lambda;\ P,\ q) = V(q) - \dfrac{c_w}{\dfrac{1}{\tau} - \lambda} - P \tag{3-5}$$

不失一般性地，假设用户的保留效用为 0。用户都是同质的，在均衡状态下，具有相同的加入概率 p $(P,\ q)$。如果 p $(P,\ q)$ = 0 或者 1，则用户的策略为纯策略；否则，用户策略为混合策略。根据 Hu 等（2018）等关于用户选择加入或者退出队列的相关研究，本章确定用户的均衡策略，具体见引理 3.1。

引理 3.1　对于给定的价格 P 与监控质量 q，以 λ $(P,\ q)$ 代表效益函数 U $(\lambda;\ P,\ q)$ = 0 的唯一解：

$$\lambda(P,\ q) = \dfrac{1}{\tau} - \dfrac{c_w}{V(q) - P}$$

则用户的均衡决策为：

$$p_e(P,\ q) = \begin{cases} 1 & \Lambda \leqslant \lambda(P,\ q) \\[2mm] \dfrac{\lambda(P,\ q)}{\Lambda} & V(q) \geqslant c_w\tau + P\ \text{且}\ \Lambda > \lambda(P,\ q) \\[2mm] 0 & V(q) < c_w\tau + P \end{cases} \tag{3-6}$$

均衡状态下的有效需求为 $\lambda_e(P,\ q) = p_e(P,\ q)\Lambda$。

证明： 用户的净效益函数为 $U(\lambda;\ P,\ q) = V(q) - \dfrac{c_w}{\dfrac{1}{\tau} - \lambda} - P$，令 $U(\lambda;\ P,\ q) =$

0，可得 $\lambda(P,\ q) = \dfrac{1}{\tau} - \dfrac{c_w}{V(q) - P}$。情形①：全部加入，当 $\Lambda > \lambda(P,\ q)$ 时，该状况下

即使所有用户都选择加入队列，用户仍可获得正效益，即 $U(\Lambda; P, q) \geq 0$，此时选择加入是用户的纯策略纳什均衡，且 $\lambda_e(P, q) = \Lambda$。情形②：全部退出，该情况下即使所有其他用户都选择退出，用户仍不能获取正的效益，即 $V(q) - c_w\tau - P < 0$，此时选择退出是用户的纯策略纳什均衡，$\lambda_e(P, q) = 0$。情形③：部分加入，当用户的决策落入上述两个区间内时，即 $V(q) - c_w\tau - P > 0$ 并且 $\Lambda > \lambda(P, q)$ 时，用户的加入—退出决策为混合策略纳什均衡，且均衡状态下用户选择加入的概率为 $\dfrac{\lambda(P, q)}{\Lambda}$。

上述均衡状态定义了三种情形：①当 $U(\Lambda; P, q) \geq 0$ 时，即使所有的潜在用户加入服务，用户的期望净效益仍为正，因此，加入队列是用户的唯一均衡决策；②当 $U(0; P, q) < 0$ 时，即使其他的用户都选择不加入队列，用户的期望净效益仍为负，因此，不加入队列是用户的唯一均衡决策；③当 $U(\Lambda; P, q) < 0 \leq U(\lambda; P, q)$ 时，用户策略为混合策略，并且选择加入队列的概率为 $\dfrac{\lambda(P, q)}{\Lambda}$。

3.2.3 监控质量成本

现实中，远程诊断服务的监控质量与其所使用的监控设备（传感器等）及网络设施等具有密切的联系，并且最终取决于服务商搭建远程诊断系统所投入的成本。根据 Nguyen 等（2019），监控质量的投资成本可以使用具有正二阶导数的凸函数进行建模，为保证解析解的可分析，本章使用二次函数对监控质量投资成本进行建模，该假设与实践一致：投资监控质量的边际成本是不断增加的，因为监控质量越高时，若要继续提升监控质量变得愈发困难。基于此，本章建立了如下服务商投资成本与监控质量之间的函数关系：

$$c(q) = \frac{kq^2}{2} \tag{3-7}$$

其中，k 代表当监控质量提高时，投资成本的增加水平。

3.2.4 监控质量的决策空间

由用户效益函数（3-5）可知，用户的效益由监控质量、价格及期望等待成本确定。服务商所确定的监控质量 q 以及价格 P 必须满足以下要求：①至少有一位用户会进入队列，且该用户所获取的收益大于 0，即 $V(q) - c_w\tau - P > 0$；②价格要至少等于服务每位顾客的成本，即 $P \geqslant c(q)$。结合以上两个不等式，我们可以得到不等式：

$$V(q)-c_w\tau-c(q)>0 \tag{3-8}$$

通过求解不等式（3-8），我们可以得到监控质量的取值空间：$q \in [q_1, q_2]$，其

中，$q_1=\dfrac{\delta\tau(c_1+c_2)-\sqrt{(\delta\tau(c_1+c_2))^2-2kc_w\tau}}{2k}$，$q_2=\dfrac{\delta\tau(c_1+c_2)+\sqrt{(\delta\tau(c_1+c_2))^2-2kc_w\tau}}{2k}$。

3.3　服务商的最优定价策略

3.3.1　服务商的利润最大化函数

服务商的决策是通过设定监控质量 q 以及价格 P，以使利润函数最大化。以引理 3.1 中用户的均衡策略为基础，建立服务商利润最大化模型：

$$\max_{P,q}R(P, q)=(P-c(q))\lambda_e(P, q) \tag{3-9}$$

其中，$P-c(q)$ 代表服务商从每个加入队列的用户中所获取的期望利润，$\lambda_e(P, q)$ 表示在均衡状态下用户的有效到达率。

为处理上述服务商利润最大化问题，我们分两步进行求解：首先，对于给定的监控质量 q，先求解出企业的最优定价策略 $P(q)$；其次，在最优定价原则 $P(q)$ 下，推导出服务商的最优监控质量决策。

3.3.2　服务商的最优定价策略

首先分析对于给定的监控质量 q，服务商的最优定价决策 $P(q)$，详见定理 3.1。

定理 3.1　对于任意给定的监控质量 q，服务商会以以下方式定价，从而实现利润最大化：

$$P^*(q)=\begin{cases} V(q)-\sqrt{c_w\tau(V(q)-c(q))} & \Lambda>\widetilde{\lambda(q)} \\[2ex] V(q)-\dfrac{c_w}{\dfrac{1}{\tau}-\Lambda} & 0\leqslant\Lambda\leqslant\widetilde{\lambda(q)} \end{cases} \tag{3-10}$$

其中，$\widehat{\lambda(q)} = \dfrac{1}{\tau} - \sqrt{\dfrac{c_w}{\tau(V(q)-c(q))}}$ 表示无论潜在市场需求 Λ 有多大，服务商愿意服务的最大用户数量。相应地，均衡到达率为：

$$\lambda_e(P^*(q), q) = \begin{cases} \Lambda & 0 \leqslant \Lambda \leqslant \widehat{\lambda(q)} \\ \widehat{\lambda(q)} & \Lambda > \widehat{\lambda(q)} \end{cases} \tag{3-11}$$

证明： 由引理 3.1 可知，当市场潜在需求 Λ 足够大时，服务商无法满足所有用户的需求，因此，均衡状态下的有效需求为 $\lambda_e(P, q) = \dfrac{1}{\tau} - \dfrac{c_w}{V(q)-P}$。服务商的目标函数可以表示为：$\max\limits_{P,q} R(P, q) = (P - c(q))\left(\dfrac{1}{\tau} - \dfrac{c_w}{V(q)-P}\right)$，验证该目标函数对于 P 的二阶导数为 $\dfrac{\partial^2 R}{\partial P^2} = -\dfrac{2c_w}{(V(q)-P)^2} - \dfrac{2c_w(P-c(q))}{(V(q)-P)^3} < 0$，因此，最优定价可以通过一阶条件求得为 $P^*(q) = V(q) - \sqrt{c_w\tau(V(q)-c(q))}$，对应可以得到当市场潜在需求 Λ 足够大时的有效需求为 $\widehat{\lambda(q)} = \dfrac{1}{\tau} - \sqrt{\dfrac{c_w}{\tau(V(q)-c(q))}}$。当潜在需求 Λ 有限时，服务商目标函数为 $\max\limits_{P,q} R(P, q) = (P - c(q))\Lambda$。显然，利润函数是价格的增函数，因此，服务商会尽可能地提高价格，以获取所有的顾客剩余，即定价原则满足顾客效用函数 $V(q) - \dfrac{c_w}{\frac{1}{\tau} - \Lambda} - P = 0$，即 $P = V(q) - \dfrac{c_w}{\frac{1}{\tau} - \Lambda}$，相应的均衡到达率为 Λ。

定理 3.1 显示，对于任意给定的监控质量 q，总存在着唯一的定价策略 $P^*(q)$ 使得服务商利润最大化，并且存在一个服务商愿意服务的最大用户需求 $\widehat{\lambda(q)}$。当潜在需求 $\Lambda \leqslant \widehat{\lambda(q)}$ 时，服务商将会服务所有的潜在用户。因为在该情形下，用户对于监控质量 q 所确定的服务感知效益远大于潜在需求全部加入造成的等待成本，此时服务商的利润随着潜在需求的增大而增大，因此服务商会通过定价策略来获取所有的市场需求与消费者剩余，即服务商的定价策略受市场潜在规模影响。当潜在需求 $\Lambda > \widehat{\lambda(q)}$ 时，服务商没有能力满足所有潜在需求，原因是用户的等待成本会一直提高，而用户的感知效益是不变的，所以服务商会降低价格以确保用户会选择加入。但是，需求增大带来的效益无法弥补降价造成的整体效益损失，所以服务商利润会降低。所以，服务商会选择放弃一部分用户使价格维持在一定水平，即此时市场潜在需求的大小不影响服务商的定价策略。

以最优定价策略 $P^*(q)$ 为基础，接下来我们分析服务商的最优监控质量决策。依据市场潜在需求的不同（$\Lambda \leqslant \widetilde{\lambda(q)}$ 或者 $\Lambda > \widetilde{\lambda(q)}$），本章将监控质量的最优决策问题分两部分进行讨论：一是潜在市场需求足够大（$\Lambda > \widetilde{\lambda(q)}$），二是潜在市场需求不足（$\Lambda \leqslant \widetilde{\lambda(q)}$）。

3.4 最优监控质量决策

3.4.1 潜在市场需求足够大 $[\Lambda > \widetilde{\lambda(q)}]$

当潜在市场需求足够大时，根据定理 3.1，对于给定的监控质量 q，服务商的最优定价策略为 $P^*(q) = V(q) - \sqrt{c_w \tau (V(q) - c(q))}$，相应的均衡到达率为

$\lambda_e(P^*(q), q) = \dfrac{1}{\tau} - \sqrt{\dfrac{c_w}{\tau(V(q) - c(q))}}$。将 $P^*(q)$ 与 $\lambda_e(P^*(q), q)$ 代入服务商的目标函数（3-9），我们可以得到：

$$\max_q R(q) = \left(V(q) - \sqrt{c_w \tau(V(q) - c(q))} - c(q)\right) \left(\frac{1}{\tau} - \sqrt{\frac{c_w}{\tau(V(q) - c(q))}}\right)$$

$$(3-12)$$

求解上述模型，我们可以得到在市场需求足够大的情况下，服务商的最优决策为：

定理 3.2 当市场潜在需求足够大时（$\Lambda > \widetilde{\lambda(q)}$），服务商的最优监控质量、最优定价以及均衡达到率、用户期望等待时间如下：

（1）服务商的最优监控质量决策为 $q^* = \dfrac{\delta \tau(c_1 + c_2)}{2k}$；

（2）服务商最优定价决策为 $P^*(q^*) = \dfrac{1}{2}\delta\tau(c_1 + c_2)\left[\dfrac{\delta\tau(c_1 + c_2)}{2k} - \sqrt{\dfrac{c_w \tau}{2k}}\right]$；

（3）基于最优监控质量与定价的均衡服务到达率，以及用户的期望等待时间分别为 $\lambda_e(P^*(q^*), q^*) = \dfrac{1}{\tau} - \dfrac{2}{\delta\tau(c_1+c_2)}\sqrt{\dfrac{2kc_w}{\tau}}$，$W(P^*(q^*), q^*) = \dfrac{\delta\tau(c_1+c_2)}{2}\sqrt{\dfrac{\tau}{2kc_w}}$。

证明： 当市场潜在需求规模足够大时，服务商的效益函数为 $\max\limits_q R(q) = (V(q) - \sqrt{c_w\tau(V(q)-c(q))} - c(q))\left(\dfrac{1}{\tau} - \sqrt{\dfrac{c_w}{\tau(V(q)-c(q))}}\right)$，进一步整理可得

$\max\limits_q R(q) = \left(\sqrt{\dfrac{V(q)-c(q)}{\tau}} - \sqrt{c_w}\right)^2$。对 $R(q)$ 关于 q 求一阶导数，可得 $R'(q) = \left(\sqrt{\dfrac{V(q)-c(q)}{\tau}} - \sqrt{c_w}\right)\dfrac{1}{\sqrt{\tau[V(q)-c(q)]}}(V'(q)-c'(q))$。令 $R'(q) = 0$，可得 $q^* = \dfrac{\delta\tau(c_1+c_2)}{2k}$，并且 $R'(q)$ 的正负与 $V'(q)-c'(q)$ 一致，从 $V'(q)$ 与 $c'(q)$ 的函数形式可知，当 $q \in [q_1, q^*]$ 时，$V'(q)-c'(q) > 0$，从而 $R'(q) > 0$；当 $q \in [q^*, q_2]$ 时，$V'(q)-c'(q) < 0$，从而 $R'(q) < 0$。所以，可以证明得到 $R(q)$ 在 $q^* = \dfrac{\delta\tau(c_1+c_2)}{2k}$ 处取得最大值。将 q^* 代入 $P^*(q^*)$、$\lambda_e(P^*(q^*), q^*)$ 与 $W(P^*(q^*), q^*)$，可得服务商的最优定价、有效需求到达率以及用户的期望等待时间，分别为 $P^*(q^*) = \dfrac{1}{2}\delta\tau(c_1+c_2)\left[\dfrac{\delta\tau(c_1+c_2)}{2k} - \sqrt{\dfrac{c_w\tau}{2k}}\right]$，$\lambda_e(P^*(q^*), q^*) = \dfrac{1}{\tau} - \dfrac{2}{\delta\tau(c_1+c_2)}\sqrt{\dfrac{2kc_w}{\tau}}$，$W(P^*(q^*), q^*) = \dfrac{\delta\tau(c_1+c_2)}{2}\sqrt{\dfrac{\tau}{2kc_w}}$。

注意 $q^* = \dfrac{\delta\tau(c_1+c_2)}{2k}$ 落入 3.2.4 小节中得到的监控质量可行区间之内，即 $q^* \in [q_1, q_2]$。然后，基于定理 3.2，得到以下结论。

推论 3.1 随着诊断时间 τ 的增大，有以下结论成立：

（1）服务商会提高远程诊断的监控质量 q^*。

（2）有效需求达到率 $\lambda_e(P^*(q^*), q^*)$ 先增大后减小。

（3）当用户错误成本相对较高时 $\left((c_1+c_2)^2 \geq \dfrac{9kc_w}{32\delta^2}\right)$，最优定价 $P^*(q^*)$ 随 τ

单调递增；否则，存在区间$(\tau_1，\tau_2)$，当$\tau\in(\tau_1，\tau_2)$时，最优价格随着τ的增大而减小，当$\tau\in(0，\tau_1)\cup(\tau_2，\infty)$时，最优价格随着$\tau$的增大而增大。

（4）用户期望等待时间$W(P^*(q^*)，q^*)$随着τ的增大而增大。

证明：服务商的最优监控质量决策为$q^*=\dfrac{\delta\tau(c_1+c_2)}{2k}$，对$q^*$关于$\tau$求导，可

得$\dfrac{\partial q^*}{\partial\tau}=\dfrac{\delta(c_1+c_2)}{2k}>0$；均衡状态下的有效需求到达率为$\lambda_e(P^*(q^*)，q^*)=\dfrac{1}{\tau}-$

$\dfrac{2}{\delta\tau(c_1+c_2)}\sqrt{\dfrac{2kc_w}{\tau}}$，对$\lambda^*$关于$\tau$求导，可得$\dfrac{\partial\lambda_e}{\partial\tau}=-\dfrac{1}{\tau^2}+\dfrac{3\sqrt{2kc_w}}{\delta(c_1+c_2)}\tau^{-\frac{5}{2}}$。令$\dfrac{\partial\lambda_e}{\partial\tau}>0$，可

得$\tau<\dfrac{18kc_w}{(\delta(c_1+c_2))^2}$，令$\dfrac{\partial\lambda_e}{\partial\tau}<0$，可得$\tau>\dfrac{18kc_w}{(\delta(c_1+c_2))^2}$，即均衡需求到达率$\lambda_e$随着$\tau$

的增大先增大后减小。服务商最优服务定价决策为$P^*(q^*)=\dfrac{1}{2}\delta\tau(c_1+c_2)$

$\left[\dfrac{\delta\tau(c_1+c_2)}{2k}-\sqrt{\dfrac{c_w\tau}{2k}}\right]$，同样地，关于$\tau$求导，可得$\dfrac{\partial P^*}{\partial\tau}=\dfrac{(\delta(c_1+c_2))^2}{2k}\tau-\dfrac{3}{4}\delta(c_1+$

$c_2)\sqrt{\dfrac{c_w\tau}{2k}}$。令$\dfrac{\partial P^*}{\partial\tau}>0$，可得$\dfrac{\delta(c_1+c_2)}{k}(1+\tau)>\dfrac{3}{2}\sqrt{\dfrac{c_w\tau}{2k}}$，整理可得$\tau-\dfrac{3k}{2\delta(c_1+c_2)}$

$\sqrt{\dfrac{c_w\tau}{2k}}+1>0$。当$\dfrac{9kc_w}{8(\delta(c_1+c_2))^2}\leq4$时，上述不等式无解，即$\tau-\dfrac{3k}{2\delta(c_1+c_2)}\sqrt{\dfrac{c_w\tau}{2k}}+1>$

0恒成立，即$\dfrac{\partial P^*}{\partial\tau}>0$恒成立；当$\dfrac{9kc_w}{8(\delta(c_1+c_2))^2}>4$时，上述不等式有两根$\tau_1=$

$\left[\dfrac{3\sqrt{\dfrac{c_wk}{2}}-\sqrt{\dfrac{9kc_w}{2}-4(\delta(c_1+c_2))^2}}{4\delta(c_1+c_2)}\right]^2$，$\tau_2=\left[\dfrac{3\sqrt{\dfrac{c_wk}{2}}+\sqrt{\dfrac{9kc_w}{2}-4(\delta(c_1+c_2))^2}}{4\delta(c_1+c_2)}\right]^2$。所以，

当$\tau\in(\tau_1，\tau_2)$，$\dfrac{\partial P^*}{\partial\tau}<0$，即最优定价随着$\tau$的增大而减小；当$\tau<\tau_1$或者$\tau>\tau_2$

时，$\dfrac{\partial P^*}{\partial\tau}>0$，即最优定价随着$\tau$的增大而增大。对于用户期望等待时间

$W(P^*(q^*)，q^*)=\dfrac{\delta\tau(c_1+c_2)}{2}\sqrt{\dfrac{\tau}{2kc_w}}$，显然，期望等待时间随着$\tau$的增大而增大。

为更清晰地展示推论3.1中的内容，我们使用数值算例对上述结论进行分

析，如图 3-1 所示。本章数值案例中使用的数据均根据解析解的取值范围进行设定。推论 3.1 阐明了当市场潜在需求足够大时（$\Lambda > \widehat{\lambda(q)}$），服务商的诊断时间对均衡决策的影响。由于诊断精度由 τ 和 q 共同决定，容易认为两者为"替代"关系，即当诊断时间增大时，服务商可以降低监控质量。但是，推论 3.1 显示上述直觉并不正确，在均衡情况下，诊断时间 τ 与监控质量 q 实际为"互补"关系，即当诊断时间增大时，服务商应同时提高诊断精度［见图 3-1（a）］。原因是当市场潜在需求足够大时，这种做法可以最大程度提高用户对服务的感知效益，从而吸引更多的用户选择加入队列，并且从中获取的收益大于监控质量的投资成本增加值。

对于均衡需求到达率，当诊断时间处于较低水平时（$\tau < \dfrac{18kc_w}{(\delta(c_1+c_2))^2}$），用户的等待成本较低，因此随着诊断时间增加，用户的错误成本结余增加值要大于等待成本的增加值，进而导致用户的需求不断提高。但是，当诊断时间已经较高时（$\tau \geqslant \dfrac{18kc_w}{(\delta(c_1+c_2))^2}$），等待成本占据了主导地位，当诊断时间增加时，错误成本结余无法弥补等待成本的增大，最终导致用户需求的降低［见图 3-1（b）］。

推论 3.1 还说明服务价格未必随着诊断时间的增加以及监控质量的提高而提高。当两类错误成本 c_1 与 c_2 相对投资成本 k 较高时（$\dfrac{9kc_w}{8(\delta(c_1+c_2))^2} \leqslant 4$），最优服务价格随着诊断时间的增加而增大，因为此时相对于服务价格，用户更加关注错误成本，所以服务商可以提高价格以获取所有消费者剩余［见图 3-1（c）中的实线部分］。但是，当错误成本相对来说比较低时（$\dfrac{9kc_w}{8(\delta(c_1+c_2))^2} > 4$），服务价格与诊断时间的关系较为复杂。特别地，当诊断时间较低时（$\tau < \tau_1$），最优服务定价随着诊断时间递增，因为此时用户更加关注错误成本；当诊断时间较高时（$\tau > \tau_2$），最优服务定价也随诊断时间递增，因为此时诊断精度水平很高，用户愿意支付更高的价格来购买服务；但是，当诊断时间处于上述两种情形之间时（$\tau_1 < \tau < \tau_2$），随着诊断时间增加，用户对于等待成本的增加更为敏感，因此服务商必须降低服务价格［见图 3-1（c）中的虚线部分］。随着平均诊断时间的不断增加，用户的期望等待时间也逐步升高［见图 3-1（d）］。

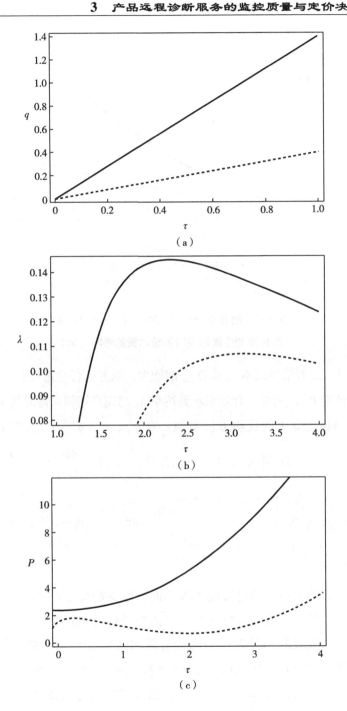

（a）

（b）

（c）

图 3-1　潜在市场需求足够大（$\Lambda > \widehat{\lambda(q)}$）时

服务商的诊断时间对系统均衡的影响

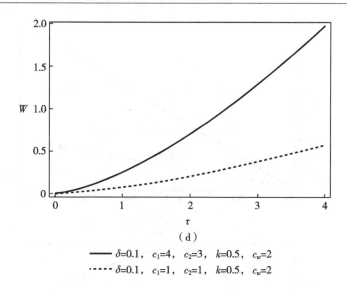

（d）

$$\text{———} \quad \delta=0.1, \quad c_1=4, \quad c_2=3, \quad k=0.5, \quad c_w=2$$
$$\text{········} \quad \delta=0.1, \quad c_1=1, \quad c_2=1, \quad k=0.5, \quad c_w=2$$

图 3-1 潜在市场需求足够大（$\Lambda > \widehat{\lambda(q)}$）时
服务商的诊断时间对系统均衡的影响（续）

推论 3.2 随着错误成本 c_1 或者 c_2 的增大，服务商将会选择提高监控质量 q^* 并提高服务价格 P^*，同时，有效需求到达率 λ_e 与用户期望等待时间 W 也将提高。

证明： 同推论 3.1 的证明方法类似，对 q^*、$P^*(q^*)$、$\lambda_e(P^*(q^*), q^*)$、$W[P^*(q^*), q^*]$ 分别关于 $c_1 + c_2$ 求导，可得 $\dfrac{\partial q^*}{\partial(c_1+c_2)} = \dfrac{\delta\tau}{2k} > 0$，$\dfrac{\partial P^*}{\partial\tau} =$

$$\frac{1}{2}\delta\tau\left[\frac{\delta\tau(c_1+c_2)}{2k} - \sqrt{\frac{c_w\tau}{2k}}\right] + \frac{(\delta\tau)^2(c_1+c_2)}{4k} > 0, \quad \frac{\partial\lambda_e}{\partial\tau} = \frac{2}{\delta\tau(c_1+c_2)^2}\sqrt{\frac{2kc_w}{\tau}} > 0, \quad \frac{\partial W}{\partial\tau} =$$

$$\frac{\delta\tau}{2}\sqrt{\frac{\tau}{2kc_w}} > 0。$$

推论 3.2 表明当用户的错误成本提高时，服务商会提高监控质量 q^* 来提升用户的错误成本结余，同时，为获取更多消费者剩余，服务商会提高服务定价，上述结论是非常直观的。图 3-1 中的数值算例结果也可以支撑上述结论，在图 3-1（a）与图 3-1（c）中，实线代表 $c_1=4$，$c_2=3$，虚线代表 $c_1=1$，$c_2=1$，可以直观反映出 $q^*|_{c_1=4,c_2=3} > q^*|_{c_1=1,c_2=1}$，以及 $P^*|_{c_1=4,c_2=3} > P^*|_{c_1=1,c_2=1}$。推论 3.2 还表明尽管服务价格随着错误成本的提高而提高，用户并未因此选择离开队列，反而更多的用户会选择加入。原因是随着错误成本的增大，用户错误成本结

余的增加值高于价格的增加值，用户的净效益增大。因此，为获取更多的消费者剩余，服务商将会允许更多的用户进入队列，导致有效需求率以及用户等待时间的增高。图 3-1（b）与图 3-1（c）也证明了上述结果的准确性。

3.4.2 潜在市场需求有限 $[\Lambda < \widehat{\lambda(q)}]$

定理 3.2、推论 3.1 和推论 3.2 的结果均建立在市场潜在需求大而服务商无法满足所有用户需求的基础之上，即 $\Lambda > \widehat{\lambda(q)}$。本节我们探讨当潜在市场需求有限的情形下的服务商最优决策，即 $\Lambda \leqslant \widehat{\lambda(q)}$，并分析两种情形下服务商决策的异同。

当潜在市场需求有限，服务商可以服务所有用户时，根据定理 3.1，对于给定的监控质量 q，服务商的最优定价策略为 $P^*(q) = V(q) - \dfrac{c_w}{\dfrac{1}{\tau} - \Lambda}$，相应的均衡到

达率为 $\lambda_e(P^*(q), q) = \Lambda$。函数（3-9）中服务商的利润函数因此可以表示为：

$$\max_q R(q) = \left(V(q) - \frac{c_w}{\frac{1}{\tau} - \Lambda} - c(q) \right) \Lambda \tag{3-13}$$

求解上述优化问题，可以得到定理 3.3。

定理 3.3 当市场潜在需求有限时（$\Lambda < \widehat{\lambda(q)}$），服务商的最优监控质量、最优定价决策以及均衡到达率、用户期望等待时间如下：

（1）服务商的最优监控质量决策为 $q^* = \dfrac{\delta \tau (c_1 + c_2)}{2k}$；

（2）服务商最优定价决策为 $P^*(q^*) = \dfrac{(\delta \tau (c_1 + c_2))^2}{2k} - \dfrac{c_w}{\dfrac{1}{\tau} - \Lambda}$；

（3）基于最优监控质量与定价的均衡服务到达率以及用户期望等待时间分别为 $\lambda_e(P^*(q^*), q^*) = \Lambda$，$W(P^*(q^*), q^*) = \dfrac{1}{\dfrac{1}{\tau} - \Lambda}$。

证明： 当市场潜在需求有限时（$\Lambda < \widehat{\lambda(q)}$），服务商可以满足所有用户需求，根据定理 3.1，均衡需求到达率为 Λ，服务商的效益函数为 $\max_q R(q) = (V(q) -$

$\dfrac{c_w}{\dfrac{1}{\tau}-\Lambda}-c(q))\Lambda$。对 $R(q)$ 关于 q 求导，可得 $R'(q)=(V'(q)-c'(q))\Lambda$，因此，$R'(q)$ 的正负与 $V'(q)-c'(q)$ 一致，从 $V'(q)$ 与 $c'(q)$ 的函数形式可知，当 $q\in[q_1,q^*]$ 时，$V'(q)-c'(q)>0$，从而 $R'(q)>0$；当 $q\in[q^*,q_2]$ 时，$V'(q)-c'(q)<0$，从而 $R'(q)<0$。所以，可以证明 $R(q)$ 在 $q^*=\dfrac{\delta\tau(c_1+c_2)}{2k}$ 处取得最大值。

将 q^* 代入 $P^*(q)=V(q)-\dfrac{c_w}{\dfrac{1}{\tau}-\Lambda}$，可得 $P^*(q^*)=\dfrac{(\delta\tau(c_1+c_2))^2}{2k}-\dfrac{c_w}{\dfrac{1}{\tau}-\Lambda}$。

比较定理 3.2 与定理 3.3 可以发现，当市场潜在需求较大时，服务商的均衡决策不受市场潜在需求的影响；当市场潜在需求有限时，尽管服务商的最优监控质量决策不变，但是服务价格、有效需求及用户期望等待时间均与潜在市场规模相关。从定理 3.2 中可以发现，均衡状态下用户的期望等待时间与市场潜在需求无关，但是，定理 3.3 显示当市场规模有限时，均衡状态下用户的期望等待时间随着市场规模的增大而增大，因为服务商会满足所有潜在用户的需求。

从定理 3.3 中，我们可以推导出以下结论。

推论 3.3 服务商诊断时间的影响：随着服务商诊断时间 τ 的增大，有以下结论成立：①服务商的最优监控质量 q^* 增大；②存在区间 (τ_3,τ_4)，当 $\tau\in(\tau_3,\tau_4)$ 时，最优服务定价随着 τ 的增大而增大，否则，最优服务定价随着 τ 的增大而减小；③均衡状态下的需求到达率不变，用户期望等待时间提高。

证明：服务商的最优监控质量决策为 $q^*=\dfrac{\delta\tau(c_1+c_2)}{2k}$，对 q^* 关于 τ 求导，可得 $\dfrac{\partial q^*}{\partial\tau}=\dfrac{\delta(c_1+c_2)}{2k}>0$。对 $P^*(q^*)=\dfrac{(\delta\tau(c_1+c_2))^2}{2k}-\dfrac{c_w}{\dfrac{1}{\tau}-\Lambda}$ 关于 τ 求导，可得 $\dfrac{\partial P^*}{\partial\tau}=\dfrac{(\delta(c_1+c_2))^2}{k}\tau-\dfrac{c_w}{(1-\tau\Lambda)^2}$。令 $\dfrac{\partial P^*}{\partial\tau}>0$，可得 $\tau(1-\tau\Lambda)^2>\dfrac{kc_w}{(\delta(c_1+c_2))^2}$。令 $f(\tau)=\tau(1-\tau\Lambda)^2$，可得 $f'(\tau)=(1-\tau\Lambda)(1-3\tau\Lambda)$，因为 $(1-\tau\Lambda)>0$，所以当 $\tau<\dfrac{1}{3\Lambda}$ 时，$f'(\tau)>0$；当 $\tau>\dfrac{1}{3\Lambda}$ 时，$f'(\tau)<0$。所以，当 $\tau<\dfrac{1}{3\Lambda}$，$\tau(1-\tau\Lambda)^2=\dfrac{kc_w}{(\delta(c_1+c_2))^2}$ 有一

根 τ_3，当 $\tau<\tau_3$ 时，$\tau(1-\tau\Lambda)^2 < \dfrac{kc_w}{(\delta(c_1+c_2))^2}$，此时 $\dfrac{\partial P^*}{\partial \tau}<0$；当 $\tau_3<\tau<\dfrac{1}{3\Lambda}$ 时，

$\tau(1-\tau\Lambda)^2 > \dfrac{kc_w}{(\delta(c_1+c_2))^2}$，此时 $\dfrac{\partial P^*}{\partial \tau}>0$；当 $\tau>\dfrac{1}{3\Lambda}$，$\tau(1-\tau\Lambda)^2 = \dfrac{kc_w}{(\delta(c_1+c_2))^2}$ 有一

根 τ_4，当 $\dfrac{1}{3\Lambda}<\tau<\tau_4$ 时，$\tau(1-\tau\Lambda)^2 > \dfrac{kc_w}{(\delta(c_1+c_2))^2}$，此时 $\dfrac{\partial P^*}{\partial \tau}>0$；当 $\tau>\tau_4$ 时，

$\tau(1-\tau\Lambda)^2 < \dfrac{kc_w}{(\delta(c_1+c_2))^2}$，此时 $\dfrac{\partial P^*}{\partial \tau}<0$。因为 $\tau=\dfrac{1}{3\Lambda}$ 时，$f(\tau)$ 是连续的，所以，综

上可得当 $\tau\in(\tau_3,\ \tau_4)$ 时，$\dfrac{\partial P^*}{\partial \tau}>0$；当 $\tau<\tau_3$ 或 $\tau>\tau_4$ 时，$\dfrac{\partial P^*}{\partial \tau}<0$。对于用户期望

等待时间 $W(P^*(q^*),\ q^*)=\dfrac{1}{\dfrac{1}{\tau}-\Lambda}$，明显地，用户期望等待时间提高。

同推论 3.1 一样，本章使用数值算例的形式对推论 3.3 中的结论进行分析，如图 3-2 所示。我们发现同推论 3.1 中的结论，当市场潜在需求有限时，服务商诊断时间与监控质量依然为"互补"关系。对于服务定价，当市场潜在需求足够大时，推论 3.1 显示服务定价关于服务商诊断时间的变化取决于用户错误成本与投资成本的相对大小，即图 3-1（c）中实线与虚线的变化趋势是不同的。但是，当市场潜在需求有限而服务商可以满足所有用户时，推论 3.3 显示服务定价关于服务商诊断时间的变化不依赖于任何其他因素，如图 3-2（c）中实线与虚线的变化趋势一致。原因是当服务商可以满足所有用户的需求时，选择加入是用户唯一均衡决策，即引理 3.1 中的情形①，所以服务商在调整价格时只需考虑维持用户均衡，不需要考虑有效需求的影响。从推论 3.3 及图 3-2（c）中我们还可以发现，当诊断时间较短时（$\tau<\tau_3$），诊断精确度处于较低水平，服务商必须降低价格来吸引用户选择加入该服务；当诊断时间较长时（$\tau>\tau_4$），随着诊断时间的延长，尽管用户的错误成本结余增加，但是其增长幅度无法弥补用户期望等待成本的增长幅度（期望等待时间是凸增长的，如图 3-2（d）所示），所以服务商也需降低服务价格来维持用户均衡；当诊断时间处于两者之间时（$\tau_3<\tau<\tau_4$），随着诊断时间的延长，用户错误成本结余的增长量高于等待成本的增长，服务商可以提高价格以获取更大利润。

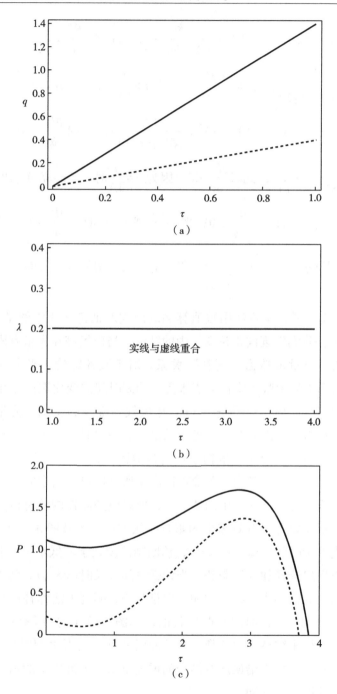

图3-2 潜在市场需求有限 $[\Lambda<\widehat{\lambda(q)}]$ 时
服务商的诊断时间对系统均衡的影响

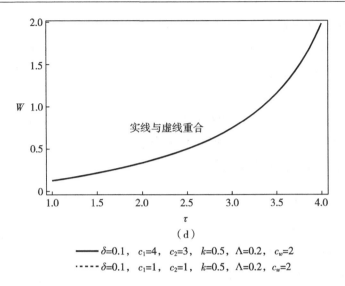

（d）

$$\text{———} \quad \delta=0.1,\quad c_1=4,\quad c_2=3,\quad k=0.5,\quad \Lambda=0.2,\quad c_w=2$$
$$\cdots\cdots \quad \delta=0.1,\quad c_1=1,\quad c_2=1,\quad k=0.5,\quad \Lambda=0.2,\quad c_w=2$$

图 3-2　潜在市场需求有限 $[\Lambda<\widehat{\lambda(q)}]$ 时服务商的诊断时间对系统均衡的影响（续）

推论 3.4　随着错误成本 c_1 或者 c_2 的增大，服务商将会选择提高监控质量 q^* 并提高服务的价格 P^*。但是有效需求到达率 λ_e 与用户期望等待时间 W 保持不变。

推论 3.4 中的结果与推论 3.2 中的结果基本一致，即无论是在潜在市场需求足够大还是有限的情形下，用户错误成本对服务商监控质量以及服务价格的影响是一致的。区别在于当潜在市场需求足够大时，有效需求到达率及用户的期望等待时间均与错误成本相关；但是当市场需求有限时，推论 3.4 中的结果表示有效需求到达率及用户期望等待时间与错误成本无关，图 3-2 也可以支撑上述结论的正确性。

3.5　研究拓展

3.5.1　监控质量与诊断时间存在内生关系

在前文分析中，本章假设监控质量与诊断时间是相互独立的，原因是监控质量是由远程诊断平台的硬件与软件设施（如传感器、传输网络等）决定的，是服务商的一项长期规划决策；而诊断时间取决于专家水平、服务商承诺最长停机时间等外部因素，在现实中变动较大。本章聚焦远程诊断的监控质量决策，因此假设诊断时间是固定的且独立于外部参数，包括监控质量。本小节考虑如下诊断时间与监控质量的内生关系：当监控质量越高时，对于同一专家而言，其数据处理与分析工作将会越容易，即诊断时间将会越短。因此，本部分研究内容考虑监控质量与诊断时间的内生关系，探究上述结论在该情境下是否仍然适用。考虑诊断时间与监控质量存在如下函数关系：

$$\tau(q) = \tau_0\left(1 + \frac{a}{q}\right) \tag{3-14}$$

式中，τ_0 代表基准诊断时间，即无论监控质量达到何种水平，专家完成诊断所需的最小时间；a 代表当监控质量 q 提升时，诊断时间下降的比率。基于式（3-14）分析用户的决策，易知引理 3.1 中的结论仍然成立。将式（3-14）代入定理 3.1，同样可得定理 3.1 中服务商的定价决策以及有效需求在本情境下仍旧成立。然后，当潜在市场需求足够大（$\Lambda > \widehat{\lambda(q)}$）时，服务商的目标函数可以表示为：

$$\max_q R(q) = \left(V(q) - \sqrt{c_w \tau(q)(V(q) - c(q))} - c(q)\right)$$
$$\left(\frac{1}{\tau(q)} - \sqrt{\frac{c_w}{\tau(q)(V(q) - c(q))}}\right) \tag{3-15}$$

求解上述优化问题，我们发现服务商的收益 $R(q)$ 随着 q 单调递增，即当潜在市场需求足够大时，服务商应尽可能地提升监控质量。类似 3.2.4 小节的分析，监控质量 q 的取值范围应满足 $V(q) - c(q) - c_w \tau(q) \geq 0$，否则不会有用户购买该服务。通过对上述不等式的分析，得到可行解范围为 $q \in [\underline{q}, \overline{q}]$。所以，当潜在市场需求足够大（$\Lambda > \widehat{\lambda(q)}$）时，服务商的最优监控质量决策为 $\overline{q}$。相应证明过程如下：

证明：将式（3-14）代入式（3-15），可得在市场需求足够大的情境下的服务商目标函数 $R(q)$。重复定理 3.2 的证明过程，可知 $R'(q)$ 的符号与 $\left[\frac{(V(q) - c(q))}{\tau(q)}\right]'$ 一致。令 $h(q) = \frac{(V(q) - c(q))}{\tau(q)}$，其一阶导结果为 $h'(q) =$

$$\frac{\left[\frac{1}{2}\delta\tau_0(c_1+c_2)-kq\right]\tau_0\left(1+\frac{a}{q}\right)+\left[V(q)-c(q)\right]\tau_0\frac{a}{q^2}}{\left[\tau_0\left(1+\frac{a}{q}\right)\right]^2}>0$$。所以，可得 $R'(q)>0$，即

服务商的净收益随着监控质量 q 单调递增。类似地，重复定理 3.3 的过程，我们可以验证当市场需求有限时，服务商的净收益仍随着监控质量 q 单调递增。接下来，我们确定监控质量与诊断时间存在式（3-14）中的关系时，监控质量 q 的取值范围。

根据式（3-8）中监控质量的可行域计算方法，将式（3-14）代入式（3-8），可得不等式 $\frac{1}{2}\delta\tau_0(q+a)(c_1+c_2)-\frac{1}{2}kq^2-c_w\tau_0\left(1+\frac{a}{q}\right)\geq0$。令 $l(q)=\frac{1}{2}\delta\tau_0(q+a)(c_1+c_2)-\frac{1}{2}kq^2-c_w\tau_0\left(1+\frac{a}{q}\right)$，其一阶导数为 $l'(q)=\frac{1}{2}\delta\tau_0(c_1+c_2)-kq+c_w\tau_0\frac{a}{q^2}$，易得 $l'(q)$ 先正后负，存在极值点 q'，即 $l(q)$ 在 $(0,q')$ 递增，在 (q',∞) 递增，并且 $\lim\limits_{q\to0}l(q)=-\infty$ 且 $\lim\limits_{q\to\infty}l(q)=-\infty$。此外，$l(q')>0$。所以，可知 $l(q)=0$ 存在两根 $\underline{q}$ 和 $\overline{q}$，即 $l(q)\geq0$ 的可行域为 $[\underline{q},\overline{q}]$。

当潜在市场需求有限（$\Lambda>\widetilde{\lambda(q)}$）时，服务商的目标函数为：

$$\max_q R(q)=\left(V(q)-\frac{c_w}{\frac{1}{\tau(q)}-\Lambda}-c(q)\right)\Lambda \tag{3-16}$$

求解上述优化问题，可得服务商的收益 $R(q)$ 随着 q 单调递增，即当潜在市场需求有限时，服务商同样应尽可能地提升监控质量。根据监控质量可行解范围，可得此时最优监控质量决策仍为 $\overline{q}$。至此可以得出，当诊断时间与监控质量存在内生关系，即诊断时间随着监控质量减小时，服务商的净收益随监控质量递增，最优监控质量应定为可行解的上限。而由定理 3.2 和定理 3.3 可知，当诊断时间与监控质量相互独立时，在潜在市场需求足够大和需求有限两种情形下，在监控质量可行解范围内均存在服务商净收益的极大值点。

3.5.2 案例分析

本小节使用阿斯麦尔 ASML 光刻机维护为案例对本章的理论结果进行应用，相关数据来源于 Sun 等（2021）。本章选取上述文献中四类常见故障类型中的两

类进行分析，分别用 P、W 表示。ASML 公司已经部署了远程诊断平台来持续监测设备的关键参数如震动、温度、压力和音频等，并且可以及时预知潜在故障，因此提升了维护效率和备件库存控制水平。但是在实际运营过程中，设备故障以及备件需求信号存在误差，如预警的设备未损坏（多检）以及损坏的设备未能预警（漏检），如前文所述，前者会导致错误 II 维护过量的相关错误成本而后者会导致错误 I 维护不足的相关错误成本。本章使用上述文献中因诊断误差导致的库存返回成本作为用户错误成本，并且假设两类错误的错误成本相同，使用出现备件缺货时的惩罚成本作为用户的单位时间等待成本。此外，使用信号的精准度作为该公司现行远程诊断的监控质量，并通过本模型验证是否达到最优。ASML案例数据如表 3-2 所示。

表 3-2 ASML 案例数据

失效模式	$c_1 = c_2(\text{€})$	$\tau(week)$	$c_w(\text{€})$	q
P	5500	3.116	7500	0.42
W	4200	2.263	7500	0.90

令调节参数 $\delta = 1$，$k_P = 20000$，$k_W = 15000$，使用 3.3、3.4 两节的解析结果，本章可以推导出不同情境下最优监控质量与定价的决策，然后与该公司现在的预警信号精度进行对比，分析存在的不足。基于 ASML 案例数据的均衡解如表 3-3 所示（保留四位有效数字）。

表 3-3 基于 ASML 案例数据的均衡解

失效模式	需求足够				需求不足			
	q^*	P^*	λ^*	W^*	q^*	P^*	λ^*	W^*
P	0.8569	1633	0.252	14.51	0.8569	2048	0.05	3.691
W	0.6789	1152	0.337	9.534	0.6789	1327	0.10	2.925

针对需求不足情形，对于失效模式 P，本案例选取潜在需求为 $\Lambda = 0.05$；对于失效模式 W，选取潜在需求为 $\Lambda = 0.1$。由分析结果可知，对于失效模式 P，企业的最优监控质量决策为 0.8569，即对失效模式 P 的预警准确率需要达到 85.69%，而实际上企业关于失效模式 P 的预警准确率为 42%，所以企业应加大

关于失效模式 P 的监控质量投资，比如使用更可靠的传感器或者网络传输质量；而对于失效模式 W，结果显示最优监控质量决策为 0.6789，而实际的预警准确度已达 90%，所以企业对失效模式 W 的监控质量已经足够高，未来应投入更多的精力与财力提升关于失效模式 P 的预警精确度。

3.6　结论与管理启示

产品远程诊断结果容易受到数据质量问题干扰而产生错误（如多检、漏检），如何在此基础上对远程诊断维护系统进行规划是企业提高售后服务效率与经济效益的重点。考虑远程诊断精确性取决于监控质量以及诊断时间，本章基于排队论方法，研究了远程诊断服务商最优监控质量与服务定价决策。进一步通过比较静态，分析了服务商诊断时间以及错误成本对服务商均衡决策的影响。主要结论如下：

（1）用户的加入—退出决策不但受服务商监控质量与定价决策的影响，而且受潜在需求规模的影响。对于任意给定的服务商监控质量与定价决策，本章研究表明，当潜在需求规模足够大时，用户的加入—退出策略为混合策略纳什均衡；当潜在需求规模有限时，用户选择加入为纯策略纳什均衡。

（2）当诊断时间与监控质量相互独立时，本章结果显示，在监控质量可行域范围内存在服务商净收益最大化的极大值点，且均衡状态下诊断时间与监控质量为"互补"关系，即当诊断时间延长时，服务商会提高监控质量。当诊断时间与监控质量存在内生关系（"替代"关系），即监控质量的提高会缩短专家诊断时间时，本章结果表明，服务商的净收益随着监控质量递增，且服务商在监控质量可行域上限处获取最大净收益。

（3）当市场潜在需求足够大时，服务商诊断时间对服务价格的影响取决于错误成本与监控质量投资成本之间的关系：当错误成本相对监控质量投资成本较高时，服务定价随着诊断时间的延长而增大，但是当错误成本相对投资成本较低时，服务定价与诊断时间呈现双峰关系。此外，有效需求随诊断时间的延长先增大后减小。但是当市场潜在需求有限时，服务定价与诊断时间呈现双峰关系，不再受错误成本与监控质量投资成本关系的影响；有效需求始终等于市场的潜在需求。

在本章的基础上，后续可展开的研究工作包括：①为简化分析，本章在应用贝叶斯更新时假设对称状态，即服务商出现两种错误（错误 I 与错误 II）的概率是相同的，该假设使得本章可以有效地利用结构化来解决决策理论框架中的建模和规划任务。后续研究可考虑放宽该假设并研究不对称性对服务商决策的影响。②除错误 I 与错误 II 之外，监控错误还可能有多检、漏检现象，后续研究可以将更多的监控错误纳入决策中。③服务商相较于用户而言具有信息优势，导致其有动机对产品进行过度维护以获取更高的利益，后续研究可考虑将道德风险引入服务商决策模型中。

4 离散性诊断错误下考虑受损部件修复—替换均衡的能力规划决策

4.1 问题描述

随着产品科技含量、复杂度与精密度的不断提升，维护服务也变得趋于专业化、复杂化，并且产品关键部件也趋向多样化发展。传统售后服务模式由于缺乏对产品状态的实时监测，导致服务质量低下与响应速度慢等问题，而无法适应复杂产品的维护需求。近些年来，许多企业采取物联网监控技术对产品关键部件的实时状态进行监控，及时预知将要发生的故障并超前制订维护计划。例如，Rolls-Royce 在引擎上安装传感器以实时监测反映引擎状态的各关键参数，超过 20 种参数如油压、油温及震动水平等的相关数据被实时上传至工业物联网平台，以预测引擎故障的时间、部位以及维护需求等。但是，由于数据质量等因素的影响，物联网监控得到的部件替换需求经常出现差错，进而导致服务商能力规划等决策受到影响。

受损部件的修复与替换是售后服务的关键，也是服务商获取利润的主要来源。工业物联网的应用提高了产品运行状态的可视化水平，从而提高了产品售后服务商的备件管理水平。以阿斯麦尔（ASML）为例，其通过部署工业物联网平台监控光刻机的重要部件，通过实时在线监控实现了重要零件库存成本与产品可靠性的均衡。但是，受制于数据质量等因素，监控得到的产品退化结果存在偏差，最终影响到服务商的运营管理决策。现有相关研究主要集中于如何使用不精确的监控信息优化备件库存，如 Topan 等（2018）和 Nguyen 等（2019），或者在维护策略方面，如 Raza 和 Ulansky（2019）鲜有研究关注因监控质量问题引发的备件替换不确定性对服务商服务能力规划的影响。因此，为研究不精确监控对售后服务商能力规划的影响，本章考虑两类因物联网监控误差产生的备件需求信息不确定性：第一，多检，预警但未发生故障（错误 I），从而备件消耗超出，此时用户需要承担非必要的停机成本，而服务商承担多余的备件库存成本；第二，漏检，故障但未预警，备件替换不足（错误 II），此时用户需要承担使用不可靠产品生产出的次品成本，而服务商需要承担违背其产品可靠性的赔付成本。

除工业物联网不精确监控诊断外，受损部件的修复—替换均衡也影响备件的替换。在服务型制造中，产品的复杂度与专业度使得用户无法判断产品故障的类型，从而必须依赖服务商的诊断。在维护过程中，拆卸旧部件安装新部件构成了一个替换过程，但是除了拆卸和安装，维护修复还需要润滑、打磨、焊接等步骤，因此维护修复一般比替换更耗费时间。因此，服务商为提高服务速率以及利润，有可能建议用户替换一些原本可以修复的部件，这种行为被称为备件过度替换。例如，空调售后在夏季面临巨大的需求时，维修人员为提高修复的速率，通常会直接替换空调的某些零件；再如，长时间的摩擦会导致汽车刹车盘变得不灵敏，从而损害制动效率，对刹车盘进行拆卸和抛光可以满足客户的要求，但服务商可能会建议客户更换刹车盘，以节省维修时间并赚取更多利润。过多的备件替换会降低用户购买服务的热情，而过度的使用修复会降低服务商的服务速率，导致用户较长的停机成本。所以，服务商需要慎重考虑上述受损部件的修复—替换过程。然而，现有研究往往将修复与备件替换分开研究，前者关注服务过程优化（Kurz，2016）而后者关注备件库存优化（Topan et al.，2018），尚未有研究关注两者之间的联系。此外，为吸引用户，厂家经常在服务合同中向用户允诺服务最长等待时间。例如，国美电器向用户承诺空调清洁服务的最长等待时间不会超过 72 小时；汽车厂商如宝马、沃尔沃和福特等，也在售后服务合同中突出了最长等待时间承诺。因此，探究承诺最长等待时间对服务商能力规划决策的影响也是本章的研究目的之一。

尽管关于备件库存优化的相关研究较多，但是考虑修复与替换均衡的相关研究较少，尤其鲜有同时考虑物联网不精确诊断和受损部件修复—替换均衡的研究。为弥补相关研究不足，本章主要探讨以下问题：①工业物联网的两类诊断错误对服务商能力规划决策的影响是否相同？若不同，其原因是什么？②服务商使用户更多地购买并替换备件是否一定有利？若不是，其条件是什么？③服务提前期，如备件的准备时间、技工的旅行时间等，如何影响服务商的决策？④有

（无）服务商承诺用户最长等待时间两种情形下，服务商的决策会发生哪些变化？

为解决上述问题，本章考虑受损部件修复—替换均衡，同时纳入物联网不精确诊断因素，建立用户期望备件替换成本模型，使用排队论的方法分析用户的加入—退出服务决策。基于此，研究无（有）服务商承诺最长等待时间情形下的最优能力规划与服务定价决策。具体地，本章考虑以下情境：市场服务需求较大，服务商对于每一需求的服务时间是有限的，因此服务商无法彻底修复产品故障而采用纠正性维护。当服务时间越长时，服务商可以更多地修复受损部件，从而提高服务质量而降低备件替换量；反之，服务商只可以修复很少的受损部件，导致服务质量降低而备件替换增多。用户通过衡量自身效益、服务价格、等待成本、因监控误差导致的错误成本与备件消耗成本等，决定是否要加入该服务。服务商以用户行为为基础确定服务时间、服务价格与技工数量等以最大化自身效益。最后，本章做了以下拓展研究：①工业物联网的及时响应性对上述最优决策的影响；②如果部分被替换的部件可以线下修复并重新投入使用，服务商应如何决策；③队列结构发生变化时服务商决策的鲁棒性分析。

4.2　模型构建

将本章所使用的参数总结如下：

P：服务价格；

τ：服务时间；

N：技工数量；

τ_0：服务提前期，如备件准备时间、服务商旅行时间等；

Λ：用户潜在需求到达率；

λ：用户有效需求到达率；

τ_b：基准服务时间，如使产品最快恢复运转的时间；

V_b：基准服务时间下的服务质量；

K：备件的平均价格；

s_1：监控错误Ⅰ发生的概率（多检）；

s_2：监控错误Ⅱ发生的概率（漏检）；

c_w：用户单位等待时间成本；

c_r：新增技工的边际成本；

c_1：错误 II（受损零件漏检）发生时导致的用户错误成本；

c_2：错误 II（受损零件漏检）发生时导致的服务商错误成本；

δ：备件收益率，即服务商从备件替换中获取的收益比率；

d：服务商承诺最长等待时间；

k：受损部件可重复使用概率；

b：工业物联网的加速因子；

W：用户期望等待时间；

R：服务商收益。

本章考虑一个垄断型服务商向市场提供售后服务。市场用户的潜在需求到达率服从均值为 Λ 的泊松分布，所有用户独立地决定是否购买该服务，最终用户有效需求到达率为 λ。如前所述，本章考虑维护修复的服务质量随着服务时间的延长而提高，导致备件替换量的减少。服务商通过确定平均服务时间 τ、服务价格 P 以及技工数量 N 最大化自身利润。接下来，本节对模型构建进行详细介绍。

两阶段服务过程。对于任一用户需求，工业物联网可以预测得到修复其产品所需备件，服务技工需要带着所需备件到产品安装点完成维护服务，这种维护方式在大型复杂装备或者空调等不容易拆卸的产品维护中经常被采用。因此，每一个服务过程包括两个步骤：步骤 1——技工旅行；步骤 2——维护修复服务。步骤 1 可以视为一个虚拟服务步骤，且为步骤 2 的"紧前工序"，本章假设步骤 1 的平均服务时间为 τ_0，步骤 2 的平均服务时间为 τ，接下来，称 τ_0 为服务提前期。因此，用户实际的平均服务时间为 $\tau_0+\tau$，且两步骤之间是连续的，因此不存在中间排队的问题。另外，本章假设两步总的服务时间服从指数分布。并且，对于任一用户需求，服务商会指派特定的技工以及所需备件，所以尽管服务系统有 N 个技工，对于用户而言，他们实际在一个专有的 M/M/1 队列中，即服务系统为 N 个并联的 M/M/1 队列，或者说系统为服务能力等于 $\dfrac{N}{\tau_0+\tau}$ 的 M/M/1 队列，Guo 等（2019）以及 Tong 等（2016）中使用了同样的队列结构。与上述研究不同，本章将售后服务过程分为两个阶段，从而形成两阶段的排队过程，如图 4-1 所示。当有效需求到达率为 λ 时，用户的期望等待时间为：

$$W(\tau, \lambda) = \begin{cases} \dfrac{1}{\dfrac{N}{\tau_0 + \tau} - \lambda} & \text{若 } 0 < \lambda < \dfrac{N}{\tau_0 + \tau} \\ \\ \infty & \text{其他} \end{cases} \tag{4-1}$$

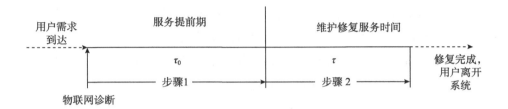

图 4-1 售后服务过程

用户感知效益。用户对服务的感知效益取决于服务商的服务时间决策，如前文所述，在用户需求密集的情形下，服务商没有足够时间彻底修复受损产品。例如，夏季空调维修服务，用户的需求较为密集，服务商必须控制每一位用户的服务时间。当服务时间延长，服务商可以更多地修复产品受损部件，从而提高服务质量，这种服务质量随服务时间延长而提高的服务类别称为用户密集型服务。此外，延长服务时间所获取的边际收益在逐渐降低。本章将随服务时间延长而增大的用户感知效益建模为：

$$V(\tau) = \left[V_b + \alpha \left(\frac{1}{\tau_b} - \frac{1}{\tau} \right) \right]^+ \tag{4-2}$$

式中，τ_b 代表基准服务时间，比如使产品恢复正常运作的最短时间，V_b 代表基准服务时间下的服务质量。另外，$x^+ = \max(x, 0)$。上述假设在服务质量—速度均衡相关研究中被广泛使用，如 Anand 等（2011）、Li 等（2014）、Wang 等（2019）等，但与上述研究不同，本章同时考虑售后服务中的备件替换对用户效益的影响，如下文所述。

用户备件替换成本。尽管备件的替换是整数，但是备件替换成本是连续的，因此本章考虑连续性备件替换成本。如前文所述，因为用户无法自我识别故障，所以当其决定是否购买服务时会使用期望备件消耗成本。本章假设当产品故障预警准确时，期望受损备件量为"1"，服务商可以选择修复或者替换这些受损零件。如前文所述，修复的时间往往大于替换零件的时间，因此，如果服务时间相对较短，技工只能修复有限的零件，即备件替换量随着修复时间的缩短而增加。参考 Wang 等（2019）并考虑本章的具体问题，本章将用户的期望备件消耗成本表示为维护修复时间 τ 的递减函数，即 $\left[1+\beta\left(\dfrac{1}{\tau}-\dfrac{1}{\tau_b}\right)\right]K$，其中，$K$ 代表当服务时间 τ 变化时，用户期望备件消耗成本的变动率。"1"代表在基准服务时间 τ_b 下的期望备件替换数量，本章假设 β 足够小从而用户的期望备件消耗成本始终为正值。与 Wang 等（2019）不同，本章同时考虑多检与漏检现象，假设错误 I 发生的概率为 s_1，即将正常零件误诊为受损零件；错误 II 发生的概率为 s_2，即受损备件未被诊断，可得用户的期望备件花费为：

$$C(\tau)=(1+s_1-s_2)\left[1+\beta\left(\frac{1}{\tau}-\frac{1}{\tau_b}\right)\right]K \tag{4-3}$$

接下来，本章将从两个方面分析服务商的最优能力规划及定价决策：一是服务商未向用户承诺最长等待时间；二是服务商向用户承诺最长等待时间。

4.3 不含最长等待时间约束的服务商能力规划决策

用户与服务商的决策顺序为二阶段的斯塔柯尔伯格博弈模型：在第一阶段，服务商作为博弈的领导者确定服务价格 P、平均服务时间 τ 以及技工数量 N；在第二阶段，以服务商决策为基础，用户通过权衡服务收益、等待成本、价格以及备件成本之间的相对大小，做出是否购买该服务的决策。决策顺序如图 4-2 所示。使用逆向归纳法，首先分析用户决策；其次以用户均衡决策为基础，研究服务商决策。

图 4-2 服务商与用户的决策顺序

4.3.1 用户的加入—退出决策

用户的加入—退出决策。用户除购买所需备件外，还需支付服务价格 P，并且用户需要付出在队列中的等待成本，令 c_w 为用户单位等待时间成本。令错误 II 发生的概率为 s_2，即受损的零件未被诊断的概率，令 s_2c_1 为受损零件未被发现而产生的错误成本，比如，使用受损部件而导致生产的产品质量不达标等。本章假设 $c_1 \gg K$，即受损备件替换的成本小于用户的错误成本；否则，用户不会去修复受损部件。所以，用户的净效益可以表示为：

$$U(P,\ \tau) = V(\tau) - c_w W(N,\ \tau,\ \lambda) - P - C(\tau) - s_2 c_1 \qquad (4\text{-}4)$$

用户加入队列的概率为 $p(P,\ \tau)$，当 $p \in \{0,\ 1\}$ 时，用户的策略为纯策略；当 $p \in (0,\ 1)$ 时，用户的策略为混合策略，具体如定理 4.1 所示。

定理 4.1 对于给定的服务商决策 $(N,\ P,\ \tau)$，令 $\lambda(N,\ P,\ \tau)$ 代表满足 $U(N,\ P,\ \tau) = 0$ 的唯一解 λ，即 $\lambda(N,\ P,\ \tau) = \dfrac{N}{\tau_0 + \tau} - \dfrac{c_w}{V(\tau) - P - C(\tau)}$。用户的均衡决策可以表示为：

$$p^e(N,\ P,\ \tau) = \begin{cases} 1 & \text{if } \Lambda \leq \lambda(N,\ P,\ \tau) \\ \dfrac{\lambda(N,\ P,\ \tau)}{\Lambda} & \text{if } 0 < \lambda(N,\ P,\ \tau) < \Lambda, \\ 0 & \text{if } \lambda(N,\ P,\ \tau) \leq 0 \end{cases}$$

用户均衡状态下的有效到达率为 $\lambda^e(N,\ P,\ \tau) = p^e(N,\ P,\ \tau)\Lambda$。

定理 4.1 给出了用户需求的三种情形。①全部加入。在该情形下，用户感知效益 $V(\tau)$ 很高，即使所有的潜在用户都选择加入，用户期望净效益仍为正。因此，选择加入是用户的唯一均衡决策，即 $p^e(N,\ P,\ \tau) = 1$。②全部退出。在该情形下，当只有一位用户选择加入，用户仍不能获取正效益，因此，选择退出是用户的唯一均衡决策，即 $p^e(N,\ P,\ \tau) = 0$。③部分加入。当用户的期望效益处于上述两种情形之间时，用户选择加入队列的概率为 $\dfrac{\lambda(N,\ P,\ \tau)}{\Lambda}$。该定理的证明可由上述三种分类情形得到。

4.3.2 服务商最优决策

本小节考虑服务商未向用户承诺最长等待时间，即用户的期望等待时间取决于服务商的服务速率、技工数量以及有效需求。由于服务商不能全部保有用户替换备件的收入，例如，服务商从上游备件供应商处购买需要付出成本，本章考虑服务商可以保有 $\delta \in (0,1)$ 的备件收入，即服务商从每个用户处得到的期望备件消耗收入为 $\delta C(\tau)$。另外，对于漏检的受损部件（错误Ⅱ），服务商会因违反产品可靠性承诺付出成本 $s_2 c_2$。

当监控质量外生时，服务商的效益函数可以表示为：

$$\max_{N,P,\tau>0} R(N,\ P,\ \tau) = (P+\delta C(\tau)-s_2 c_2)\lambda^e(N,\ P,\ \tau)-c_r N \tag{4-5}$$

其中，c_r 代表增加一个技工服务商所需支付的薪资成本。本章分析对于给定的服务价格 P 与服务时间 τ，服务商关于技工数量 N 的决策，结果如定理 4.2。

定理 4.2 若服务商可以获取正收益，即 $R(N,\ P,\ \tau)>0$，吸引所有潜在需求 Λ 加入服务可以最大化服务商利润，并且，技工数量应当设定为恰好可以达到该目标的水平。具体地，有 $N(P,\ \tau) = (\tau+\tau_0)\left[\Lambda+\dfrac{c_w}{V(\tau)-P-C(\tau)-s_2 c_1}\right]$。

证明：使用反证法证明。假设均衡需求到达率 $\lambda^e(N,\ P,\ \tau)<\Lambda$。根据定理 4.1，有 $\lambda^e(N,\ P,\ \tau) = \dfrac{N}{\tau+\tau_0}-\dfrac{c_w}{V(\tau)-P-C(\tau)}$，且 $\dfrac{\partial \lambda^e}{\partial N} = \dfrac{1}{\tau+\tau_0}>0$。定义 $v^e(N,\ \tau) = \dfrac{\lambda^e(N,\ \tau)}{N}$，并对其关于 N 求导，可得 $\dfrac{\partial v^e(N,\ \tau)}{\partial N} = \dfrac{N\dfrac{\partial \lambda^e}{\partial N}-\lambda^e}{N^2} = \dfrac{N\dfrac{1}{\tau+\tau_0}-\lambda^e}{N^2} = \dfrac{\dfrac{c_w}{V(\tau)-P-C(\tau)-s_2 c_1}}{N^2}>0$。对于服务商收益函数 $\max_N R(N) = (P+\delta C(\tau)-s_2 c_2)\lambda^e(N,\ P,\ \tau)-c_r N$，关于 N 求导可得 $\dfrac{\partial R}{\partial N} = \dfrac{\partial((P+\delta C(\tau)-s_2 c_2)v^e-c_r)N}{\partial N} = \left[(P+\delta C(\tau)-s_2 c_2)\dfrac{\partial v^e}{\partial N}\right]N+((P+\delta C(\tau)-s_2 c_2))v^e-c_r$。

因为服务商收益 $R(N,\ P,\ \tau)>0$，所以 $(P+\delta C(\tau)-s_2 c_2)v^e-c_r>0$，进而有 $\dfrac{\partial R}{\partial N}>0$。因此，可得只要 $\lambda^e(N)<\Lambda$，提升 N 一定可以提升服务商效益。一旦 $\lambda^e(N)=\Lambda$，再提升技工数量 N 只会造成薪资成本的增加以及净收益的降低。所以，服务商关于技工数量的最优决策是恰好将所有潜在需求吸引加入队列的最小

值。通过求解 $V(\tau)-c_w\dfrac{1}{\dfrac{N}{\tau+\tau_0}-\Lambda}-P-C(\tau)-s_2c_1=0$，可得：$N(P,\tau)=(\tau+$

$\tau_0)\left[\Lambda+\dfrac{c_w}{V(\tau)-P-C(\tau)-s_2c_1}\right]$。

定理 4.2 说明服务商决策变量之一 N 是没有自由度的，即当服务价格 P 与服务时间 τ 确定之后，最优技工数量 N 也是确定的。根据式（4-1）可知，有效需求 λ^e 的增长比率大于技工数量 N，所以有 $R(mN,P,\tau)>mR(N,P,\tau)$，$m>1$，因此服务商的效益随着技工数量 N 的增加而增大，直至有效需求 $\lambda^e=\Lambda$，导致上述结果的原因是多服务员队列的规模经济效益。然后，基于 $N(P,\tau)$，本章分析服务商关于服务价格 P 与服务时间 τ 的决策。将 $\lambda^e(N)=\Lambda$ 与 $N(P,\tau)$ 代入式（4-5），可得：

$$\max_{P,\tau>0}R(P,\tau)=(P+\delta C(\tau)-s_2c_2)\Lambda-c_r(\tau+\tau_0)\left[\Lambda+\dfrac{c_w}{V(\tau)-P-C(\tau)-s_2c_1}\right] \quad (4\text{-}6)$$

求解上述最优化问题，可以得到以下结论：

定理 4.3 当服务商未向用户承诺最长等待时间时，服务商关于服务时间、服务价格以及技工数量的最优决策分别为：

（1）服务商的最优服务时间 τ^* 可由以下等式唯一确定：

$$\Lambda[\alpha+(1-\delta)(1+s_1-s_2)\beta K]\tau^{-2}-\sqrt{c_w\Lambda c_r}(\tau+\tau_0)^{-\frac{1}{2}}-c_r\Lambda=0$$

（2）最优服务价格 P^* 为：

$$P(\tau^*)=V(\tau^*)-C(\tau^*)-s_2c_1-\sqrt{\dfrac{c_wc_r(\tau^*+\tau_0)}{\Lambda}}$$

（3）相应的最优技工数量为 N^* 为：

$$N(P(\tau^*),\tau^*)=\Lambda(\tau^*+\tau_0)+\sqrt{c_w\Lambda(\tau^*+\tau_0)/c_r}$$

证明：令 $f=P+\delta C(\tau)-s_2c_2$，服务商效益函数可以表示为 $\max\limits_{f,\tau}R(f,\tau)=$

$f\Lambda-c_r(\tau+\tau_0)\left[\Lambda+\dfrac{c_w}{V(\tau)-f-(1-\delta)C(\tau)-s_2c_1-s_2c_2}\right]$。因为 $\dfrac{\partial R(P,\tau)}{\partial\tau}=\dfrac{\partial R(f,\tau)}{\partial\tau}+$

$\dfrac{\partial R(f,\tau)}{\partial f}\dfrac{\partial f}{\partial\tau}$，与 $\dfrac{\partial R(P,\tau)}{\partial P}=\dfrac{\partial R(f,\tau)}{\partial f}\dfrac{\partial f}{\partial P}=\dfrac{\partial R(f,\tau)}{\partial f}\left(\text{因为}\dfrac{\partial f}{\partial P}=1\right)$，所以可得

$\dfrac{\partial R(P,\tau)}{\partial\tau}=0$ 与 $\dfrac{\partial R(P,\tau)}{\partial P}=0$ 等价于 $\dfrac{\partial R(f,\tau)}{\partial\tau}=0$ 与 $\dfrac{\partial R(f,\tau)}{\partial f}=0$，即 $R(P,\tau)$ 的内点最优解等价于 $R(f,\tau)$ 的内点最优解。对 $R(f,\tau)$ 关于 f 分别求取一阶与

二阶导数，可得：

$$\frac{\partial R}{\partial f} = \Lambda - c_r(\tau+\tau_0)\frac{c_w}{[V(\tau)-f-(1-\delta)C(\tau)-s_2c_1-s_2c_2]^2}$$

$$\frac{\partial^2 R}{\partial f^2} = -c_r(\tau+\tau_0)\frac{2c_w}{[V(\tau)-f-(1-\delta)C(\tau)-s_2c_1-s_2c_2]^3} < 0$$

因此，对于任意的 τ，最优 f 为 $f(\tau)=V(\tau)-(1-\delta)C(\tau)-s_2c_1-s_2c_2-\sqrt{\dfrac{c_wc_r(\tau+\tau_0)}{\Lambda}}$，进而可以得到最优定价决策为 $P(\tau)=V(\tau)-C(\tau)-s_2c_1-\sqrt{\dfrac{c_wc_r(\tau+\tau_0)}{\Lambda}}$。将 $P(\tau)$ 代入服务商效益函数，可得：

$$\max_{\tau}R(\tau)=(V(\tau)-(1-\delta)C(\tau)-s_2(c_1+c_2))\Lambda-2\sqrt{c_w\Lambda c_r(\tau+\tau_0)}-c_r\Lambda(\tau+\tau_0)$$

对 $R(\tau)$ 关于 τ 分别求一阶与二阶导数可得：

$$\frac{\partial R}{\partial \tau}=\Lambda[\alpha+(1-\delta)(1+s_1-s_2)\beta K]\tau^{-2}-\sqrt{c_w\Lambda c_r}(\tau+\tau_0)^{-\frac{1}{2}}-c_r\Lambda$$

$$\frac{\partial^2 R}{\partial \tau^2}=-2\Lambda[\alpha+(1-\delta)(1+s_1-s_2)\beta K]\tau^{-3}+\frac{1}{2}\sqrt{c_w\Lambda c_r}(\tau+\tau_0)^{-\frac{3}{2}}$$

由于 $\dfrac{\partial^2 R}{\partial \tau^2}=-2\Lambda[\alpha+(1-\delta)(1+s_1-s_2)\beta K]\tau^{-3}+\dfrac{1}{2}\sqrt{c_w\Lambda c_r}(\tau+\tau_0)^{-\frac{3}{2}}=$

$-\dfrac{1}{\tau}\left\{2\Lambda[\alpha+(1-\delta)(1+s_1-s_2)\beta K]\tau^{-2}-\dfrac{1}{2}\sqrt{c_w\Lambda c_r}(\tau+\tau_0)^{-\frac{1}{2}}\right\}<-\dfrac{1}{\tau}\left\{\Lambda[\alpha+(1-\delta)(1+\right.$

$\left.s_1-s_2)\beta K]\tau^{-2}-\sqrt{c_w\Lambda c_r}(\tau+\tau_0)^{-\frac{1}{2}}\right\}$。因为当 $\dfrac{\partial R}{\partial \tau}=0$ 时，有 $\Lambda[\alpha+(1-\delta)(1+s_1-s_2)$

$\beta K]\tau^{-2}-\sqrt{c_w\Lambda c_r}(\tau+\tau_0)^{-\frac{1}{2}}=c_r\Lambda$。因此，$\dfrac{\partial^2 R}{\partial \tau^2}<-\dfrac{1}{\tau}c_r\Lambda<0$。所以，最优服务时间 τ^*

可以由一阶条件求得，即 $\Lambda[\alpha+(1-\delta)(1+s_1-s_2)\beta K]\tau^{-2}-\sqrt{c_w\Lambda c_r}(\tau+\tau_0)^{-\frac{1}{2}}-c_r\Lambda=$

0。代入相应表达式，可得 $P(\tau^*)$ 及 $N(P(\tau^*),\tau^*)$。

4.3.3 参数分析

根据定理 4.3，接下来研究模型中的关键参数对服务商最优决策的影响。首先，分析因工业物联网诊断误差导致的错误 Ⅰ（多检）与错误 Ⅱ（漏检）概率对服务商最优决策影响，结果见推论 4.1。

推论 4.1 （1）随着错误 Ⅰ 概率 s_1 的升高，服务商会延长平均服务时间 τ^* 从而提升服务质量而降低用户备件替换量，并且技工数量 N^* 会提高；

（2）随着错误 Ⅱ 概率 s_2 的升高，服务商会缩短平均服务时间 τ^* 从而降低服务质量而提高用户备件替换量，并且技工数量 N^* 会降低。

证明：以 s_1 为例证明上述结论。最优服务时间的一阶条件为 $\Lambda\left[\alpha+(1-\delta)(1+s_1-s_2)\beta K\right]\tau^{-2}-\sqrt{c_w\Lambda c_r}\,(\tau+\tau_0)^{-\frac{1}{2}}-c_r\Lambda=0$。使用隐函数求导方法，对 τ 关于 s_1 求导，可得：

$$\Lambda\left\{(1-\delta)\beta K\tau^{-2}-2\left[\alpha+(1-\delta)(1+s_1-s_2)\beta K\right]\tau^{-3}\frac{\partial\tau}{\partial s_1}\right\}=-\frac{1}{2}\sqrt{c_w\Lambda c_r}\,(\tau+\tau_0)^{-\frac{3}{2}}\frac{\partial\tau}{\partial s_1}$$

提取 $\dfrac{\partial\tau}{\partial s_1}$，可得：

$$\frac{\partial\tau}{\partial s_1}=\frac{\Lambda(1-\delta)\beta K\tau^{-2}}{2\Lambda\left[\alpha+(1-\delta)(1+s_1-s_2)\beta K\right]\tau^{-3}-\frac{1}{2}\sqrt{c_w\Lambda c_r}\,(\tau+\tau_0)^{-\frac{3}{2}}}$$

其中，$2\Lambda\left[\alpha+(1-\delta)(1+s_1-s_2)\beta K\right]\tau^{-3}-\frac{1}{2}\sqrt{c_w\Lambda c_r}\,(\tau+\tau_0)^{-\frac{3}{2}}=-\dfrac{\partial^2 R}{\partial\tau^2}>0$，所以得

到 $\dfrac{\partial\tau}{\partial s_1}>0$。由于 $N(P(\tau^*),\ \tau^*)=\Lambda(\tau^*+\tau_0)+\sqrt{c_w\Lambda(\tau^*+\tau_0)/c_r}$，易得 $\dfrac{\partial N}{\partial s_1}>0$。对

于 s_2，重复上述步骤可得相应的结果。

s_1 与 s_2 对服务商均衡决策的影响如图 4-3 所示，令 $V_b=20$，$\Lambda=2$，$\alpha=2$，$\delta=0.4$，$\beta=0.1$，$K=10$，$c_w=1$，$c_r=0.5$，$\tau_0=1$；另外，当分析 s_1 时，令 $s_2=0.02$，当分析 s_2 时，令 $s_1=0.02$。

由式（4-3）所得出的用户备件消耗费用可知，当错误 Ⅰ（多检）的概率增加时，用户在备件替换上的花费也会增加，从而服务商可以从每位有效用户身上获取更多的备件替换收入。所以，从直观上会认为服务商应当减少期望服务时间，以降低修复质量从而使得用户替换更多的备件。但是，推论 4.1 的显示结果与上述直观感受相反，即服务商应该提高修复质量并减少备件的替换数量。其原因是当用户决定是否要购买该服务时，也会考虑备件消耗成本，当该成本增加时，用户的净效益会降低。由定理 4.2 可知，在均衡状态下有效需求始终等于潜在需求，所以为维持服务对用户的吸引力，服务商需要降低价格或者减少用户等待时间来提升用户净收益。由于服务商不能完全获取备件替换的收入（服务商获

取比例为 δ，δ<1），所以当错误Ⅰ的发生概率 s_1 提高时，尽管服务商从备件替换中所获取的收入有所增加，但是并不能完全弥补因 s_1 提高导致的价格降低或者薪资成本增加而导致的收入降低，所以服务商会提高平均服务时间从而提高服务质量［见图4-3（a）中的实线部分］，以保持该售后服务对用户的吸引力。由于平均服务等待时间增加，用户的期望等待时间也会增加，服务商因此会雇用更多的技工以减少用户平均等待时间［见图4-3（c）中的实线部分］。而对于错误Ⅱ（漏检）概率，随着漏检概率 s_2 增大，用户的净效益降低，并且服务商从每位用户所获取的收入也降低，所以，为提高从单个用户身上所获取的期望收入，服务商会减少服务时间［见图4-3（a）中的虚线部分］，以提高用户的备件替换量，并减少技工数量以降低技工薪资支出［见图4-3（c）中的虚线部分］。另外，数值算例的结果显示，随着 s_1 以及 s_2 的增大，均衡服务定价均降低。原因是无论错误Ⅰ或者错误Ⅱ的发生概率提高，用户的净收益均会降低，为维持服务对用户的吸引力以保障有效需求，服务商会降低服务价格［见图4-3（b）］。

上述结果的管理意义在于，针对因工业物联网不精确监控而产生的受损部件多检与漏检现象，服务商应当采取不同的应对措施。当受损部件的漏检概率增大时，服务商应当提高平均服务速率并降低技工的数量，以使得用户替换更多的零部件；当受损部件的多检概率增大时，服务商应当降低平均服务速率以提高维护修复的质量，从而降低用户的部件替换量。

之后，本章研究在服务商未对用户做出最长等待时间承诺的情形下，服务提前期 τ_0 对服务商均衡决策的影响，结果如推论4.2所示。

推论4.2 当服务商未向用户承诺最长等待时间时：

（1）随着服务提前期 τ_0 的增大，服务商会增加平均服务时间 τ^* 以及技工数量 N^*；

（2）当 $\dfrac{\tau_0}{\tau_2^*(\tau_0)} < \dfrac{\delta(1+s_1-s_2)\beta K}{\alpha+(1-\delta)(1+s_1-s_2)\beta K}$ 时，价格 P^* 随着 τ_0 的增大而增大，否则，价格 P^* 随着 τ_0 的增大而减小。

证明：同推论4.1的证明，对最优服务时间 τ^* 的一阶条件关于 τ_0 进行隐函数求导，可得：

$$\frac{\partial \tau^*}{\partial \tau_0} = \frac{\dfrac{1}{2}\sqrt{c_w \Lambda c_r}\left(\tau_2^* + \tau_0\right)^{-\frac{3}{2}}}{2\Lambda\left[\alpha+(1-\delta)(1+s_1-s_2)\beta K\right]\tau_2^{*-3} - \dfrac{1}{2}\sqrt{c_w \Lambda c_r}\left(\tau_2^* + \tau_0\right)^{-\frac{3}{2}}}$$

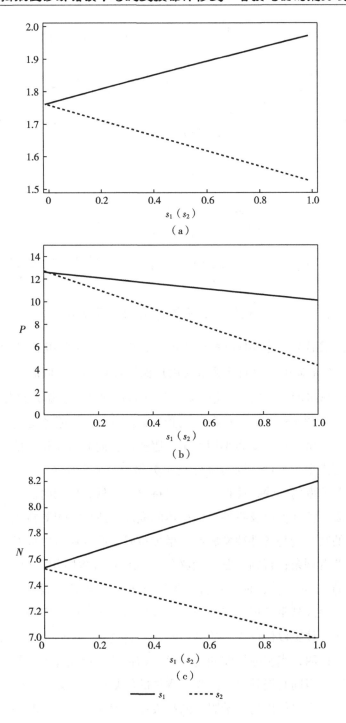

图4-3 s_1 与 s_2 对服务商均衡决策的影响

同推论 4.1 的证明，可得 $\dfrac{\partial \tau^*}{\partial \tau_0}>0$，$\dfrac{\partial N^*}{\partial \tau_0}>0$。对最优服务价格 P^* 关于 τ_0 求导可

得 $\dfrac{\partial P^*}{\partial \tau_0}=(\alpha+(1+s_1-s_2)\beta K)\tau^{*-2}\dfrac{\partial \tau^*}{\partial \tau_0}-\dfrac{1}{2}\sqrt{\dfrac{c_w c_r}{\Lambda}}(\tau^*+\tau_0)^{-\frac{1}{2}}\left(\dfrac{\partial \tau^*}{\partial \tau_0}+1\right)$，将 $\dfrac{\partial \tau^*}{\partial \tau_0}$ 代入可得

$$\frac{\partial P^*}{\partial \tau_0}=\frac{\dfrac{1}{2}\sqrt{c_w\Lambda c_r}\,\tau^{-3}(\tau+\tau_0)^{-\frac{3}{2}}\left[\alpha+(1-\delta)(1+s_1-s_2)\beta K\right]\tau\left[\dfrac{(\alpha+\beta(1+s_1-s_2)\beta K)}{\alpha+(1-\delta)(1+s_1-s_2)\beta K}-\dfrac{\tau+\tau_0}{\tau}\right]}{2\Lambda\left[\alpha+(1-\delta)(1+s_1-s_2)\beta K\right]\tau^{-3}\dfrac{1}{2}\sqrt{c_w\Lambda c_r}(\tau+\tau_0)^{-\frac{3}{2}}}$$

所以 $\dfrac{\partial P^*}{\partial \tau_0}$ 的符号与 $\dfrac{(\alpha+\beta(1+s_1-s_2)\beta K)}{\alpha+(1-\delta)(1+s_1-s_2)\beta K}-\dfrac{\tau+\tau_0}{\tau}$ 相同。容易证明 $\dfrac{\tau+\tau_0}{\tau}$ 随着 τ_0 的

增加而增大，所以，$\dfrac{\tau+\tau_0}{\tau}\bigg|_{\min}=\dfrac{\tau+\tau_0}{\tau}\bigg|_{\tau_0\to 0}=1$，而 $\dfrac{(\alpha+\beta(1+s_1-s_2)\beta K)}{\alpha+(1-\delta)(1+s_1-s_2)\beta K}>1$，所以

$\dfrac{\partial P^*}{\partial \tau_0}$ 先大于 0 后小于 0，即最优定价随着 τ_0 先增大后减小。

τ_0 对服务商决策的影响如图 4-4 所示，令 $s_1=s_2=0.02$，其他参数与推论 4.1 中相同。结果显示，当服务商未向用户保证最长等待时间时，服务提前期 τ_0 与服务商最优服务时间 τ^* 为"互补关系"，即服务时间 τ^* 随着服务提前期 τ_0 的增加而延长，如图 4-4（a）所示。上述结果说明，如果服务提前期缩短，比如技工的交通工具由自行车变为小型卡车，服务商会同时减少技工的平均服务时间以使得用户替换更多备件，同时降低技工数量以节省薪资支出。对于用户而言，由于整体服务速率的加快，使得其期望等待成本降低，但同时由于服务时间的缩短导致服务质量的降低以及备件替换成本的提高，所以，当等待成本的减小量大于服务质量的减小量与备件替换成本的增加量时，服务商可以提升服务定价以获取所有的消费者剩余；否则，服务商必须降低价格以保障用户会选择加入队列，如图 4-4（b）所示。同样地，随着服务提前期 τ_0 的延长，服务商需要雇佣更多的服务技工，原因是服务提前期的延长导致平均服务完成时间的增加，所以需要雇佣更多的服务技工以保证用户的等待时间不会过久，如图 4-4（c）所示。

上述结果说明，当服务提前期延长时，如备件缺货或者不能及时安排修理人员时，服务商应当同时提升对产品受损零件的修复质量并减少零件的替换量。这样做的目的是使用户使用高质量服务的积极性抵消其更长等待时间的消极性，从而维持售后服务对于用户的吸引力。应当注意的是，上述结果是建立在服务商未

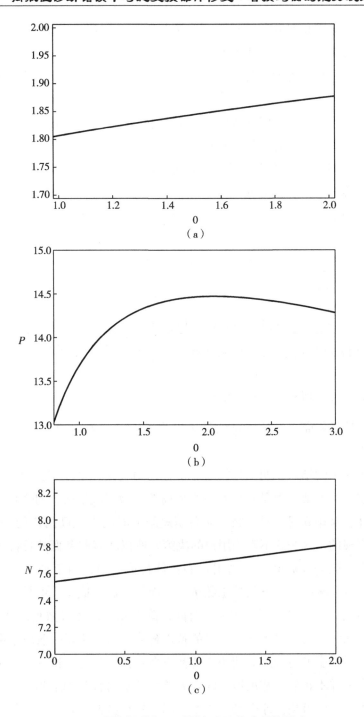

图 4-4 服务提前期 τ_0 对服务商均衡决策的影响

向用户承诺最长等待时间的情形下；但是当服务商向用户承诺最长等待时间时，上述结果不再成立，详见4.4节的分析。

最后本节分析服务商备件收益率 δ 以及备件价格 K 对服务商最优决策的影响，结果如推论4.3。

推论4.3 （1）随着备件收益率 δ 的提高，服务商会缩短服务时间 τ^* 以提高备件替换量，并且会降低技工数量 N^*；

（2）随着备件单位价格 K 的提高，服务商会延长服务时间 τ^* 以降低备件替换量，同时会提高技工数量 N^*。

证明：同定理4.1与定理4.2，分别对最优服务时间 τ^* 的一阶条件关于 δ 与 K 求导，可得：

$$\frac{\partial \tau}{\partial \delta}=\frac{-\Lambda\beta(K\varphi+k(1-\varphi))\tau^{-2}}{2\Lambda[\alpha+(1-\delta)\beta(K\varphi+k(1-\varphi))]\tau^{-3}-\frac{1}{2}\sqrt{c_w\Lambda c_r}(\tau+\tau_0)^{-\frac{3}{2}}}<0$$

$$\frac{\partial \tau}{\partial K}=\frac{\Lambda(1-\delta)(K\varphi+k(1-\varphi))\tau^{-2}}{2\Lambda[\alpha+(1-\delta)\beta(K\varphi+k(1-\varphi))]\tau^{-3}-\frac{1}{2}\sqrt{c_w\Lambda c_r}(\tau+\tau_0)^{-\frac{3}{2}}}\varphi>0$$

进一步，容易得到 $\frac{\partial N}{\partial \delta}<0$ 与 $\frac{\partial N}{\partial K}>0$。

δ 与 K 对服务商决策的影响如图4-5所示，令 $s_1=s_2=0.02$，其他参数与推论4.1中相同。

推论4.3中的结果说明，尽管随着 δ 与 K 的增大，服务商从用户替换备件中所获取的收入均增加，但是 δ 与 K 对服务商能力规划决策的影响是相反的。具体地，当备件收益率 δ 提高时，服务商会缩短服务时间以提高用户的备件替换量，该结果是直观的，因为 δ 不影响用户的决策，所以随着服务商从备件收入中获取的比例提高，服务商势必会提高用户的备件替换数量，由于平均服务时间的缩短，服务商可以减少一部分的技工数量，从而节省薪资成本。但是，当备件单位价格 K 上升时，服务商会延长服务商时间以降低用户的备件数量。随着 K 增大，服务商可以从每位用户身上获取更多的备件替换收入，所以一般思维会认为服务商应该缩短平均服务时间从而使用户替换更多备件。但是，推论4.3中的结果显示，上述直觉并不正确；相反地，随着 K 增大，服务商反而会延长平均服务时间从而降低用户备件替换。原因是，与 δ 不同，K 不但影响服务商收益，而且影响用户的加入—退出决策，并且服务商无法获取所有的用户备件替换支出（备件收

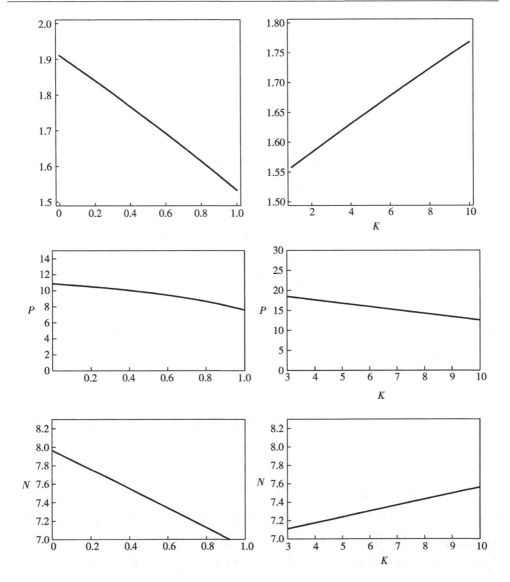

图 4-5 δ 与 K 对服务商均衡决策的影响

益率为δ），所以当K增大时，服务商从备件替换中获取的收益无法完全补足用户备件替换成本，因此，服务商需降低价格或者平均等待时间（提高技工数量）以弥补该差额，并且该差额随着K的增大而增大，最终造成服务商收益的降低。数值算例的结果还显示，服务商的最优服务定价随着δ与K的增大而降低。当备件单位价格升高时，服务商必须降低服务价格以维持服务对用户的吸引力；然而，当服务商备件收益率提高时，服务商从用户处获取的备件收入增加，因此服务商有更大的空间降低价格，并提高用户平均等待成本，从而降低技工薪资支出成本（用户在均衡状态下的净效益为 0）。所以，若服务商想让用户替换更多的部件，应当尽可能地与备件供应商协商以获取更大比例的利润，而不是单纯抬高备件的价格。

对于服务管理者而言，其从备件供应商处购得产品售后服务所需的备件，所以服务商并不能获取所有的备件利润。如果服务商可以获取更大的备件收益比例，如大批量购买使得供应商降价，管理者应当使用户更多地替换受损零件，从而获取更大的效益。但是，对于备件价格的处理，管理者会简单地认为当备件的价格提升时，使用户多替换备件可以增加自身收益。但是，在本章研究的情境中，这种直观的理念是错误的。因为当备件销售价格提升时，用户购买服务的意愿也会下降。然而由于服务商无法获取所有的备件销售收入，所以因备件价格提高而提升的收入水平不够弥补因用户流失而减少的收入，最终导致服务商的利润降低。因此，当备件价格提高时，管理者应当增加平均修复时间以使得技工可以修复更多的备件，减少备件的替换量。

4.4 考虑最长等待时间约束时的服务能力规划决策

在以上分析中，服务商可以自由决定用户的平均等待时间。但是，在实际中，服务商往往向用户承诺一个最长等待时间，即产品最长停机时间，以维持售后服务对用户的吸引力。例如，国美承诺为客户提供的空调清洁服务响应时间不超过 72 小时，汽车业如宝马、大众以及福特等也在售车合同中突出汽车售后服务的最长等待时间以吸引消费者。因此，本小节将研究在最长等待时间约束下，服务商的上述服务质量、备件替换以及等待时间的均衡将会产生哪些变化。

4.4.1 用户加入—退出决策

如果服务商向用户承诺了产品最长失效等待时间，则当用户做出加入或者退出决策时，会依据服务商承诺的最长等待时间而定。令 d 为服务商允诺的最长等待时间，则用户的期望净效益函数为：

$$U(N,\ P,\ \tau)=V(\tau)-c_w d-P-C(\tau)-s_2 c_1 \tag{4-7}$$

接下来，本节由用户的净效益函数分析有效需求。根据定理4.2，当服务商未向用户承诺最长等待时间时，最优状态下的有效需求始终等于市场潜在需求，并且，用户可获得的最大净效益为 $U(0;\ N,\ P,\ \tau)=V(\tau)-P-C(\tau)-c_w(\tau+\tau_0)$，表示当用户到达服务系统时即可以马上接受服务；选择加入服务的用户最小期望收益为0。但是，当服务商向用户承诺最长等待时间时，选择加入服务的用户期望收益为式（4-7）中的 $U(N,\ P,\ \tau)$，最小期望收益为0，所以该状态下的有效需求到达率是由收益在0到 $U(N,\ P,\ \tau)$ 中的部分用户组成的。特别地，有效需求到达率可以通过 $\dfrac{U(N,\ P,\ \tau)-0}{U(0;\ N,\ P,\ \tau)-0}=\dfrac{\lambda}{\Lambda}$ 求得，为：

$$\lambda^e=\Lambda\left[1-\frac{c_w(d-(\tau+\tau_0))}{V(\tau)-P-C(\tau)-c_w(\tau+\tau_0)-s_2 c_1}\right] \tag{4-8}$$

在4.3节的分析中，我们已知当服务商未向用户承诺最长等待时间时，服务商的最优决策是吸引所有的潜在用户加入服务，即 $\lambda^e=\Lambda$，如定理4.2所示。但是，式（4-8）中的均衡到达率说明，在服务商向用户承诺了最长等待时间的情形下，使用户部分加入服务对服务商来说是最优的，即 $\lambda^e<\Lambda$。

4.4.2 服务商最优决策

以式（4-8）中的有效需求为基础，服务商的利润函数可以表示为：

$$\max_{N,P,\tau>0} R(N,\ P,\ \tau)=(P+\delta C(\tau)-s_2 c_2)\lambda^e-c_r N$$

$$\text{s. t. } W(N,\ \tau)=\frac{1}{\dfrac{N}{\tau+\tau_0}-\lambda^e}\leq d \tag{4-9}$$

式（4-9）中的约束条件代表服务商必须提高其服务能力，以保证用户的期望等待时间不会超过其承诺最长等待时间。式（4-9）中的承诺最长等待时间约束也被其他研究使用，如 Zhao 等（2012）、Zhang 等（2009）。同4.2节的分析，本节首先确定当服务价格 P 以及服务时间 τ 确定时的最优技工数量，结果如定理4.4所示。

定理4.4 当服务商承诺用户服务最长等待时间时，对于给定的服务价格 P 以及服务时间 τ，最优的技工数量应当使得用户的期望等待时间恰好等于服务商承诺最长等待时间 d。具体地，$N(P,\ \tau)=\left[\Lambda\left(1-\dfrac{c_w(d-(\tau+\tau_0))}{V(\tau)-P-C(\tau)-c_w(\tau+\tau_0)-s_2 c_1}\right)+1/d\right](\tau+\tau_0)$。

证明：对于给定的价格 P 以及时间 τ，由式（4-9）中的服务商利润函数可知，服务商利润随着技工数量 N 的增加而减少，因此，为获取最高的利润，服务商希望 N 减小，但又必须保证用户的期望等待时间不会超过允诺时间 d。因为 $W(N, \tau)$ 随着 N 的增大而减小，所以 N 的最小值应当满足 $\dfrac{1}{\dfrac{N}{\tau+\tau_0}-\lambda^e}=d$。将式（4-8）中的均衡需求代入，

可以得到技工数量 $N(P, \tau)=\left[\Lambda\left(1-\dfrac{c_w(d-(\tau+\tau_0))}{V(\tau)-P-C(\tau)-c_w(\tau+\tau_0)-s_2 c_1}\right)+1/d\right](\tau+\tau_0)$。

将 λ^e 以及 $N(P, \tau)$ 代入服务商利润函数，可得：

$$\max_{P,\tau>0} R(P, \tau)=(P+\delta C(\tau)-s_2 c_2)\left[1-\dfrac{c_w(d-(\tau+\tau_0))}{V(\tau)-P-C(\tau)-c_w(\tau+\tau_0)-s_2 c_1}\right]\Lambda-c_r$$

$$\left[\Lambda\left(1-\dfrac{c_w(d-(\tau+\tau_0))}{V(\tau)-P-C(\tau)-c_w(\tau+\tau_0)-s_2 c_1}\right)+\dfrac{1}{d}\right](\tau+\tau_0) \qquad (4-10)$$

求解上述最优化问题，可得定理 4.5，注意当不含最长等待时间约束时，由定理 4.3 中的结果可得均衡状态下用户的期望等待时间为 $W^*(\tau^*)=\sqrt{c_r(\tau^*+\tau_0)/c_w\Lambda}$。

定理 4.5 给定服务商承诺最长等待时间 d，可得以下结论：

（1）当 $d>W^*(\tau^*)$ 时，服务商的最优决策同定理 4.3。

（2）当 $d<W^*(\tau^*)$ 时，①服务商最优服务时间 τ^{**} 可由 $\dfrac{\partial R(P^{**}(\tau), \tau)}{\partial\tau}=0$

唯一确定，其中 $P^{**}(\tau)=B(\tau)-\delta\left(1+\beta\left(\dfrac{1}{\tau}-\dfrac{1}{\tau_b}\right)\right)K-\sqrt{c_w(d-(\tau+\tau_0))B(\tau)}$；②相

应的最优服务价格为 $P^{**}(\tau)=B(\tau)-\partial\left(1+\beta\left(\dfrac{1}{\tau}-\dfrac{1}{\tau_b}\right)\right)K-\sqrt{c_w(d-(\tau+\tau_0))B(\tau)}$，

最优技工数量为 $N^{**}(\tau^{**})=(\tau^{**}+\tau_0)\left(\Lambda-\Lambda\sqrt{\dfrac{D(\tau^{**})}{B(\tau^{**})}}+\dfrac{1}{d}\right)$，有效需求到达率为

$\lambda^e(\tau)=\Lambda\left(1-\sqrt{\dfrac{D(\tau^{**})}{B(\tau^{**})}}\right)$。

定理 4.5 的证明见附录 A。上述定理说明了当服务商向用户承诺了最长等待时间时，服务商的最优修复时间与定价决策。当承诺最长等待时间大于未承诺最长等待时间情形下的用户的期望等待时间时，即 $d>W^*(\tau^*)$，此时最长等待时间约束不会影响服务系统的均衡，因为即使所有的用户都选择加入服务而导致的期

望等待时间依然小于服务商承诺的最长等待时间。但是当 $d < W^*(\tau^*)$，式（4-7）用户均衡状态下的收益为正，因此服务商不能满足所有用户的需求，此时承诺最长等待时间将会影响用户与服务商的均衡。

4.4.3 最长等待时间约束对系统均衡的影响分析

由于最优解的复杂性，本章使用算例分析的方法对定理 4.5 进行展示并做敏感性分析。具体地，令 $V_b = 4$，$\alpha = 2$，$\tau_b = 0.5$，$\delta = 0.3$，$\beta = 0.5$，$K = 6$，$c_w = 1$，$\Lambda = 2$，$\varphi = 0.5$，$c_r = 3$，$s_1 = 0.02$，$s_2 = 0.02$。当引入最长等待时间约束时，只有最优解以及服务提前期 τ_0 受该约束的影响，所以本节关注最长等待时间 d 以及服务提前期 τ_0 对服务商最优决策的影响。首先分析 d 对均衡决策的影响，令 τ_0 分别等于 0.01、0.5 和 1，所得的数值算例结果如图 4-6 所示，得到以下观察结果。由于本章着重分析最长等待时间约束与服务提前期两个变量对服务商决策的影响，所以在进行敏感性分析时，只选取这两个参数进行不同的赋值，即当研究最长等待时间 d 时，对服务提前期 τ_0 进行不同的赋值；当研究服务提前期 τ_0 时，对最长等待时间 d 进行不同的赋值。

观察结果 4.1 随着最长等待时间 d 的延长，有以下结果成立：

（1）最优平均服务时间 τ^{**} 延长；

（2）最优价格 P^{**} 先提高后降低；

（3）最优技工数量 N^{**} 提高但均衡到达率 λ^e 降低。

服务商最优服务时间随着 d 的提高而延长，原因是当 d 提高时，用户的等待成本增加，因此服务商会延长服务时间 τ^{**} 以提高服务质量并降低备件替换量以保持服务对用户的吸引力。而对于服务价格，取决于等待成本增加值与服务质量增加及备件花费降低值的相对大小，具体地，当 d 比较小时，随着 d 的延长，服务质量增加及备件替换成本降低之和大于等待成本的提高，服务商因此会提升服务价格；当 d 比较大时，随着 d 的延长，服务质量增加及备件消耗降低之和的增速减缓，当其小于等待成本的提高量时，服务商会降低服务价格以保证用户均衡状态下的净效益为非负。另外，由于服务时间 τ^{**} 的延长，服务商会雇用更多的技工以使得在均衡状态下，用户的期望等待时间始终等于服务商允诺的最长等待时间。

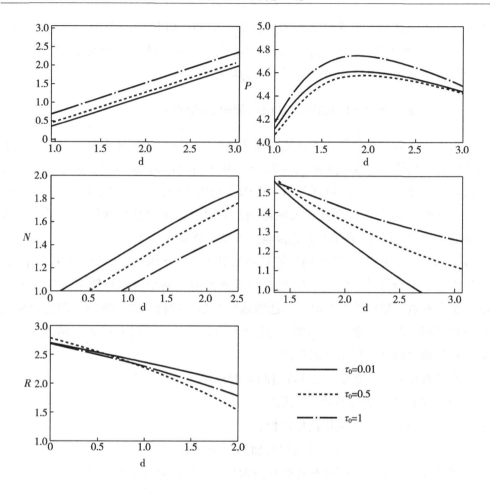

图 4-6 最长等待时间 d 对均衡决策的影响

其次，由于最长等待时间约束与服务提前期 τ_0 相关，因此，本节研究在两种决策环境中（无最长等待时间约束与有最长等待时间约束），τ_0 对服务商的决策影响是否一致。与上数值算例使用相同的参数，分别令 $d=1.5$，2，3，得到图 4-7 及相应的观察结果。

观察结果 4.2 当服务商向用户承诺最长等待时间 d 时，随着服务提前期 τ_0 的增大，服务商会降低服务时间以降低服务质量并提高用户的备件替换量，以保证用户期望等待时间不超过 d。

由推论 4.2 可知，当服务商未向用户承诺最长等待时间时，服务提前期 τ_0 与最优服务时间 τ^* 为"互补"关系，即 τ^* 随着 τ_0 的增大而增大。但是，在服务商向用户承诺最长等待时间的情境下，图4-7中的结果说明服务商提前期 τ_0 与最优服务时间 τ^{**} 为"替代"关系，即 τ^{**} 随着 τ_0 的增大而减小。原因是当最长等待时间约束存在时，服务商必须牺牲用户的效益，即降低服务质量并提高备件替换量，从而保证用户的期望等待时间不会超出允诺最长等待时间。因为平均服务时间缩短，服务系统所需要的技工数量降低，且服务商有能力允许更多的用户进入服务系统。

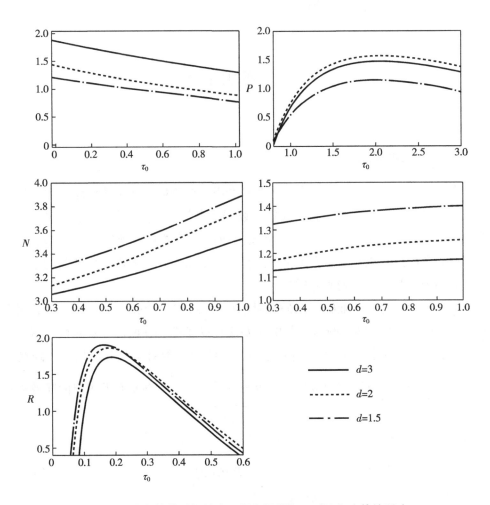

图4-7 最长等待时间约束下服务提前期 τ_0 对均衡决策的影响

推论4.2与图4-7中的结果表明，在承诺与未承诺用户最长等待时间的两种情境下，当服务提前期提高时，服务商关心的系统绩效指标不同。具体地，在未向用户承诺最长等待时间的情形下，修复服务时间随着服务提前期的提升而增加，意味着服务商在该情形下更关注用户的效益，即其会提高服务质量并降低备件替换量以弥补用户等待时间的延长；但是，当服务商向用户承诺了最长服务时间时，结果显示，修复服务时间随着服务提前期的增大而缩短，意味着服务商在该情形下更关注用户的等待时间，即其会降低服务质量并提高备件替换量以保证用户的等待时间在其承诺范围内。

4.5　模型拓展

4.5.1　物联网及时响应性

在4.3节与4.4节的分析中，本章只考虑工业物联网作为诊断维护服务所需备件的工具，但是，工业物联网收集的数据信息等也会对后续的服务产生影响。例如，工业物联网可以提前预知产品发生故障的位置以及所需备件类型、技工等，服务商因此可以在故障发生之前进行服务准备工作，所以，服务商的平均服务时间缩短但是不会影响服务质量。

本章假设当考虑工业物联网的及时响应性时，为达到服务质量 $V(\tau)$，服务商的平均服务时间为 $b(\tau+\tau_0)$，其中 $0<b<1$ 反映工业物联网的可预测性对售后服务过程服务速率的提升作用，当 b 越小，工业物联网对于服务的加速效应越明显。用户的期望等待时间为 $W(N,\tau)=\dfrac{1}{\dfrac{N}{b(\tau+\tau_0)}-\lambda}$。均衡状态下用户的净效益可以表示为：

$$U(P,N,\tau)=V(\tau)-c_w\frac{1}{\dfrac{N}{b(\tau+\tau_0)}-\lambda}-P-C(\tau)-s_2c_1 \tag{4-11}$$

本节首先分析4.3节中的情形，即服务商未向用户承诺最长等待时间。使用相同的方法，可以证明定理4.2中的结论仍然成立，即最优情形下的有效需求等于潜在需求 Λ，进一步分析本节可得对于给定的服务价格 P 以及服务时间 τ，最优的技工数量为：$N(P, \tau) = b(\tau+\tau_0)\left[\Lambda + \dfrac{c_w}{V(\tau)-P-C(\tau)-s_2c_1}\right]$。所以，服务商的利润最大化函数可以表示为：

$$\max_{P,\tau>0}R(P, \tau) = (P+\delta C(\tau)-s_2c_2)\Lambda - c_r b(\tau+\tau_0)\left[\Lambda + \dfrac{c_w}{V(\tau)-P-C(\tau)-s_2c_1}\right]$$

$$(4-12)$$

同定理 4.3 中的求解过程，求解上述最优化问题，可得服务商的最优决策为：服务商的最优服务时间 τ^* 可由以下等式唯一确定：$\Lambda[\alpha+(1-\delta)(1+s_1-s_2)\beta K]\tau^{-2} - \sqrt{c_w\Lambda bc_r}(\tau+\tau_0)^{-\frac{1}{2}} - c_r\Lambda = 0$；最优服务价格 P^* 为 $P(\tau^*) = V(\tau^*) - C(\tau^*) - s_2c_1 - \sqrt{\dfrac{c_wc_rb(\tau^*+\tau_0)}{\Lambda}}$；相应的最优技工数量为 N^* 为 $N(P(\tau^*), \tau^*) = \Lambda b(\tau^*+\tau_0) + \sqrt{c_w\Lambda b(\tau^*+\tau_0)/c_r}$；用户的期望等待时间为 $W^* = \sqrt{\dfrac{b(\tau^*+\tau_0)}{c_w\Lambda}}$。

从上述结果中，可得到定理 4.6 中的结论。

定理 4.6 随着工业物联网的加速效应变得显著（b 减小），服务商会提高平均服务时间 τ^* 以提高服务质量并降低用户备件替换量，同时技工数量 N^* 提高；但是用户的期望等待时间 W^* 不降反升。

证明： 对上述一阶条件关于 b 求导，得 $\dfrac{\partial\tau}{\partial b} =$

$$\dfrac{-\dfrac{1}{2}\sqrt{c_w\Lambda c_r b}(\tau^*+\tau_0)^{-\frac{1}{2}}}{2\Lambda[\alpha+(1-\delta)(1+s_1-s_2)\beta K]\tau^{-2} - \dfrac{1}{2}\sqrt{c_w\Lambda c_r b}(\tau^*+\tau_0)^{-\frac{3}{2}}}$$，类似推论 4.1，可得

$2\Lambda[\alpha+(1-\delta)(1+s_1-s_2)\beta K]\tau^{-2} - \dfrac{1}{2}\sqrt{c_w\Lambda c_r b}(\tau^*+\tau_0)^{-\frac{3}{2}} > 0$，所以 $\dfrac{\partial\tau}{\partial b} < 0$，即随着 b 的减小，τ^* 会增大。易得 N^* 与 W^* 也增大。

本节使用推论 4.1 到推论 4.3 中的数值算例参数，探讨 b 对服务商均衡决策的影响，其结果如图 4-8 所示。在对上述定理及数值算例结果进行说明时，需要注意随着 b 的减小，工业物联网对服务进程的加速效应会更加明显。定理 4.6 以及相应数值算例中的结果表示，当考虑工业物联网对于服务的加速效应时，服务商会提供"高质量、低价格"的服务，但是用户的等待时间不降反升。原因是

随着 b 的减小，服务商有更多的空间可以提升修复的质量（降低服务速率），并且服务商可以减少雇佣的技工数量以降低薪资成本。定理 4.6 还说明尽管随着 b 的减小，服务商对于每一位用户的平均服务时间降低，但是用户的期望等待时间随之升高。原因是在系统均衡状态下用户的净效益为 0，当加速效应存在时，用户的期望等待成本将会降低，所以服务商会减少技工数量以提高用户的等待成本，从而获取所有的消费者剩余。而对于服务价格，图 4-8 中的结果说明，随着 b 的减小，服务质量会提高但是相应的服务价格却会降低，由式（4-11）中的用户效益函数可知，均衡状态服务价格等于用户感知效益减去备件成本以及等待成本，尽管服务质量提升且备件替换降低，用户的期望等待成本也随之升高，并且前者的变化量小于后者，最终导致服务商需要降低服务价格。

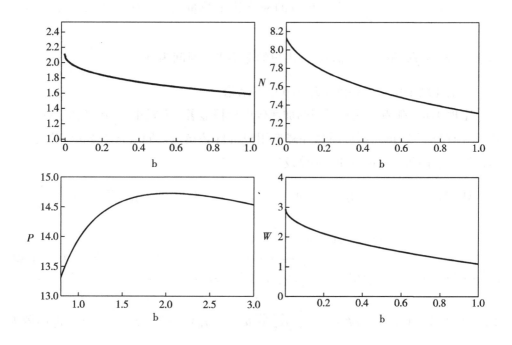

图 4-8 b 对服务商均衡决策的影响

之后，本节分析 4.4 节中的情形，即服务商向用户承诺最长等待时间。由于 b 只影响用户期望等待时间，且由 4.4 节中的结果可知，该情境下有效需求小于潜在需求，所以，本部分重点分析 b 对有效需求的影响，b 对其他因素的影响同定理 4.6 及图 4-8 中的结果。使用 4.4 节中的数值算例参数，令用户承诺最长等

待时间分别为 $d=1.5$、2、3，数值算例结果如图 4-9 所示。

由图 4-9 可知，随着工业物联网对服务的加速效应变得显著（b 减小），有效需求到达率会增加。原因是随着 b 减小，服务商会增加期望服务时间，以提高服务质量并降低用户备件替换成本，所以用户更愿意选择加入队列。此外，工业物联网的加速效应释放了服务商的服务能力，所以，服务商可以允许更多的用户进入服务系统。

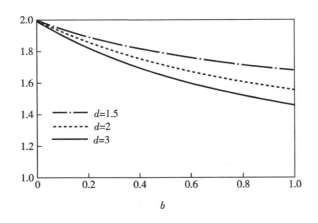

图 4-9 b 对系统均衡到达率的影响

4.5.2   可重复使用部件

在以上分析中，本部分考虑所有被替换的受损部件不能被重复使用。但是，基于本章的假设，服务商为提高服务速率，会替换一些原本可以修复的受损部件，并且，这些部件可以在线下重新修复并投入使用。当部件不可以重复使用时，服务商需要从上游供应商处购得新备件以替换，所以其只能获取 δ 比例的相应收入，即 $\delta C(\tau)$；当考虑可重复使用部件时，服务商可以获取所有的重复使用的零部件的收益。令 k 为备件的可重复使用率，$0<k<1$，则服务商从每位用户处获取的备件期望收入为 $kC(\tau)+(1-k)\delta C(\tau)$。因此，服务商的利润最大化目标函数为：

$$\max_{N,P,\tau} R(N,\ P,\ \tau)=\left[P+kC(\tau)+(1-k)\delta C(\tau)-s_2 c_2\right]\lambda^e(N,\ P,\ \tau)-c_r N \quad (4\text{-}13)$$

由 4.3 节与 4.4 节的分析可知，除服务提前期 τ_0 外，两种情形下其他参数对服务商最优决策的影响是一致的。通过求解上述问题的均衡解，可以得到 k 对服务商均衡决策的影响如下。

定理4.7 随着可重复使用部件比例 k 的增大，服务商会降低平均服务时间以提高用户的备件替换数量，并且服务商会降低技工数量。

证明：与定理4.3相比，当考虑可替换部件时，服务商从备件替换中获取的收益比例由原来的 δ 变为 $k+(1-k)\delta$，且 $\dfrac{\partial[k+(1-k)\delta]}{\partial k}=1-\delta>0$，所以，可得 k 与 δ 对服务商的最优决策影响相同。

使用推论4.3中的数值算例参数，并令 $\delta=0.4$，定理4.7中的结果可以直观地表示为图4-10。

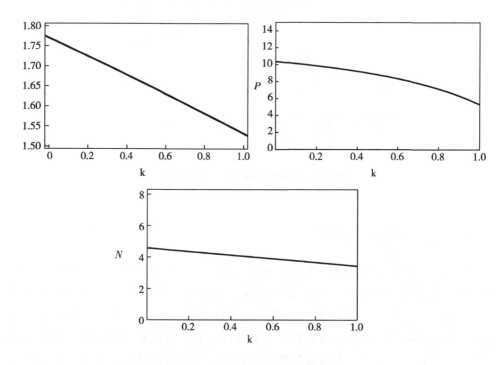

图4-10 k 对服务商均衡决策的影响

当被替换的零部件可以在线下修复并重新使用时，服务商会降低平均服务时间以降低服务质量，从而使得用户替换更多的零部件。原因是当零部件可以重复使用时，服务商从备件替换中获取的边际收益大于用户边际净效益的减少量，即尽管会降低用户加入服务的概率，但是服务商从每位用户处多获取的备件收入可以弥补该负面效应，即 $kC(\tau)+(1-k)\delta C(\tau)>\delta C(\tau)$，所以随着 k 的增大，用户可以获取更多的边际效益。

4.5.3 M/M/N 队列与 N 个并行的 M/M/1 队列的比较

在 4.3 节与 4.4 节的分析中，本章使用 N 个并行的 M/M/1 队列对服务系统进行建模分析，原因是考虑在服务开始前，针对任一用户需求，服务商会指派一个技工与相应的备件，因此，即使有 N 个技工，用户实际在一个特定的 M/M/1 队列中。但是，在实际需求较多时，当一个技工过于繁忙时，其任务会部分指派给另一个技工，即用户可以被任一技工服务，此时，系统排队结构为 M/M/N 队列。本拓展模型研究 4.3 节与 4.4 节中的结论在 M/M/N 队列系统中是否仍然成立。

对于给定的需求 λ 与平均服务时间 $\tau_0+\tau$，M/M/N 队列的期望等待时间为：

$$W(\lambda; N, \tau) = \frac{1}{1 + (N!\ (1-\rho)/(N^N\rho^N)) \sum_{i=0}^{N-1} (N^i\rho^i/i!)} (\rho/\lambda(1-\rho))$$

$$(4-14)$$

其中，$\rho=\lambda(\tau_0+\tau)/N$ 为服务系统的负载，$\rho<1$。首先，给出 M/M/N 队列中的均衡需求到达率。

定理 4.8 当服务商未向用户承诺最长等待时间时，均衡状态下用户的需求到达率等于潜在需求到达率，即 $\lambda^e=\Lambda$，且技工数量 N 应设定为可实现上述目标的最小值。特别地，N 等于满足 $\frac{c_w}{1+(N!\ (1-\rho)/(N^N\rho^N)) \sum_{i=0}^{N-1}(N^i\rho^i/i!)}(\rho/\Lambda(1-\rho)) \leq V(\tau)-P-C(\tau)$ 的最小整数。

证明： 使用反证法证明。对于给定的 P 和 τ，假设最优的解为 (λ_1, N_1) 且 $\lambda_1<\Lambda$。若服务商可以获取非负收益，有 $R(\lambda_1, N_1)=(P+\delta C(\tau))\lambda_1-c_rN_1>0$。令 $N_2=mN_1(m>1)$，则均衡状态下的需求到达率可以由 $V(\tau)-P-C(\tau)=c_wW(\lambda_2, N_2)$ 解得。由于在 M/M/N 队列中，用户的期望等待时间为式（4-14），在 $V(\tau)-P-C(\tau)=c_wW(\lambda_2, N_2)$ 中，λ 的增长速率要高于 N，因此，可得 $\lambda_2>m\lambda_1$。进一步可证明：

$$R(\lambda_2, N_2)-R(\lambda_1, N_1) = (P+\delta C(\tau))\lambda_2-c_rN_2-(P+\delta C(\tau))\lambda_1+c_rN_1$$
$$= (P+\delta C(\tau))(\lambda_2-\lambda_1)-c_r(N_2-N_1)>(m-1)$$
$$[(P+\delta C(\tau))\lambda_1-c_rN_1]>0$$

即服务商的收益随着 N 的增大而增大，直到所有的潜在用户都选择加入该服务队列。

结合定理 4.3 和定理 4.8，我们可以得出结论：如果 N 是内生的，那么在没有最大等待时间约束的情况下，对于服务商而言，吸引所有潜在客户进入服务是最佳选择。原因是 N 个并行 M/M/1 队列中的规模经济在 M/M/N 队列系统中仍然成立。当式（4-4）中的期望净效用为非负值时，客户将加入该服务。因此，服务提供商应将技工数量 N 设置为最小值，以维持非负的用户净效益，同时获取更多的客户剩余。

但是，式（4-14）中的等待时间复杂程度较高，难以进一步获取解析解，因此，本节基于定理 4.8，使用数值实验的方法来验证 N 个并行 M/M/1 队列中的结果在 M/M/N 队列中仍然成立。令 $V_b=4$，$c_w=1$，$\tau_b=0.5$，$\alpha=2$，$\beta=0.4$，对于不同的外生变量 τ_0，δ，K，本节使用一个迭代算法来搜索最优的 P^* 和 τ^*。迭代算法的步骤如下：

步骤 1：初始化 τ 和 P。

步骤 2：搜索最小的可以满足 $\dfrac{c_w}{1+(N!\ (1-\rho)/(N^N\rho^N))\sum_{i=0}^{N-1}(N^i\rho^i/i!)}(\rho/\Lambda(1-\rho))\leqslant V(\tau)-P-C(\tau)$ 的正整数 N（M/M/N 队列中 N 为正整数）。

步骤 3：计算相应的服务商效益 R。

步骤 4：重复步骤 2、步骤 3 以获取最大的服务商收益，并找到对应的 P^* 和 τ^*。

步骤 5：依据 P^* 和 τ^*，计算最优的 N^*，满足 $\dfrac{c_w}{1+(N!\ (1-\rho)/(N^N\rho^N))\sum_{i=0}^{N-1}(N^i\rho^i/i!)}(\rho/\Lambda(1-\rho))=V(\tau)-P-C(\tau)$。

依据上述算法得出的数值实验结果如表 4-1 至表 4-3 所示。

表 4-1 τ_0 对系统均衡的影响

τ_0	M/M/N 队列				N 个并行 M/M/1 队列			
	τ^*	P^*	N^*	R^*	τ^*	P^*	N^*	R^*
0	1.18	4.33	3.28	3.02	1.18	4.49	3.88	2.86
0.5	1.25	4.34	5.03	2.25	1.22	4.57	5.29	2.05
1.0	1.27	4.42	6.22	1.87	1.25	4.62	6.61	1.70
1.5	1.29	4.59	7.29	1.35	1.27	4.72	7.88	1.13

续表

τ_0	M/M/N 队列				N 个并行 M/M/1 队列			
	τ^*	P^*	N^*	R^*	τ^*	P^*	N^*	R^*
2.0	1.30	4.75	8.87	0.84	1.28	4.99	9.12	0.66
2.5	1.32	4.56	9.78	0.31	1.29	4.74	10.34	0.14
3.0	1.33	4.33	10.16	-0.21	1.30	4.58	11.54	-0.44

表 4-2 δ 对系统均衡的影响

δ	M/M/N 队列				N 个并行 M/M/1 队列			
	τ^*	P^*	N^*	R^*	τ^*	P^*	N^*	R^*
0.1	1.18	4.45	6.27	1.75	1.27	4.65	6.66	1.58
0.2	1.25	4.44	6.24	1.80	1.26	4.64	6.64	1.63
0.3	1.27	4.43	6.22	1.87	1.25	4.62	6.61	1.70
0.4	1.29	4.41	6.18	1.92	1.23	4.60	6.58	1.75
0.5	1.30	4.40	6.15	1.98	1.22	4.58	6.55	1.81
0.6	1.32	4.37	6.12	2.05	1.21	4.57	6.52	1.88

表 4-3 K 对系统均衡的影响

K	M/M/N 队列				N 个并行 M/M/1 队列			
	τ^*	P^*	N^*	R^*	τ^*	P^*	N^*	R^*
1.0	1.26	4.65	6.20	1.92	1.24	4.85	6.59	1.76
1.1	1.26	4.53	6.21	1.88	1.24	4.73	6.60	1.71
1.2	1.27	4.43	6.22	1.87	1.25	4.62	6.60	1.70
1.3	1.27	4.33	6.23	1.79	1.25	4.53	6.62	1.60
1.4	1.28	4.27	6.23	1.70	1.25	4.50	6.63	1.53
1.5	1.29	4.05	6.24	1.63	1.26	4.45	6.63	1.43

表 4-1 至表 4-3 中的数值算例结果显示了在 M/M/N 与 N 个并行的 M/M/1 队列中，服务提前期 τ_0、备件收益率 δ 与备件单位价格 K 对服务系统均衡的影响。为更清晰地表示表 4-1 至表 4-3 中的结果，将相应的结果总结为表 4-4。

表4-4　τ_0、δ、K对系统均衡影响的总结

	M/M/N 队列				N 个并行 M/M/1 队列			
	τ^*	P^*	N^*	R^*	τ^*	P^*	N^*	R^*
$\tau_0\uparrow$	↑	↑↓	↑	↑↓	↑	↑↓	↑	↑↓
$\delta\uparrow$	↓	↓	↓	↑	↓	↓	↓	↑
$K\uparrow$	↑	↑	↑	↓	↑	↑	↑	↓
$k\uparrow$	↑	↑	↑	↓	↑	↑	↑	↓

注：递增（↑）、递减（↓）、单峰（↑↓）。

表4-4中的结果显示：在M/M/N服务系统中，τ_0、δ、K对系统均衡的影响与在N个并行的M/M/1队列系统中相同。

在4.3节的分析中，本章已经证明在考虑最长等待时间与未考虑最长等待时间两种情形下，服务提前期τ_0对受损部件的修复—替换均衡的影响是相反的，即当服务商未向用户承诺最长等待时间时，随着服务提前期的增大，服务商会增加平均服务时间以提升修复质量，并降低用户的备件替换量，从而保障服务对用户的吸引力；当服务商向用户承诺了最长等待时间时，随着服务提前期增大，服务商会减少平均服务时间以保障其最长等待时间承诺可以被实现。接下来，本节分析上述在N个并行的M/M/1队列中成立的结果在M/M/N队列中仍然成立。

当最长承诺等待时间存在时，用户会使用该承诺时间做出是否购买该服务的决策，即其期望等待时间与队列结构无关。所以，式（4-8）中的用户有效需求到达率仍然成立。对于给定的服务价格P与服务时间τ，将服务商关于最优技工数量的结果总结如下。

定理 4.9　当最长承诺等待时间约束存在时，最优技工数量等于满足以下条件的最小正整数：$W(\lambda^e;\ N,\ \tau)\leqslant d$。

证明：该定理证明方法与定理4.5类似，此处不再赘述。

基于定理4.9，令$V_b=4$，$c_w=1$，$\delta=0.3$，$\tau_b=0.5$，$\alpha=2$，$\beta=0.4$，$K=6$，数值算例的结果如表4-5所示。

表 4-5 最长等待时间约束下系统均衡结果比较

τ_0	M/M/N 队列				N 个并行的 M/M/1 队列			
	τ^*	P^*	N^*	R^*	τ^*	P^*	N^*	R^*
0	1.512	4.457	3.854	2.677	1.425	4.513	4.453	2.525
0.2	1.394	4.609	5.803	1.895	1.307	4.674	6.063	1.743
0.4	1.275	4.723	6.906	1.550	1.187	4.829	7.516	1.398
0.6	1.160	4.886	7.801	1.048	1.075	4.981	8.603	0.897
0.8	1.056	4.985	9.027	0.497	0.975	5.041	9.986	0.354

上述结果显示，在两种队列结构中，服务提前期 τ_0 与服务时间 τ 均互为"替代"关系，即随着服务提前期的增大，服务时间 τ 会减少。至此，可以说明，N 个并行 M/M/1 队列中的结果在 M/M/N 队列中仍然成立。

4.6 管理启示

本章考虑物联网监控中存在的受损部件多检与漏检现象，同时考虑售后服务中受损部件的修复—替换均衡因素，研究了无（有）最长承诺等待时间约束下的服务商的服务能力规划决策，可以为售后服务商提供以下管理启示。本章以 ASML 公司为例说明，该公司制造光刻机在全球处于垄断地位，因此适用本章的情境：光刻机用户无法判断故障问题所在，而必须依赖 ASML 的诊断。

（1）针对两种不同的监控错误，服务管理者应当采取不同的应对措施。如果光刻机备件监控中多检现象增多，管理者应当提升修复质量并降低光刻机用户的备件替换量，同时应增加修复人员数量；但是如果漏检现象增多，管理者应当降低修复质量并提高用户备件替换量以最大化自身收益。但是，无论何种错误增多，管理者都应当降低服务价格以吸引用户。

（2）备件收益率与单位备件价格都会提升服务商的备件替换收入，但是两个因素对服务商最优决策的影响不同。如果 ASML 公司可以从备件销售中获取的收益比例提高时，管理者应当降低修复质量而提高用户的备件替换量；但是，当单位备件价格提高时（单位备件的利润增加），管理者反而应当提升受损部件的修复质量而降低用户的备件替换量。导致上述差别的原因是备件平均价格不仅影响服务商的收益，同时也影响用户决策，当单位价格提升时，尽管单位备件替换的利润增加了，但同时用户的购买意愿会降低，且前者对利润的影响小于后者。

（3）服务提前期的变化对管理决策的影响取决于服务商是否向用户承诺了最长等待时间。由于 ASML 公司的客户遍布全球，所以修复服务的开展往往存在一个提前期，如准备所需的备件、技工等。当服务商未向用户承诺最长等待时间时，服务管理者应当意识到该提前期与服务时间呈"互补"关系，即当提前期增大时，管理者应当增加平均服务时间，从而提升服务质量并降低用户的备件消耗成本，也就是说，为消除服务提前期增长带来的负面影响，管理者应当提升用户的个体效益；但是，当服务商向用户承诺最长等待时间时，管理者应当意识到此时提前期与平均服务时间呈"替代"关系，即当提前期增大时，管理者应缩短平均服务时间，也就是说，管理者应当牺牲用户的个体效益以保证自身对于最长等待时间的承诺得以实现。

（4）工业物联网不仅可以预测受损部件的类型，还可以在保证服务质量的前提下，提升整体的服务速率。例如，ASML 公司的物联网平台可以及时预测光刻机故障的时间、所需的备件等，从而提升了服务速率。当物联网的及时响应性变得显著时，管理者应提供"高质量、低价格"的服务；但是，管理者同时应当注意到，尽管加速效应提升了服务速率，用户的平均等待时间却增加，因为服务商会提高服务的质量并且用户的有效需求也会增大。因此，对于服务管理者来说，当这种加速效用变得明显时，应当提升服务系统可同时接纳的需求量。

4.7 本章小结

工业物联网不精确监控会导致受损部件的多检与漏检现象，而产品复杂程度与科技含量的不断提高使得用户无法判断产品退化状态而必须依赖服务商。服务商可以通过提高修复质量的方式来降低备件替换水平，但这会降低服务商的服务速率。现有相关研究忽视了上述修复质量与备件替换之间的联系，尤其在考虑不精确诊断的情境中。因此，本章考虑工业物联网的多检与漏检现象，同时纳入上述受损部件修复—替换均衡，运用两阶段排队论方法，建立用户的加入—退出决策模型。基于此，研究在无（有）服务商承诺最长等待时间约束下，服务商最优服务时间与技工数量决策，并探究工业物联网的两类监控误差、服务提前期以及备件收益率及单位备件价格对服务商能力规划决策的影响。此外，工业物联网对售后服务的影响不仅局限在诊断方面，其所收集的信息也会提升服务商的服务速率，本章考虑工业物联网对售后服务的及时响应性，并研究系统均衡会产生哪些变化。

结果表明：①随着工业物联网多检（错误Ⅰ）概率的提高，服务商应提高平均服务时间以提高服务质量，降低用户备件替换成本，同时应提高技工数量，但是随着漏检（错误Ⅱ）概率的提高，服务商应降低平均服务时间以降低服务质量，提高用户备件替换成本，同时应降低技工数量。②当服务商未向用户允诺最长等待时间时，服务提前期与平均服务时间呈"互补"关系，即平均服务时间随着服务提前期的提升而提升，但是当服务商向用户承诺最长等待时间时，服务提前期与平均服务时间呈"替代"关系，即平均服务时间随着服务提前期的增大而减小。③服务商的备件收入随着备件收益率及备件价格的提高而增加，但是两者对服务商均衡决策的影响不同，具体地，当备件收益率提高时，服务商会缩短平均服务时间以提高用户备件替换量，从而提高净利润，但当备件价格提高时，服务商反而应增加平均服务时间，以降低用户备件替换量，原因是与备件收益率不同，备件价格同样影响用户的决策，随着备件价格的提高，服务商从备件替换中获得的边际收益小于用户的边际支出成本。④当考虑工业物联网及时响应性时，研究发现，随着及时响应性变得显著，服务商会提供趋向"高质量、低价格"的服务，并且，尽管加速效应提升了服务速率，用户的平均等待时间却增加，因为有效需求会增加。⑤当替换的备件可以线下修复并重新使用时，服务商会缩短平均服务时间以增大用户的备件替换量。

5　考虑连续性诊断误差的
服务能力规划与监控质量决策

5.1　问题描述

近几十年来传统的维护成本飞速提升，以美国工业体系为例，总维护成本从20世纪80年代的6000亿美元增长到90年代的8000亿美元，并在21世纪初增长到12000亿美元。其中，因产品状态诊断错误而导致的不恰当维护，占据了总维护成本的1/3~1/2。然而，由于无法实现产品端到端数字化的高度集成，传统售后服务模式中的状态诊断误差往往较大，不可避免地产生不恰当维护成本。因此，准确诊断产品退化状态并制定恰当的维护修复方法，对提升售后服务效率、降低维护成本具有重要意义。物联网技术的应用实现了产品端到端的数字化集成，高效的数据集成与应用方式降低了产品状态诊断误差，产品领先制造商如西门子、通用电气、阿斯迈尔等公司开始采用物联网监控实时诊断技术。

以工业物联网大数据为基础对产品状态进行分析，是制订维护计划的基础。但是在实际中，不可能对产品所有部件都进行状态监控，产品内嵌传感器只能收集产品运行状态的一部分信息，而诊断专家需要从监控得到的局部信息中获取产品整体的退化状态。另外，由于工业物联网极易受到外部环境的冲击，因而监控得到的数据往往会受到数据噪声的影响，进而会影响对产品状态的判断。例如，ASML公司对其全球范围的光刻机进行关键部件的实时监控，但是诊断产生的关键备件需求信号往往存在着误差，给企业控制备件库存成本带来挑战。尽管学者们已经投入大量精力研究维护服务的运营策略，但有几个明显的特征使得最优维护能力规划和定价问题成为现有文献中很少研究的问题。首先，以往基于在线监控的售后服务运维策略的研究均假设诊断结果是准确的，如 Kurz（2016）。然而，根据我们对于领先的半导体行业的知识，在线诊断是不精确的，并且总是会遗漏或者多检出一些故障。为了提高诊断准确性，企业必须使用更为先进、准确的传感器部件或者传输网络，即需要提高监控质量。其次，现有文献研究的问题多集中于库存优化决策或者维护策略方面［如 Topan 等（2018）和 Nguyen 等（2019）］，而忽视了不精确诊断对维护服务系统设计的影响，如能力规划与定价策略。最后，在线诊断可以提前预测故障，服务提供商可以在产品到达服务系统之前准备好维修材料（如关键备件、技术人员），从而降低准备时间、提高服务速率。由于监控存在误差，所以维护系统中会同时存在监控到与未监控到这两类维护需求，并且两类维护需求在服务速率方面存在异质性。因此，研究维护速率异质性对服务系统均衡的影响是本章重点内容之一。

为弥补相关研究的不足以及现实需要，本章将探讨不精确诊断下维护服务供应商的最优服务能力、定价以及监控质量的联合决策问题。具体地，本章首先考虑服务商的短期决策问题：产品监控所使用的硬件与软件设施，如传感器、网络等在短时间内不会发生变化，即监控质量在短期决策中是外生变量。其次本章将研究问题拓展至长期决策问题：服务商需要决定产品监控所使用的硬件与软件设施，即监控质量为服务商的决策之一。产品用户通过衡量服务所带来的收益与定价以及不精确诊断导致的错误成本的相对大小，确定自己的加入—退出决策；服务商根据用户的加入—退出决策，通过确定合适的服务能力、价格与监控质量最大化自身收益。本章考虑维护服务对产品用户的效益来自两方面：监控与服务。首先，基于工业物联网的诊断可以发现潜在的产品故障，因此及时停机可避免因使用不可靠产品造成的生产成本，如次品成本；其次，维护服务可以修复产品，从而产品用户可以恢复生产。本章将研究以下问题：①考虑用户效益来自监控与服务两方面，如何刻画用户的效益函数？②在短期问题下，服务商关于服务能力与定价的决策是怎样的，外生监控质量将如何影响服务商的均衡决策？③当监控质量内生时，服务商的均衡决策是否会发生变化？④当考虑工业物联网的加速效应导致产品维护速率存在异质性时，服务系统均衡将会产生哪些变化？

5.2 模型构建

为便于参考，本章将所使用的参数符号总结如下：

q：监控质量；

μ：平均服务速率；

p：服务定价；

c_1：用户错误成本；

c_2：服务商错误成本；

γ：诊断精度对监控质量的敏感性系数；

θ：诊断精度；

Q_0：基准服务质量；

μ_0：基准服务速率；

α：用户感知效益关于服务速率的敏感性；

Λ：潜在需求到达率；

λ^e：有效需求到达率；

c_w：用户单位时间等待成本；

b：加速因子；

U：用户效益；

W：用户期望等待时间；

R：服务商收益。

5.2.1 服务效益模型

基于工业物联网的维护服务包括在线监控、维修以及受损部件替换等。本章将这些任务分为监控与服务两方面。监控旨在通过对产品运行数据的分析预测产品的潜在故障，使得用户避免了因使用不可靠产品而造成的次品成本等；服务旨在通过对受损部件的维修与替换等，使得产品用户可以恢复生产。所以，监控与服务均对产品用户产生效益。本章考虑不精确诊断情形并且错误诊断将会对用户与服务商造成错误成本。具体地，当未故障产品被检测出故障时，会对产品用户造成非必要停机成本，对服务商造成额外的备件库存成本；当故障产品漏检时，用户需承担使用不可靠产品的成本，而服务商会因其违反产品可靠性承诺产生惩罚成本（Topan et al.，2018）。

监控效益建模：基于工业物联网的在线诊断精确性取决于监控质量 q。本章考虑监控精度随着监控质量的提高而提高，并且根据 Nguyen 等（2019），从监控质量提升方面而获取的监控精度提升的边际效益是递减的，因为监控精度越高，继续提升的难度将会越大。所以，本章将监控精度 θ 与监控质量 q 的关系表示为 $\theta(q) = (1 - e^{-\gamma q})$，其中 γ 代表当监控质量提升时，监控精度提升的程度。本章使用 c_1 代表当错误出现时产品用户的错误成本，即如果产品故障可以被准确预测，用户可获取 c_1 的效益；否则为 0。因此，用户的期望监控效益为：

$$T(q) = \theta(q)c_1 \tag{5-1}$$

服务效益建模：维护服务通常伴随着高需求以及等待时间（Maddah et al.，2017），因此本章使用 Customer-intensive 服务模型对维护服务效益进行建模，即随着服务时间的增加（诊断速率降低），用户效益和期望等待时间均增大。同第 3 章，本章将服务效益表示为：

$$Q(\mu) = Q_0 + \alpha(\mu_0 - \mu) \tag{5-2}$$

其中，Q_0 代表当服务商以基准服务速率 μ_0 进行维护时用户的收益。α 代表用户效益关于服务速率变化的敏感性。降低服务速率 μ 未必可以提高用户的净效益，原因是用户的净效益不仅取决于服务收益，还受平均等待时间的影响。

5.2.2 用户净效益与加入—退出决策

用户的净效益由三方面因素决定：维护效益、等待成本和定价。市场用户的潜在需求到达率服从均值为 Λ 的泊松分布，所有用户独立地决定是否购买该服务，最终用户有效需求到达率为 λ。本章假设用户选择退出时的净效益为 0，产品用户的单位时间等待成本为 c_w。假设服务商的服务速率服从指数分布并且服务系统为 M/M/1 排队系统。本章同样考虑潜在需求到达率 Λ 足够大从而避免全部加入或者 0 加入的问题。因此，产品用户的期望等待时间为 $W(\mu, \lambda) = 1/(\mu - \lambda(q, \mu, p))$，用户的收益可以表示为：

$$U(q, \mu, p) = T(q) + Q(\mu) - \frac{c_w}{(\mu - \lambda(q, \mu, p))} - p \tag{5-3}$$

由于用户选择退出时的净效益为 0，因此服务商的有效需求达到率可以通过

令 $U(q, \mu, p) = 0$ 的方式求得：

$$\lambda_e(q, \mu, p) = \mu - \frac{c_w}{T(q) + Q(\mu) - p} \tag{5-4}$$

下角标 e 代表这为均衡决策。

5.3　服务商决策

本节首先研究服务商的短期决策（监控质量外生），然后考虑监控质量与服务能力、服务定价联合决策问题，探讨服务商长期决策。

5.3.1　服务商短期决策模型

令 c_2 代表当监控出错时，服务商所遭受的错误成本。进而，服务商从每一个被服务的用户身上获取的期望收益为 $(p - c_2)(1 - \theta(q)) + p\theta(q)$。由于在短期问题中，由于监控质量是外生的，所以服务商决策函数未考虑监控质量成本。服务商的效益函数可以表示为：

$$\max_{(\mu, p)} R(\mu, p) = \left[(p - c_2)(1 - \theta(q)) + p\theta(q) \right] \lambda_e(\mu, p) \tag{5-5}$$

其中，$\lambda_e(\mu, p)$ 为式（5-4）中的有效需求。

在接下来的分析中，本章假设 $T(q) + Q(\mu) - e^{-\gamma q} \geq c_w / \mu$ 来排除不具有现实意义的情形：当服务系统中只存在一个用户时，该用户在不盈利定价点 $(p - c_2)(1 - \theta(q)) + p\theta(q) = 0$ 时仍不可以获取正效益。本章使用两阶段求解方法处理优化问题。首先求取当 μ 固定时，服务商的最优定价策略 $p^*(\mu)$；其次将 $p^*(\mu)$ 代入式（5-5），求取最优服务速率。服务商均衡决策如定理 5.1 所示。

定理 5.1　在监控质量 q 外生的短期决策问题中，服务商关于服务速率与定价的决策存在唯一均衡：

（1）最优服务速率为 $\mu^* = \dfrac{c_1 - (c_1 + c_2)e^{-\gamma q} + Q_0 + \alpha\mu_0}{2\alpha}$，最优服务定价为 $p^* = \dfrac{c_1 + Q_0 + \alpha\mu_0 + (c_2 - c_1)e^{-\gamma q}}{2} - \sqrt{\alpha c_w}$；

（2）均衡状态下用户获取的维护效益为 $T(q)+Q(\mu^{*})=\dfrac{c_1+Q_0+\alpha\mu_0+(c_2-c_1)e^{-\gamma q}}{2}$；

（3）均衡状态下有效需求到达率为 $\lambda^{*}=\dfrac{c_1-(c_1+c_2)e^{-\gamma q}+Q_0+\alpha\mu_0}{2\alpha}-\sqrt{\dfrac{c_w}{\alpha}}$，用户

的期望等待时间为 $W^{*}=\sqrt{\dfrac{\alpha}{c_w}}$。

证明：首先证明 $R(\mu,p)$ 是关于价格 p 是凹函数。对 $R(\mu,p)$ 关于 p 分别求取一阶与二阶导数，可得：

$$\frac{\partial R}{\partial p}=\mu-\frac{c_w}{T(q)+Q(\mu)-p}-(p-c_2e^{-\gamma q})\frac{c_w}{(T(q)+Q(\mu)-p)^2}$$

$$\frac{\partial^2 R}{\partial p^2}=-\frac{2c_w}{(T(q)+Q(\mu)-p)^2}-\frac{2c_w(p-c_2e^{-\gamma q})}{(T(q)+Q(\mu)-p)^3}<0$$

所以 $R(\mu,p)$ 是关于价格 p 是凹函数。求解一阶条件，可得对于给定的服务

速率 μ，服务商的最优定价为 $p^{*}(\mu)=T(q)+Q(\mu)-\sqrt{\dfrac{c_w(T(q)+Q(\mu)-c_2e^{-\gamma q})}{\mu}}$。

进而，服务商的效益函数可以表示为：

$$R(\mu,p^{*}(\mu))=\left[\mu-\sqrt{\frac{c_w\mu}{g(\mu)}}\right]\left[g(\mu)-\sqrt{\frac{c_w}{\mu}g(\mu)}\right]$$

其中，$g(\mu)=T(q)+Q(\mu)-c_2e^{-\gamma q}$。对 $R(\mu,p^{*}(\mu))$ 关于 μ 求一阶导，可得：

$$\frac{\partial R}{\partial \mu}=g(\mu)+\mu\frac{\partial(g(\mu))}{d\mu}-\frac{1}{2}\cdot2\sqrt{c_w}[\mu g(\mu)]^{-\frac{1}{2}}\left(\mu+\frac{\partial(g(\mu))}{d\mu}\right)$$

整理可得：

$$\frac{\partial R}{\partial \mu}=(g(\mu)-\alpha\mu)\left[1-\sqrt{\frac{c_w}{\mu g(\mu)}}\right]$$

当 $1-\sqrt{\dfrac{c_w}{\mu g(\mu)}}\leq0$ 时，有效需求到达率 $\lambda\leq0$。所以，只考虑具有现实意义的

情境：$1-\sqrt{\dfrac{c_w}{\mu g(\mu)}}>0$。所以，$\dfrac{\partial R}{\partial \mu}$ 的正负和 $g(\mu)-\alpha\mu$ 一致。容易验证 $g(\mu)-\alpha\mu$ 先正

后负，所以 $R(\mu,p^{*}(\mu))$ 关于 μ 是单峰函数。求解一阶条件可得最优服务速率为

$\mu^{*}=\dfrac{c_1-(c_1+c_2)e^{-\gamma q}+Q_0+\alpha\mu_0}{2\alpha}$，代入相应表达式，可得 $p^{*}=\dfrac{c_1-(c_1+c_2)e^{-\gamma q}+Q_0+\alpha\mu_0}{2}-$

$$\sqrt{\alpha c_w}, \quad T(q)+Q(\mu^*)=\frac{c_1+Q_0+\alpha\mu_0+(c_2-c_1)e^{-\gamma q}}{2}, \quad \lambda^*=\frac{c_1-(c_1+c_2)e^{-\gamma q}+Q_0+\alpha\mu_0}{2\alpha}-\sqrt{\frac{c_w}{\alpha}}。$$

定理 5.1 给出了当监控质量 q 外生时服务商关于服务速率和定价的最优决策。尽管随着服务速率的降低，用户的维护效益增大，但同时其等待成本也会增加。当服务速率处于较低水平时（$\mu<\mu^*$），随着服务速率的提升，用户等待成本的增加量覆盖了用户效益的增加量。因此，服务商会降低服务速率以获取更多的消费者剩余。当服务速率增大到一定阈值时（$\mu>\mu^*$），如继续提升服务速率，用户对于服务的感知效益的增加值就会覆盖等待时间的增加值，所以继续提升服务速率会降低服务商的收益。从定理 5.1 可以直接推导得到推论 5.1 中的结果。

推论 5.1 在监控质量 q 外生的短期决策问题中，有以下结果成立：①当用户的错误成本 c_1 增大时，服务商会提高服务速率 μ^* 和价格 p^*，并且在均衡状态下用户维护效益与均衡达到率均提高；②当服务商的错误成本 c_2 增大时，服务商会降低服务速率 μ^* 但会提高价格 p^*，在均衡状态下用户的维护效益提高但是有效需求到达率降低。

证明：分别对定理 5.1 中的 μ^*、p^*、$[T(q)+Q(\mu^*)]$ 和 λ^* 分别关于 c_1 和 c_2 进行求导，可得如下结果：

$$\frac{\partial\mu^*}{\partial c_1}=\frac{1-e^{-\gamma q}}{2\alpha}>0; \quad \frac{\partial p^*}{\partial c_1}=\frac{1-e^{-\gamma q}}{2}>0$$

$$\frac{\partial[T(q)+Q(\mu^*)]}{\partial c_1}=\frac{1-e^{-\gamma q}}{2}>0; \quad \frac{\partial\lambda^*}{\partial c_1}=\frac{1-e^{-\gamma q}}{2\alpha}>0$$

$$\frac{\partial\mu^*}{\partial c_2}=\frac{-e^{-\gamma q}}{2\alpha}<0; \quad \frac{\partial p^*}{\partial c_2}=\frac{e^{-\gamma q}}{2}>0$$

$$\frac{\partial[T(q)+Q(\mu^*)]}{\partial c_2}=\frac{e^{-\gamma q}}{2\alpha}>0; \quad \frac{\partial\lambda^e}{\partial c_2}=\frac{-e^{-\gamma q}}{2\alpha}<0$$

为更直观地展示推论 5.1 中的内容，使用数值算例对推论 5.1 进行说明，结果如图 5-1 所示，其中参数取值为：$Q_0=1$，$q=0.5$，$\gamma=2$，$c_w=1$，$\mu_0=2$，$\alpha=1$。另外，在图 5-1 （a）中，令 $c_2=3$；在图 5-1 （b）中，令 $c_1=1$。推论 5.1 中的结果表明，用户错误成本 c_1 和服务商错误成本 c_2 对系统均衡的影响不同。具体地，当用户错误成本 c_1 增加时，用户对于维护服务的感知效益提高，因此服务商会提高服务速率并且提高服务价格以获取更大的消费者剩余。由于服务速率提高，所以服务商可以在同样的时间内服务更多的用户，即有效需求达到率提升。

但是当服务商错误成本 c_2 提升时，服务商会提高服务定价以保障其单位服务的利润。为保证服务对于用户的吸引力，服务商必须降低服务速率以提高服务质量，进而只能允许部分用户进入系统。

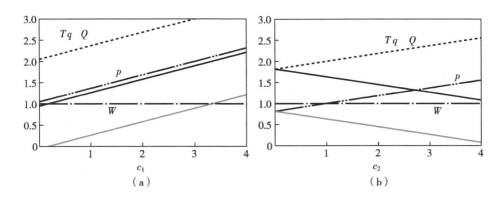

图 5-1 错误成本 c_1 和 c_2 对服务系统均衡的影响

在此之后，本节研究外生监控质量 q 对服务商均衡决策和最优收益的影响，结果如推论 5.2 所示。

推论 5.2 在短期决策下，随着监控质量 q 的提升，有以下结果成立：①最优服务速率 μ^* 和有效需求到达率 λ^* 随着 q 单调递增；②若 $c_1 > c_2$，最优定价 p^* 和用户对于服务的感知效益 $T(q) + Q(\mu^*)$ 随着 q 单调递增，否则 p^* 和 $T(q) + Q(\mu^*)$ 随着 q 单调递减；③服务商的收益随着 q 单调递增。

证明： 对 μ^* 和 λ^* 分别关于 q 求导，可得 $\dfrac{\partial \mu^*}{\partial q} = \dfrac{\gamma(c_1 + c_2)}{2\alpha} e^{-\gamma q} > 0$，$\dfrac{\partial \lambda^*}{\partial q} = \dfrac{\gamma(c_1 + c_2)}{2\alpha} e^{-\gamma q} > 0$。类似地，对 p^* 和 $T(q) + Q(\mu^*)$ 分别关于 q 求导，可得 $\dfrac{\partial p^*}{\partial q} = \dfrac{\gamma(c_1 - c_2)}{2} e^{-\gamma q}$，$\dfrac{\partial [T(q) + Q(\mu^*)]}{\partial q} = \dfrac{\gamma(c_1 - c_2)}{2} e^{-\gamma q}$。所以，当 $c_1 > c_2$ 时，有 $\dfrac{\partial p^*}{\partial q} > 0$，$\dfrac{\partial [T(q) + Q(\mu^*)]}{\partial q} > 0$；当 $c_1 < c_2$ 时，有 $\dfrac{\partial p^*}{\partial q} < 0$，$\dfrac{\partial [T(q) + Q(\mu^*)]}{\partial q} < 0$。服务商的收益函数为 $R(\mu, p) = (p - c_2 e^{-\gamma q}) \lambda^*(\mu, p)$，易得 $p - c_2 e^{-\gamma q} = \dfrac{c_1 + Q_0 + \alpha \mu_0 - (c_2 + c_1) e^{-\gamma q}}{2} - \sqrt{\alpha c_w}$ 随 q 单调递增，并且 $\lambda^*(\mu, p)$ 同样随 q 单调递增，

所以服务商收益随着 q 单调递增。

为更直观地显示上述结论，本书使用图 5-2 中的数值算例对结论进行说明，参数取值为 $Q_0 = 1$，$\gamma = 2$，$c_w = 1$，$\mu_0 = 2$，$\alpha = 1$。此外，在图 5-2（a）中，令 $c_1 = 2$，$c_2 = 1$；在图 5-2（b）中，令 $c_1 = 1$，$c_2 = 2$。

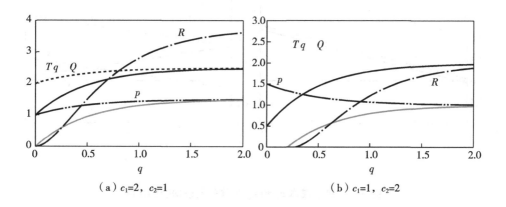

（a）$c_1 = 2$，$c_2 = 1$ （b）$c_1 = 1$，$c_2 = 2$

图 5-2　监控质量 q 对服务系统均衡的影响

推论 5.2①表明，提高监控质量会导致服务质量 $Q(\mu^*)$ 的降低，进而服务商可以服务更多的用户。推论 5.2②中的结果表明，服务商最优定价策略未必随监控质量的提升而提升。出现该违反直觉的结果的原因在于维护服务的效益取决于监控和服务两个方面。具体地，当用户更关心监控精度时（即用户错误成本较高，$c_1 > c_2$），随着监控质量 q 的提升，监控所产生的用户效益 $T(q)$ 的增加值大于服务所产生用户效益 $Q(\mu^*)$ 的降低值，所以，用户对于维护服务的感知效益 $T(q) + Q(\mu^*)$ 提升，因此服务商会提高服务价格以获取更多的消费者剩余。但是当服务商更关心监控精度时（即用户错误成本较高，$c_1 < c_2$），用户从监控质量提升所获取的效益增加值覆盖不了因服务速率提升导致的效益降低值，进而服务商需要降低服务定价以维持服务对用户的吸引力。推论 5.2③的结果表明，在短期决策问题下，随着监控质量 q 的提升，尽管服务价格可能会降低（$c_1 < c_2$），但是服务商的收益随着 q 单调递增。其原因是服务商从每一个用户所获取的净收益 $(p - c_2)(1 - \theta(q)) + p\theta(q)$ 和有效需求到达率 λ^* 均随 q 单调递增。但是该结论在长期决策问题中将不再成立。

Anand 等（2011）关于 customer-intensive 服务的结果表明，当用户对于服务时间的敏感性增强时，服务商应降低服务速率，即均衡状态下 μ^* 随 α 单调递减。接下来本节将分析在本书的研究情境下，上述结论是否成立。结果如推论 5.3 所示。

推论 5.3 ①当 $Q_0 > (c_1+c_2) e^{-\gamma q} - c_1$ 时，均衡状态下服务速率 μ^* 随 α 单调递减；否则，服务速率 μ^* 随 α 单调递增，并且 μ^* 对 α 变化的敏感性随着错误成本 c_1 和 c_2 的增大而增大。②当 $Q_0 > (c_1+c_2) e^{-\gamma q} - c_1$ 时，λ^* 和 α 为 U 形关系，即当

$$\alpha < \frac{4 \left[Q_0 - (c_1+c_2) e^{-\gamma q} + c_1 \right]^2}{\mu_0^2}$$ 时，λ^* 随 α 单调递增；否则，λ^* 随 α 单调递减。当

$Q_0 < (c_1+c_2) e^{-\gamma q} - c_1$ 时，λ^* 随 α 始终单调递增。③p^* 和 α 为 U 形关系，当 $\alpha < \dfrac{c_w}{\mu_0^2}$

时，价格 p^* 随 α 单调递减；否则，p^* 随 α 单调递增。

证明：首先对 μ^* 关于 α 求导，可得 $\dfrac{\partial \mu^*}{\partial \alpha} = \dfrac{-\left[Q_0 - (c_1+c_2) e^{-\gamma q} + c_1 \right]}{4\alpha^2}$。因此，可

得当 $Q_0 - (c_1+c_2) e^{-\gamma q} + c_1 > 0$ 时，$\dfrac{\partial \mu^*}{\partial \alpha} < 0$；当 $Q_0 - (c_1+c_2) e^{-\gamma q} + c_1 < 0$ 时，$\dfrac{\partial \mu^*}{\partial \alpha} > 0$。此

外，基于推论 5.1 中的结果，易得 $\dfrac{\partial^2 \mu^*}{\partial \alpha \partial c_1} < 0$；$\dfrac{\partial^2 \mu^*}{\partial \alpha \partial c_2} > 0$。同样地，对 λ^* 关于 α 求

导，可得 $\dfrac{\partial \lambda^*}{\partial \alpha} = \dfrac{-\left[Q_0 - (c_1+c_2) e^{-\gamma q} + c_1 \right] + \sqrt{\alpha c_w}}{2\alpha^2}$。所以，可得当 $\left[Q_0 - (c_1+c_2) e^{-\gamma q} + c_1 \right] < 0$ 时，$\dfrac{\partial \lambda^*}{\partial \alpha} > 0$；当 $\left[Q_0 - (c_1 + c_2) e^{-\gamma q} + c_1 \right] > 0$ 时，存在一个阈值 $\hat{\alpha} =$

$\dfrac{4 \left[Q_0 - (c_1+c_2) e^{-\gamma q} + c_1 \right]^2}{\mu_0^2}$，当 $\alpha < \hat{\alpha}$ 时，$\dfrac{\partial \lambda^*}{\partial \alpha} < 0$，否则 $\dfrac{\partial \lambda^*}{\partial \alpha} > 0$。$p^*$ 和 α 关系的证明

类似，此处不再赘述。

为直观地表示上述结论，本节使用图 5-2 中的参数进行数值模拟，结果如图 5-3 所示。具体地，图 5-3 (a) ～ (c) 我们取如下三组参数 $Q_0 = 6$，$c_1 = 1$，$c_2 = 5$（实线）；$Q_0 = 6$，$c_1 = 0.5$，$c_2 = 5$（虚线）；$Q_0 = 6$，$c_1 = 1$，$c_2 = 7$（点划线），以满足推论 5.3 中的条件 $Q_0 > (c_1+c_2) e^{-\gamma q} - c_1$。在图 5-3 (d) ～ (f) 中，我们取如下三组参数 $Q_0 = 0.1$，$c_1 = 1$，$c_2 = 5$（实线）；$Q_0 = 0.1$，$c_1 = 0.5$，$c_2 = 5$（虚线）；$Q_0 = 0.1$，$c_1 = 1$，$c_2 = 7$（点划线），以满足条件 $Q_0 < (c_1+c_2) e^{-\gamma q} - c_1$。

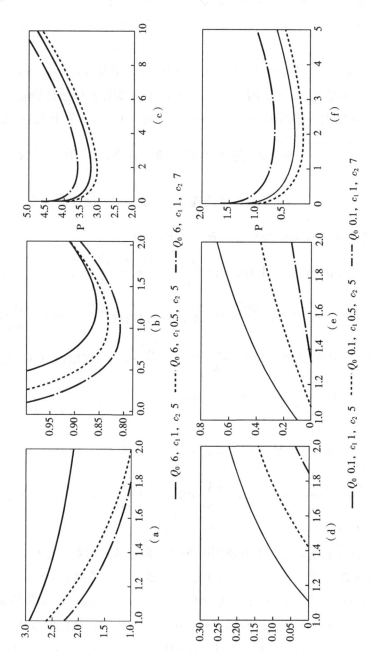

图 5-3 用户对服务时间敏感性系数 α 对系统均衡的影响

Anand 等（2011）的研究表明，服务速率 μ^* 始终随着 α 单调递增，但是推论 5.3①中的结果表明，在本部分的研究情境下，随着 α 增大，μ^* 可能增大也可能减小。也就是说，即使用户对于服务时间的敏感性增强，服务商也有提升服务速率的动机，原因如下：Q_0 是独立于服务速率决策的基准维护收益，因此，$Q_0-(c_1+c_2)e^{-\gamma q}+c_1$ 代表一个服务商必须考虑的外生收益或者成本。当 $Q_0>(c_1+c_2)e^{-\gamma q}-c_1$ 时，上述表达式为正代表是外生收益，所以随着 α 增大，服务商有足够的灵活性可以降低服务速率以吸引更多的用户加入系统。但是当 $Q_0<(c_1+c_2)e^{-\gamma q}-c_1$ 时，上述表达式为外生成本，用户对于等待更为敏感，所以服务商需要提高服务速率以降低用户的等待成本。推论 5.3②表明，当 $Q_0>(c_1+c_2)e^{-\gamma q}-c_1$ 时，Anand 等（2011）中 λ^* 和 α 为 U 形关系的结论在本研究情境下仍然成立，即当 α 较低时，维护收益增加值 $\alpha(\mu_0-\mu)$ 较小，用户等待成本对于 α 变化的敏感性明显高于维护收益，此时等待成本处于主导地位并且有效需求递减；但是当 α 增长到一定水平时，维护收益的敏感性提高且处于主导地位，此时有效需求随着 α 的增长而提高。但是当 $Q_0<(c_1+c_2)e^{-\gamma q}-c_1$ 时，研究发现上述 U 形关系会消失，并且有效需求始终随着 α 递增。

5.3.2 服务商长期决策模型

在长期决策问题中，监控质量 q 成为服务商的决策变量之一，并且，为达到监控质量 q，服务商需采用合适的硬件与软件设施，如传感器或者网络等，进而对服务商产生监控质量投入成本 kq^2。k 表示监控质量成本系数。基于此，在长期决策问题中服务商的目标函数可以表示为：

$$\max_{(q,\mu,p)} R(q,\ \mu,\ p)=\left[(p-c_2)(1-\theta(q))+p\theta(q)\right]\lambda_e(q,\ \mu,\ p)-kq^2 \qquad (5-6)$$

在长期决策问题中，服务商的决策为服务能力 μ、定价 p 以及监控质量 q 的联合决策，求解式（5-6）中的决策问题，可得定理 5.2。

定理 5.2 在监控质量 q 内生的长期决策问题中，服务商存在如下的唯一均衡决策：

（1）最优监控质量决策 q^* 可以通过如下等式唯一确定：

$$\left[c_1-(c_1+c_2)e^{-\gamma q}+Q_0+\alpha\mu_0-2\sqrt{c_w\alpha}\right]\frac{\gamma(c_1+c_2)}{2\alpha}e^{-\gamma q}=2kq;$$

（2）最优服务速率以及定价决策为 $\mu^*=\dfrac{c_1-(c_1+c_2)e^{-\gamma q^*}+Q_0+\alpha\mu_0}{2\alpha}$，$p^*=$

$$\frac{c_1+Q_0+\alpha\mu_0+(c_2-c_1)e^{-\gamma q^*}}{2}-\sqrt{\alpha c_w} \; ;$$

（3）均衡状态下的有效需求为 $\lambda^* = \dfrac{c_1-(c_1+c_2)e^{-\gamma q^*}+Q_0+\alpha\mu_0}{2\alpha}-\sqrt{c_w/d}$。

证明： 对于给定的监控质量 q 和服务速率 μ 寻找最优的 $p^*(\mu, q)$。对式(5-6)中的服务商收益函数关于价格 p 分别求一阶与二阶导数，可得：

$$\frac{\partial R}{\partial p}=\mu-\frac{c_w}{(1-e^{-\gamma q})c_1+Q_0+\alpha(\mu_0-\mu)-p}-$$

$$[P-c_2e^{-\gamma q}]\frac{c_w}{((1-e^{-\gamma q})c_1+Q_0+\alpha(\mu_0-\mu)-p)^2}$$

$$\frac{\partial^2 R}{\partial p^2}=-\frac{2c_w}{((1-e^{-\gamma q})c_1+Q_0+\alpha(\mu_0-\mu)-p)^2}-\frac{2c_w[p-c_2e^{-\gamma q}]}{((1-e^{-\gamma q})c_1+Q_0+\alpha(\mu_0-\mu)-p)^3}<0$$

因此，对于给定的 μ 和 q，存在唯一的定价 $p^*(\mu, q)$ 可以最大化服务商效益。通过求解一阶条件，可得最优定价和相应的有效需求达到率为 $p^*(\mu, q)=$

$(1-e^{-\gamma q})c_1+Q_0+\alpha(\mu_0-\mu)-\sqrt{\dfrac{c_w((1-e^{-\gamma q})c_1+Q_0+\alpha(\mu_0-\mu)-c_2e^{-\gamma q})}{\mu}}$，$\lambda^e(\mu, q)=\mu-$

$\sqrt{\dfrac{c_w\mu}{c_w[(1-e^{-\gamma q})c_1+Q_0+\alpha(\mu_0-\mu)-c_2e^{-\gamma q}]}}$。然后，根据 $p^*(\mu, q)$ 和 $\lambda^e(\mu, q)$，求取给定监控质量 q 时的最优服务速率 $\mu^*(q)$。将 $p^*(\mu, q)$ 和 $\lambda^e(\mu, q)$ 代入服务商效益函数，并对服务速率 μ 求导，可得 $\dfrac{\partial R}{\partial \mu}=(T(q)+Q(\mu)-c_2e^{-\gamma q}-\alpha\mu)$

$\left[1-\sqrt{\dfrac{c_w}{\mu[T(q)+Q(\mu)-c_2e^{-\gamma q}]}}\right]$。根据定理 5.1 的证明过程，可知最优服务速率 $\mu^*(q)$ 可以通过 $T(q)+Q(\mu)-c_2e^{-\gamma q}-\alpha\mu=0$ 求得，即 $\mu^*(q)=$

$\dfrac{c_1-(c_1+c_2)e^{-\gamma q}+Q_0+\alpha\mu_0}{2\alpha}$。注意有下式成立：$T(q)+Q(\mu)-c_2e^{-\gamma q}=$

$\dfrac{c_1-(c_1+c_2)e^{-\gamma q}+Q_0+\alpha\mu_0}{2}=\alpha\mu^*(q)$，所以服务商的目标函数可以表示为：$R(q)=$

$\left[\alpha\mu^*(q)-\sqrt{\dfrac{c_w\cdot\alpha\mu^*(q)}{\mu^*(q)}}\right]\left[\mu^*(q)-\sqrt{\dfrac{c_w\mu^*(q)}{\alpha\mu^*(q)}}\right]-kq^2$，整理后可得 $R(q)=$

$\alpha[\mu^*(q)]^2 - 2\sqrt{c_w\alpha}\mu^*(q) + c_w - kq^2$。然后对 R 关于 q 求取一阶与二阶导数，可得

$$\frac{\partial R}{\partial q} = 2\alpha\mu^*(q)\frac{\partial\mu^*(q)}{\partial q} - 2\sqrt{c_w\alpha}\frac{\partial\mu^*(q)}{\partial q} - 2kq, \quad \frac{\partial^2 R}{\partial q^2} = \frac{(c_1+c_2)}{2\alpha}\gamma^2 e^{-\gamma q}[2(c_1+c_2)e^{-\gamma q} -$$

$$(c_1+Q_0+\alpha\mu_0-2\sqrt{\alpha c_w})] - 2k = \frac{(c_1+c_2)}{2\alpha}\gamma^2 e^{-\gamma q}(-2)\left[\frac{c_1+Q_0+\alpha\mu_0-(c_1+c_2)e^{-\gamma q}}{2} - \sqrt{\alpha c_w}\right] -$$

$2k$。因为本部分研究只考虑 $\lambda^e \neq 0$ 和 $\dfrac{c_1+Q_0+\alpha\mu_0-(c_1+c_2)e^{-\gamma q}}{2} - \sqrt{\alpha c_w} > 0$ 的情形，

所以可得 $\dfrac{\partial^2 R}{\partial q^2} < 0$。此外，对于一阶导数，有以下极限成立：$\lim\limits_{q\to 0}\dfrac{\partial R}{\partial q} = \lim\limits_{q\to 0}\dfrac{\gamma(c_1+c_2)}{2\alpha}$

$$[(c_1+Q_0+\alpha\mu_0-2\sqrt{\alpha c_w})e^{-\gamma q} - (c_1+c_2)e^{-2\gamma q}] - 2kq = \frac{\gamma(c_1+c_2)}{2\alpha}[(c_1+Q_0+\alpha\mu_0-2\sqrt{\alpha c_w}) -$$

$(c_1+c_2)] > 0$，和 $\lim\limits_{q\to\infty}\dfrac{\partial R}{\partial q} = \lim\limits_{q\to\infty}\dfrac{\gamma(c_1+c_2)}{2\alpha}[(c_1+Q_0+\alpha\mu_0-2\sqrt{\alpha c_w})e^{-\gamma q} - (c_1+c_2)e^{-\gamma q}] -$

$2kq < 0$，所以存在唯一的 q^* 使服务商收益最大化，且可以通过一阶条件求得。

在短期决策问题中，推论 5.3③表明服务商的收益随监控质量提升而提升，但是在监控质量 q 为服务商决策变量的长期决策问题中，定理 5.2 中的结果表明推论 5.3 中的结论不再成立。定理 5.2 表明，长期问题中服务商的收益和监控质量为单峰函数关系，原因在于随着 q 的增大，诊断精度提升的边际量越来越小，但是监控质量投入成本的边际增加量却越来越大。所以，必存在一个内点解 q^* 可以最大化服务商的收益，表明在长期决策问题中，监控质量 q 越高未必对服务商越有利。接下来，本小节探究监控质量成本系数 k 对服务系统均衡的影响，结果如推论 5.4 所示。

推论 5.4 在长期决策问题中，随着监控质量成本系数 k 的增加，有以下结果成立：①监控质量 q^*、服务速率 μ^* 和成本系数 k 之间为非单调关系。具体地，当 $\dfrac{4\alpha k}{[\gamma(c_1+c_2)]^2} < \dfrac{e^{-2\gamma q}}{1+\gamma q}$ 时，q^* 和 μ^* 随着 k 的增大单调递增；否则，单调递减。②当 $c_1 > c_2$ 时，p^* 和 k 为非单调关系，当 $\dfrac{4\alpha k}{[\gamma(c_1+c_2)]^2} < \dfrac{e^{-2\gamma q}}{1+\gamma q}$ 时，最优定价 p^* 随着 k 单调递增，否则单调递减；当 $c_1 < c_2$ 时，结果相反。

证明： 使用隐函数求导法则对 q^* 关于 k 求导，可得 $\alpha(c_1+c_2)e^{-\gamma q}\dfrac{\partial q^*}{\partial k} = \dfrac{4\alpha}{\gamma(c_1+c_2)}$

$$\left[qe^{\gamma q^*} + k(e^{\gamma q^*} + \gamma q^* e^{\gamma q^*}) \frac{\partial q^*}{\partial k} \right], \text{ 所以} \frac{\partial q^*}{\partial k} = \frac{\dfrac{4\alpha}{\gamma(c_1+c_2)} q^*}{\gamma(c_1+c_2)e^{-2\gamma q^*} - k(1+\gamma q^*)\dfrac{4\alpha}{\gamma(c_1+c_2)}}。\text{ 因此,}$$

$\dfrac{\partial q^*}{\partial k}$ 的正负和 $\gamma(c_1+c_2)e^{-2\gamma q^*} - k(1+\gamma q^*)\dfrac{4\alpha}{\gamma(c_1+c_2)}$ 一致, 所以可得上述结论。由于

$\dfrac{\partial \mu^*}{\partial k} = \dfrac{\partial \mu^*}{\partial q} \dfrac{\partial q^*}{\partial k}$ 且 $\dfrac{\partial \mu^*}{\partial q} = \dfrac{\gamma(c_1+c_2)}{2\alpha} e^{-\gamma q} > 0$, 所以 $\dfrac{\partial \mu^*}{\partial k}$ 和 $\dfrac{\partial q^*}{\partial k}$ 正负一致。由于 $\dfrac{\partial p^*}{\partial k} = \dfrac{\partial p^*}{\partial q}$

$\dfrac{\partial q^*}{\partial k}$, 且 $\dfrac{\partial p^*}{\partial q} = \dfrac{\gamma(c_1-c_2)}{2} e^{-\gamma q}$, $\dfrac{\partial q^*}{\partial k} > 0$, 所以 $\dfrac{\partial p^*}{\partial k}$ 的正负和 c_1-c_2 相关, 其他证明与前述两变量一致。

推论 5.4 表明, 成本系数 k 对系统均衡具有较大影响。结果显示, 随着监控质量投资成本的加大, 服务商未必会选择降低监控质量以节省成本, 原因如下。当监控质量 q 处于较低水平时, 因提升监控质量 q 所获取的错误成本边际减小量大于投资成本的边际增加量, 所以提升监控质量 q 会提升服务商的最终收益。但是随着 q 的增大并且达到一定水平时, 错误成本的边际效益逐渐减小而投资成本边际量逐渐增大, 所以此时服务商会选择降低监控质量以获取更大的收益。

5.4 加速效应的影响

前文中基于工业物联网的监控技术只用来监测产品的运转状态, 而不对后续的服务造成影响。但是在实际中, 监控得到的数据对于后续维护服务有着关键辅助作用。例如, 通过监控信息反应得到的维护需求(如技工、备件等), 可以帮助服务商提前准备维护服务, 从而缩短产品的停机时间, 即如果产品故障可以被准确预估, 维护服务速率会提高。

5.4.1 市场均衡和平均等待时间

由于工业物联网监控存在偏差, 而准确预测到故障的用户所需维护时间小于未被预测到的用户, 所以用户依据服务速率不同而被分为两类。两类用户表示为 $i=A, B$, 其中 A 代表故障被准确预测的用户群体, B 代表故障未被准确预测的

用户群体。在相同服务质量下，用户 A 的服务速率大于用户 B 的服务速率。为达到服务质量 $Q(\mu)$，用户群体 B 的服务速率服从均值为 μ 的指数分布，而用户群体 A 的服务速率服从均值为 $b\mu$ 的指数分布，其中 $b>1$ 代表工业物联网监控数据对于提升服务速率的有效性，称为"加速因子"。本小节将上述维护过程用图5-4予以说明。

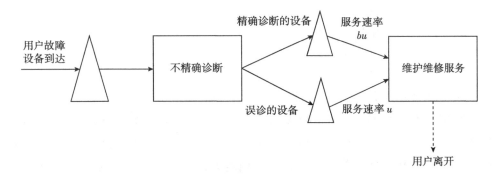

图5-4 考虑加速效应时的维护服务过程

令 p_i 表示某一用户为群体 i 的概率，本节假设服务商是"公平的"，即服务商不可以使用不同的入场规则或者定价水平进行用户歧视。因此，根据监控精度的定义，可得 $p_A=\theta(q)$ 以及 $p_B=1-\theta(q)$。用户群体 i 根据泊松分布到达，到达率为 $\lambda_i=p_i\lambda$，其中 λ 代表总的用户达到率，并且此时为服务商的决策变量。服务商通过设定服务价格 p、服务速率 μ、用户调度策略 φ 以及用户达到率 λ 最大化自身利润。由于用户本身不知道自身处于哪类群体，因此两类用户具有相同的加入服务的概率和期望等待时间。令 $W^\varphi(\lambda, \mu_A, \mu_B)$ 代表用户期望等待时间，则有下述市场均衡条件成立：

$$T(q)+Q(\mu)-c_w W^\varphi(\lambda, \mu_A, \mu_B)-p=0 \tag{5-7}$$

接下来，本小节首先分析期望等待时间 $W^\varphi(\lambda, \mu_A, \mu_B)$。假设在同一用户群体内遵循先到先得的策略，但是服务商可以决定先服务哪类群体（即调度策略 φ）。在具有上述特征的服务队列中，Dai 等（2016）已经证明最短处理时间准则可以最大化服务商的效益，因此，用户群体 A 比群体 B 拥有严格的优先权。因此，两类用户的实际等待时间为：

$$W_A(\lambda, \mu_A, \mu_B)=\frac{\lambda_A/\mu_A{}^2+\lambda_B/\mu_B{}^2}{(1-\lambda_A/\mu_A)(1-\lambda_B/\mu_B)}+\frac{1}{\mu_A} \tag{5-8}$$

$$W_B(\lambda,\mu_A,\mu_B)=\frac{\lambda_A/\mu_A{}^2+\lambda_B/\mu_B{}^2}{(1-\lambda_A/\mu_A)(1-\lambda_B/\mu_B-\lambda_A/\mu_A)}+\frac{1}{\mu_B} \tag{5-9}$$

详细的证明过程请参考 Dai 等（2016）。由于用户在进入队列前并不知道其群体归属，所以在做加入—退出决策时，用户会依据期望等待时间进行决策。队列中用户的期望等待时间为 $W(\lambda,\mu_A,\mu_B)=p_AW_A+p_BW_B$，将 $\lambda_i=p_i\cdot\lambda$，$\mu_A=b\mu$，以及 $\mu_B=\mu$ 代入上述公式，可得：

$$W(\lambda,\mu)=\left[\frac{\dfrac{p_A}{(b\mu)^2}+\dfrac{p_B}{\mu^2}}{\dfrac{1}{\lambda}-\dfrac{p_A}{b\mu}}\right]\left[p_A+\frac{p_B}{1-\lambda\left(\dfrac{p_A}{b\mu}+\dfrac{p_B}{\mu}\right)}\right]+\frac{p_A}{b\mu}+\frac{p_B}{\mu} \tag{5-10}$$

接下来首先分析期望等待时间 $W(\lambda,\mu)$ 的性质，如定理 5.3 所示。

定理 5.3 期望等待时间 $W(\lambda,\mu)$ 随着有效需求 λ 的增大而增大，随着服务速率 μ 的增大而减小，即 $(\partial/\partial\lambda)W(\lambda,\mu)\geq0$，$(\partial/\partial\mu)W(\lambda,\mu)\leq0$。此外，$W(\lambda,\mu)$ 的变化幅度随着 λ 和 μ 的增大而增大，即 $(\partial^2/\partial\lambda^2)W(\lambda,\mu)>0$ 和 $(\partial^2/\partial\mu^2)W(\lambda,\mu)>0$。

证明： 令 $\varphi_1(\lambda,\mu)=\dfrac{\dfrac{p_A}{(b\mu)^2}+\dfrac{p_B}{\mu^2}}{\dfrac{1}{\lambda}-\dfrac{p_A}{b\mu}}$，$\varphi_2(\lambda,\mu)=p_A+\dfrac{p_B}{1-\lambda\left(\dfrac{p_A}{b\mu}+\dfrac{p_B}{\mu}\right)}$，易得 $\dfrac{\partial\varphi_1}{\partial\mu}<0$，

$\dfrac{\partial\varphi_2}{\partial\mu}<0$ 与 $\dfrac{\partial\varphi_1}{\partial\lambda}>0$，$\dfrac{\partial\varphi_2}{\partial\lambda}>0$。对 $W(\lambda,\mu)$ 分别关于 λ 和 μ 求导，可得 $\dfrac{\partial W}{\partial\lambda}=\dfrac{\partial\varphi_1}{\partial\lambda}\varphi_2+$

$\varphi_1\dfrac{\partial\varphi_2}{\partial\lambda}>0$，$\dfrac{\partial W}{\partial\mu}=\dfrac{\partial\varphi_1}{\partial\mu}\varphi_2+\varphi_1\dfrac{\partial\varphi_2}{\partial\mu}<0$。对 λ 求二阶导，可得 $\dfrac{\partial^2W}{\partial\lambda^2}=\dfrac{\partial^2\varphi_1}{\partial\lambda^2}\varphi_2+2\dfrac{\partial\varphi_1}{\partial\lambda}\dfrac{\partial\varphi_2}{\partial\lambda}+\dfrac{\partial^2\varphi_2}{\partial\lambda^2}\varphi_1$，

其中 $\dfrac{\partial^2\varphi_1}{\partial\lambda^2}=\left[\dfrac{p_A}{(b\mu)^2}+\dfrac{p_B}{\mu^2}\right]\left[\dfrac{-2\lambda^{-3}\left(\dfrac{1}{\lambda}-\dfrac{p_A}{b\mu}\right)^2-2\lambda^{-2}\left(\dfrac{1}{\lambda}-\dfrac{p_A}{b\mu}\right)(-\lambda^{-2})}{\left(\dfrac{1}{\lambda}-\dfrac{p_A}{b\mu}\right)^4}\right]=\left[\dfrac{p_A}{(b\mu)^2}+\dfrac{p_B}{\mu^2}\right]$

$\left[\dfrac{-2\lambda^{-4}\left(\dfrac{1}{\lambda}-\dfrac{p_A}{b\mu}\right)\left[\lambda\left(\dfrac{1}{\lambda}-\dfrac{p_A}{b\mu}\right)-1\right]}{\left(\dfrac{1}{\lambda}-\dfrac{p_A}{b\mu}\right)^4}\right]>0$，$\dfrac{\partial^2\varphi_2}{\partial\lambda^2}=p_B\left(\dfrac{p_A}{b\mu}+\dfrac{p_B}{\mu}\right)(-2)\left[1-\lambda\left(\dfrac{p_A}{b\mu}+\dfrac{p_B}{\mu}\right)\right]^{-3}$

$\left(-\left(\dfrac{p_A}{b\mu}+\dfrac{p_B}{\mu}\right)\right)>0$。所以，$\dfrac{\partial^2W}{\partial\lambda^2}>0$。类似地，$\dfrac{\partial^2W}{\partial\mu^2}=\dfrac{\partial^2\varphi_1}{\partial\mu^2}\varphi_2+2\dfrac{\partial\varphi_1}{\partial\mu}\dfrac{\partial\varphi_2}{\partial\mu}+\dfrac{\partial^2\varphi_2}{\partial\mu^2}\varphi_1$，其中 $\dfrac{\partial^2\varphi_1}{\partial\mu^2}=$

$$-(p_A+b^2p_B)\frac{\frac{1}{\lambda}2b^2\left(\frac{1}{\lambda}b^2\mu^2-p_Ab\mu\right)^2-\left(\frac{1}{\lambda}2b^2\mu-p_Ab\right)^22\left(\frac{1}{\lambda}b^2\mu^2-p_Ab\mu\right)}{\left(\frac{1}{\lambda}b^2\mu^2-p_Ab\mu\right)^4}=-(p_A+b^2p_B)$$

$$\frac{3\frac{1}{\lambda}b^3\mu\left(p_A-\frac{b\mu}{\lambda}\right)-p_A{}^2b^2}{\left(\frac{1}{\lambda}b^2\mu^2-p_Ab\mu\right)^4}，因为 \lambda_A=p_A\lambda<b\mu，所以 \frac{\partial^2\varphi_1}{\partial\mu^2}>0，同理可得 \frac{\partial^2\varphi_2}{\partial\mu^2}=$$

$$-p_B\left[\lambda\left(\frac{p_A}{b}+p_B\right)\right]\frac{-1}{\left[\mu-\lambda\left(\frac{p_A}{b}+p_B\right)\right]^4}>0，所以可证 \frac{\partial^2W}{\partial\mu^2}>0。\frac{\partial W(\lambda,\mu)}{\partial\mu\partial\lambda}=\frac{\partial^2\varphi_1}{\partial\mu\partial\lambda}$$

$$\varphi_2+\frac{\partial\varphi_1}{\partial\mu}\frac{\partial\varphi_2}{\partial\lambda}+\frac{\partial\varphi_1}{\partial\lambda}\frac{\partial\varphi_2}{\partial\mu}+\frac{\partial^2\varphi_2}{\partial\mu\partial\lambda}\varphi_1，其中 \frac{\partial^2\varphi_1}{\partial\mu\partial\lambda}=-(p_A+b^2p_B)$$

$$\frac{(2b^2\mu-2\lambda bp_A)(b^2\mu^2-\lambda p_Ab\mu)^2-(2\lambda b^2\mu-\lambda^2bp_A)2(b^2\mu^2-\lambda p_Ab\mu)(-p_Ab\mu)}{(b^2\mu^2-\lambda p_Ab\mu)^4}<0，类似可$$

得 $\frac{\partial^2\varphi_2}{\partial\mu\partial\lambda}<0$。由于 $\frac{\partial\varphi_1}{\partial\mu}<0$，$\frac{\partial\varphi_2}{\partial\lambda}>0$，$\frac{\partial\varphi_1}{\partial\lambda}>0$，且 $\frac{\partial\varphi_2}{\partial\mu}<0$，最终可证得 $\frac{\partial^2W(\lambda,\mu)}{\partial\mu\partial\lambda}<0$。

定理 5.3 给出了用户期望等待时间的性质，对接下来分析服务商的决策均衡具有重要作用。

5.4.2 加速因子的影响

本节分析在短期决策问题中加速因子 b 如何影响服务商的决策均衡，由于长期决策问题的复杂性，难以通过解析形式分析 b 对服务商均衡的影响，所以将在下一节中使用数值算例的方式进行说明。定理 5.3 中的结果表明，期望等待时间 W 随着有效需求 λ 严格递增，所以从式（5-7）中的均衡条件可知，对于任意服务定价 p，存在唯一的 $\lambda（\mu）$ 与之对应。所以，用式（5-7）代替服务商目标函数中的价格 p，可得服务商的效益函数为：

$$R(\lambda,\mu)=\lambda[T(q)+Q(\mu)-c_wW(\lambda,\mu)-c_2(1-\theta(q))] \tag{5-11}$$

处理上述优化问题，可得定理 5.4，揭示了加速因子 b 如何影响服务商的短期决策均衡。

定理 5.4 当考虑工业物联网加速效应导致的用户服务速率异质性时，随着加速因子 b 的提高，有以下结论成立：①服务商允许更多的用户加入，同时降低

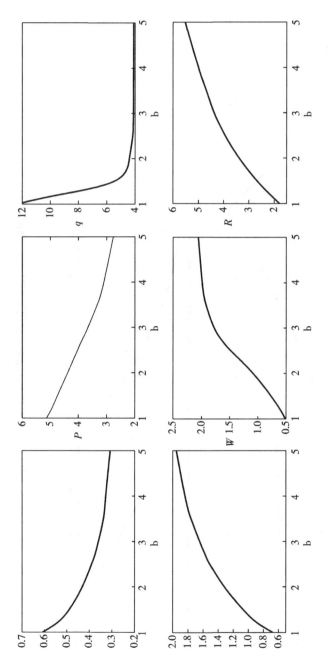

图 5-6　长期决策问题中加速因子 b 对系统均衡的影响

务质量；②更多的用户会选择加入，有效需求提升；③最优价格降低；④期望等待时间提升；⑤服务商的效益提升。其次，b 在长期决策问题下对监控质量的影响如下：随着 b 的增大，最优监控质量降低，表明随着加速效应变得显著，服务商会提升服务过程所带来的用户效益，并以此弥补监控质量降低导致的用户效益损失，以控制监控质量投入成本。

5.5　阿斯麦尔（ASML）公司的案例研究

本节使用 ASML 公司的实际案例对本章的理论模型的有效性进行说明，本节使用所有数据均来自文献 Topan 等（2018）。ASML 是全球领先的光刻机制造商，其通过实施工业物联网平台对全球范围内销售的光刻机进行监控，监控信息包括震动、温度、压力以及声音信号，并可以基于这些信息进行故障预测、提供维护业务。本节使用 P、T、X、W 代表光刻机常见的四种故障类型。在实际运营过程中，该公司同样面临着监控错误的问题，包括多检（为故障产品监测出现故障）和漏检（故障产品未监测到），两类错误都会对 ASML 及其光刻机用户造成相应的成本。例如，如果出现多检现象，光刻机用户需承担非必要停机成本，而 ASML 公司由于需要提前准备零备件而承担相应的库存成本；如果出现漏检现象，光刻机用户需承担制造出次品半导体的风险成本，ASML 公司需承担违反产品可靠性承诺的成本。

本节使用 c_1 和 c_2 分别代表 ASML 和光刻机用户的错误成本，令 L 为备件的平均提前期，其余相关数据总结为表 5-1，时间的单位为周，成本单位为欧元（€）。使用 $\mu_0 = \dfrac{1}{L}$ 作为基准服务速率，并令 $Q_0 = 5000$（€），$\alpha = 10^4$，$k = 5000$（€）。接下来，以 ASML 公司关于四类故障的实际监控准确率数据，使用本章中的理论模型计算最优的服务速率、定价等。然后，基于相关数据，计算在当前市场环境下 ASML 公司的监控准确率是否达到最优。计算结果如表 5-2 所示。

表 5-1 ASML 的案例数据

故障类型	$c_1(€)$	$c_2(€)$	$L(week)$	q	$c_w(€)$
P	5500	2720	2	0.44	7500
T	325	112	2	0.90	7500
X	3400	152	2	0.43	7500
W	1400	646	2	0.50	7500

表 5-2 短期决策与长期决策下的系统均衡

故障类型	短期决策				长期决策			
	q	λ^*	p^*	μ^*	q^*	λ^*	p^*	μ^*
P	0.44	0.1709	7416	0.3209	0.74	0.2301	6908	0.3028
T	0.90	0.1781	5008	0.3281	0.82	0.2086	4476	0.2914
X	0.43	0.1690	5426	0.3190	0.79	0.1845	5038	0.2876
W	0.50	0.1565	2878	0.3065	0.86	0.1802	2496	0.2568

表 5-2 中的结果显示，当前 ASML 公司并未达到最优监控质量。通过比较实际 q 和最优监控质量 q^*，我们发现故障模式 P、X 和 W 的监控精度都未达到最优的状态。这表明 ASML 需要改善关于这三类故障模式的硬件与软件监控设施，而对于故障模式 T，研究显示，现行监控质量已经超出最优监控质量值，表明未来该公司应重点关注其他三类故障的监控改善。

5.6 管理启示

本章考虑工业物联网的不精确监控下的维护服务，且用户对于维护的感知效益由监控与服务两部分组成，基于此通过构建排队论模型，分别探讨在短期决策与长期决策问题下服务商的能力规划、服务定价与监控质量联合决策问题。进而，考虑因工业物联网加速效应导致的用户服务速率异质性，研究加速效应如何影响系统均衡，得到以下管理启示：

（1）服务商在进行服务能力规划与定价决策时，应考虑不同错误成本对决策带来的不同影响。研究结果表明，用户与服务商的错误成本对服务商能力规划、定价决策以及系统均衡有不同的影响。除此以外，随着监控质量的提升，管理者一般会提高服务价格，但是本章研究结果显示，这种做法未必是有利可图的，取决于用户和服务商错误成本的相对大小。

（2）随着用户对服务时间敏感性的增强，降低服务速率未必可以获取更大的效益。在传统的 customer-intensive 研究情境下，随着用户对服务时间敏感性的增强，服务商会降低服务速率。但是当考虑用户对于维护服务的效益由监控和服务两个过程共同确定时，本章研究结果表明，上述结论只有在用户对于维护服务的感知效益足够大的情境下才成立。

（3）当考虑工业物联网对维护服务的加速效应时，管理者应意识到随着这种加速效应变得显著，其提供的维护服务应趋向"高质量、低价格"，即服务商应降低服务速率以提高服务质量，以吸引更多的用户选择加入。同时，应建立容量更大的用户缓冲区，因为随着加速效应变得显著，更多的用户选择加入并且服务商会持续降低服务速率以提升服务质量，所以最终导致用户的平均等待时间增加。由于用户等待成本的提升，管理者应降低服务价格以达到市场均衡。

5.7 本章小结

典型的基于工业物联网的维护活动可以分为监控和服务两类。前者主要指通过对工业物联网监控得到的产品运行数据进行分析，并预测潜在故障，从而使用户避免使用不可靠产品而产生的风险成本；后者主要指服务商通过组织服务资源，如技工、关键零备件等，对产品受损位置进行维护和修复，以恢复用户生产。两阶段活动均对用户产生效益。由于工业物联网易受外部环境因素的干扰而产生数据质量问题，并最终导致监控结果出现错误，会给用户和服务商带来一定的错误成本，因此，本章考虑工业物联网的不精确诊断，且监控诊断精度取决于监控质量（如服务商使用的传感器、网络等），分别研究在短期决策（监控质量外生）与长期决策（监控质量内生）情形下的用户加入—退出决策，以及服务商的能力规划和定价联合决策问题。进而，考虑到工业物联网监控信息对后续维护服务具有借鉴指导意义，因而可以提高平均服务速率，即工业物联网的"加速效应"，分析在"加速效应"导致用户服务速率异质性情形下的系统排队稳态结构以及其对服务商与系统均衡的影响机制。最后，使用 ASML 公司的实际案例验证了模型的可用性。

结果表明：①在不考虑监控质量投入成本的短期决策问题下，结果显示，服务商可以从高的监控质量获益，但是在长期决策问题下，由于工业物联网监控质量投入成本的影响，服务商收益与监控质量为单峰关系。②传统 customer-intensive 的研究结果显示，随着用户对服务时间的敏感性增强，服务商会降低服务速率以提升服务质量。但是在本章研究情境下，由于用户效益由监控与服务两部分组成，所以上述结论只在用户对服务的感知效益足够大时才成立。③服务商与用户的错误成本对服务系统均衡的影响不同。首先，当用户错误成本提高时，服务商会提高服务速率同时提高服务定价以获取更高的消费者剩余，并且均衡状态下用户的感知效益和有效需求达到率均提高；其次，当服务商自身错误成本提高时，服务商会降低服务速率以确保其服务单位用户的利润，服务商会提高服务定价，但是均衡状态下的有效需求到达率会降低。④当考虑工业物联网监控信息对后续维护业务的"加速效应"时，传统观念会认为加速效应会降低系统的拥挤度（即用户平均等待时间），但是研究结果显示，由于服务速率降低和有效需求增大，随着加速效应变得更为显著，系统拥挤度不降反升。服务商会倾向于向用户提供"高质量、低价格"的服务。

6 考虑连续性诊断误差的服务能力规划与服务供给竞争研究

6.1 问题描述

由于信息缺失以及不能实时共享等原因，导致传统售后服务模式存在售后服务质量不高、维护不当以及反应速度过慢的问题，进而导致维护成本过高。物联网的可追溯性、及时响应性以及预测性等特点使得上述问题得以缓解。因此，学术界与实业界开始关注基于物联网的售后服务模式。另外，传感器价格的降低（从 1992 年的 ＄22 降至 2014 年的 ＄1.4）与传输速率的提升（从 1992 年的 29mHz 到 2014 年的 28751mHz）促进了工业物联网技术的快速发展与在实业界的应用。许多世界领先的产品制造商，如阿斯麦尔、通用电气与西门子等均引入了工业物联网相关的应用。鉴于这种趋势，售后服务供应商面临着巨大的机会。

物联网从垂直集成与水平集成两方面缓和了售后服务中端到端的可视化问题。垂直集成：依据产品 RFID 标签中记录的数据，服务商可以很容易地获取产品的相关信息，如产品的生产时间、技工、批次等，从垂直集成的角度提升了产品的可追溯性水平；水平集成：物联网实现了产品价值链上相关主体的水平集成，如备件供应商、生产及物流商、零售商以及用户等，当产品一旦处于失效状态，通过物联网收集的信息可以准确定位到故障部位，以及修复所需的备件与技术人员等，提高了服务供应链的协同服务水平，进而提升了用户对于售后服务的满意度。另外，物联网的应用提高了售后服务的响应性。物联网平台通过实时数据分析可以预知到产品的潜在故障风险，因此，服务商可以在故障未发生之前准备相关的维护资源，如关键备件、技术员工等，提升了售后服务的服务速率。

然而，工业物联网在售后服务中的应用也面临挑战，即监控误差造成的服务商经营管理决策偏差。依据某半导体后道封装工厂的咨询经验，监控诊断误差主要来自以下方面：第一，数据质量问题；第二，数值预测模型的精准度不能达到100%的准确性；第三，产品多类型失效模式与多类型监控数据之间的联系模糊，即何种类型的数据映射出哪种产品失效模式是不清楚的，因此导致监控诊断出现误差与错误成本。需要注意的是，尽管工业物联网的不精确诊断因素导致了用户与服务商的错误成本，但是，本章考虑该错误成本小于一般性服务（不含工业物联网监控）产生的错误成本，因为收集并分析产品相关的运行数据对确定其退化状态总是有利的。例如，在阿斯麦尔 ASML，尽管工业物联网产生的光刻机故障信号存在错误，如多检（预警但未故障）、漏检（故障但未预警）等，但是ASML 公司每年从工业物联网监控中所节省的备件库存成本达 30.06%，并且最大库存成本节省达到 89.96%。尽管基于工业物联网的售后服务模式在提升服务质量、降低服务响应时间与降低错误成本方面存在优势，但是，用户在使用该服务时却需要支付更高的价格，比如，用户需要购买与其相关的操作系统与软件等。Guajardo 和 Cohen（2018）与 Guajardo 等（2016）研究认为，售后服务中的用户通常是异质的，如有些用户关注服务响应速度，而有些用户关注服务价格，所以，服务商需要确定其最佳的服务供给策略，如含工业物联网的监控服务、不含工业物联网的一般性服务或者两者兼有。

另外，售后服务市场存在着竞争，尤其是在售后服务巨大的市场被不断发掘的情形下。Olsen 和 Tomlin（2020）指出，产品制造商如西门子、通用电气等，希望在潜力巨大的售后服务市场中占据更为重要的位置，因而加剧了竞争。例如，物联网数字技术的发展为汽车独立后市场渠道赢得了发展契机，以阿里、京东等为代表的互联网巨头带来了不同的商业模式，通过线下门店标准化管理体系，结合数字门店实现精准运营，通过基于互联网技术的模式创新来尝试改善目前的消费者痛点以占领市场，并与传统车企在后市场方面竞争，如阿里入股的汽车超人、京东京车会等。所以，在面对竞争性服务市场时，服务商的服务供给策略是否发生了改变值得研究。除此以外，从经济学的角度来看，对于潜在进入市场的服务商而言，是否必须引入工业物联网监控技术值得探究。最后，由于工业物联网的诊断精度依赖于监控质量，当竞争性服务商进入市场时，会对监控质量的选择产生哪些影响，这些都是值得研究的问题。

基于此，在第5章研究的基础上，本章研究不精确监控对服务商售后服务供给与竞争决策的影响。与本章研究最接近的是 Nguyen 等（2019），其考虑因监控质量问题而引发的诊断误差服从正态分布，并以此为基础探究监控质量与产品维护策略的联合优化。与 Nguyen 等（2019）不同，本章聚焦于监控质量导致的错误成本对服务能力规划、供给与竞争策略的影响机制，而非关注维护策略的优化。具体地，本章研究试图解决以下问题：①在两种市场情形下，服务商的最优能力规划、服务供给与竞争策略是怎样的？②当诊断精度内生时，服务商关于诊断精度的最优投入是怎样的？③竞争性服务商如何影响初始服务商的决策？④工业物联网的可追溯性以及及时响应性等特点如何影响上述决策？

为解决上述问题，本章假设已经装备了工业物联网技术的服务商可以同时提供监控服务与一般性服务或者仅提供监控服务，而未装备工业物联网技术的服务商只能提供一般性服务。用户衡量自身对两种服务的感知效益相对于服务价格、等待成本与错误成本的相对大小，从而决定是选择监控服务、一般性服务或者退出。基于用户的选择决策，服务商确定最优的服务速率、服务价格与监控质量，以最大化自身的利润。服务商可以通过提升工业物联网的硬件或者软件设施以提升监控质量，降低用户与其自身的错误成本，如使用更可靠的传感器或者开发更深入的数据分析方法等，但同时需要付出更高的监控质量投资成本。本章首先探讨物联网监控质量外生情形下，服务商在两种市场环境（垄断市场与双寡头市场）下的决策机制；其次，将研究拓展至监控质量内生情形，并对服务商的服务供给决策进行鲁棒性检验。监控质量外生对应的实际情形：产品或者产品的内置传感器以及数据处理算法是制造时确定的（比如新式产品等），售后服务商无法自主决定相应的监控与诊断质量；监控质量内生情形：产品或者产品的传感器与数据处理算法等是使用过程中自主设置的（如旧式产品），服务商可以自己决定安装传感器种类和相应的数据处理算法。

6.2　模型构建

为便于参考，本章首先将所使用的参数符号总结如下：

P：服务定价；

μ：服务速率；

q：监控质量；

Y：产品实际退化状态分布；

X_B：不具备物联网诊断技术时，产品退化状态认定值的分布；

X_A：具备物联网诊断技术时，产品退化状态认定值的分布；

$U_A(U_B)$：不同服务模式下用户净效益；

τ：监控服务的响应时间；

$b\tau$：一般性服务的响应时间（$b>1$）；

σ：服务响应时间可靠度；

v：用户对监控服务的感知服务效益；

θv：用户对一般服务的感知服务效益（$0<\theta<1$）；

c_e：用户的最大错误成本；

C_e：服务商的最大错误成本；

Λ：用户潜在需求到达率；

λ：用户实际需求到达率；

c_A，c_B：两种服务模式下的用户错误成本；

C_A，C_B：两种服务模式下的服务商错误成本；

c_w：用户单位时间等待成本；

R：服务商收益。

6.2.1　诊断误差及错误成本模型

将用户问题的复杂度表示为 $y\in[0,1]$，并定义 y 为复杂度相关的分位数，因此服从均匀分布，即产品实际退化状态 $Y\sim U[0,1]$。对于不具有工业物联网诊断的一般性服务 B，令诊断状态 $X_B\sim U[0,1]$，即本章不考虑专家依靠经验对设备状态进行判断的情形，也就是说，如果没有在线监控，设备退化状态将被随机认定；而对于具有工业物联网诊断的监控服务 A，其诊断得到的退化状态与监控质量相关，即 $X_A\sim N\left(y,\dfrac{1}{q^2}\right)$，相应假设可见 Nguyen 等（2019）。

由于服务 A 与 B 都是不精确诊断，导致用户与服务商必须承担错误成本。比如，当诊断值小于真实值时，会导致产品维护不足，用户承担使用维护不当产品的风险成本,而服务商需要承担未实现服务水平的机会成本;当诊断值大于真实值时,导致产品维护过度,用户会承担不必要的停机成本,而服务商要承担不必要的备件库存成本。本节使用线性函数对错误成本进行拟合,可得用户与服务商在不同服务模式下的错误成本为:

当用户选择服务 B 时,用户与服务商的期望错误成本可分别表示为:

$$c_B = \int_0^1 \rho(y) \int_0^1 f(x_B) \mid y - x_B \mid c_e dx_B dy \tag{6-1}$$

$$C_B = \int_0^1 \rho(y) \int_0^1 f(x_B) \mid y - x_B \mid C_e dx_B dy \tag{6-2}$$

其中,$\rho(y)$ 为均匀分布 $Y \sim U[0, 1]$ 的概率密度函数,$f(x_B)$ 为均匀分布 $X_B \sim U[0, 1]$ 的概率密度函数。当用户选择服务 A 时,用户与服务商的期望错误成本可分别表示为:

$$c_A = \min\{c_B, \int_0^1 \rho(y) \int_0^1 g(x_A) \mid y - x_A \mid c_e dx_A dy\} \tag{6-3}$$

$$C_A = \min\{C_B, \int_0^1 \rho(y) \int_0^1 g(x_A) \mid y - x_A \mid C_e dx_A dy\} \tag{6-4}$$

其中,$\rho(y)$ 为均匀分布 $Y \sim U[0, 1]$ 的概率密度函数,$g(x_A)$ 为正态分布 $X_A \sim N\left(y, \dfrac{1}{q^2}\right)$ 的概率密度函数。对 c_A、C_A、c_B 以及 C_B 进行分析,可得引理 6.1。

引理 6.1 对于不同错误成本,有以下结论成立:

(1)关于一般性服务 B,用户期望错误成本 c_B 与服务商期望错误成本 C_B 分别为 $\dfrac{c_e}{3}$ 与 $\dfrac{C_e}{3}$;

(2)关于监控服务 A,用户的期望错误成本 c_A 与服务商错误成本 C_A 随着监控质量 q 递减且凹的,即 $\dfrac{\partial c_A}{\partial q} < 0$,$\dfrac{\partial C_A}{\partial q} < 0$;$\dfrac{\partial^2 c_A}{\partial q^2} > 0$,$\dfrac{\partial^2 C_A}{\partial q^2} > 0$。

证明:(1)对于服务 B,期望错误成本为:

$$c_B = \int_0^1 \rho(y) \int_0^1 f(x_B) \mid y - x_B \mid c_e dx_B dy$$

其中,y 和 x_B 均为 $[0, 1]$ 上的均匀分布。因此易得 $c_B = \dfrac{c_e}{3}$。类似地可得

$$C_B = \frac{C_e}{3} \, .$$

（2）对于服务 A，期望错误成本为：

$$c_A = \int_0^1 \rho(y) \int_0^1 g(x_A) \mid y - x_A \mid c_e dx_A dy$$

其中，$Y \sim U[0, 1]$。对于真实退化状态为 y 的设备，通过在线监控确认的退化状态为 $x_A = y + \varepsilon$。可得：

$$c_A = \int_0^1 \rho(y) dy \Big[\int_{y-k_1\frac{1}{q}}^y g(x_A) \cdot (y - x_A) dx_A + \int_y^{y+k_2\frac{1}{q}} g(x_A) \cdot (x_A - y) dx_A \Big]$$

其中：

$$\int_{y-k_1\frac{1}{q}}^y g(x_A) \cdot (y - x_A) dx_A = \frac{1}{\Phi(k_2) - \Phi(-k_1)} \int_{y-k_1\frac{1}{q}}^y \frac{c_e q}{\sqrt{2\pi}} e^{\frac{[q(x_A-y)]^2}{2}} \cdot (y - x_A) dx_A$$

$$= -\frac{1}{2[\Phi(k_2) - \Phi(-k_1)]}$$

$$\frac{c_e q}{\sqrt{2\pi}} \int_{y-k_1\frac{1}{q}}^y e^{-\frac{[q(y-x_A)]^2}{2}} d_{(y-x_A)^2}$$

可得：

$$\int_{y-k_1\frac{1}{q}}^y g(x_A) \cdot (y - x_A) dx_A = \frac{1}{2[\Phi(k_2) - \Phi(-k_1)]} \frac{c_e}{\sqrt{2\pi} q} \Big[1 - e^{-\frac{k_1^2}{2}} \Big]$$

类似可得：

$$\int_{y+k_2\frac{1}{q}}^y g(x_A) \cdot (x_A - y) dx_A = \frac{1}{2[\Phi(k_2) - \Phi(-k_1)]} \frac{c_e}{\sqrt{2\pi} q} \Big[1 - e^{-\frac{k_2^2}{2}} \Big]$$

所以，

$$c_A = \int_0^1 \frac{c_e}{\sqrt{2\pi} q} \Big[\frac{1}{\Phi(k_2) - \Phi(-k_1)} - \Big(e^{-\frac{k_1^2}{2}} + e^{-\frac{k_2^2}{2}} \Big) \Big] dy$$

$$= \frac{c_e}{\sqrt{2\pi} q} \Big[\frac{1}{\Phi(k_2) - \Phi(-k_1)} - \Big(e^{-\frac{k_1^2}{2}} + e^{-\frac{k_2^2}{2}} \Big) \Big]$$

对应地，

$$C_A = \frac{C_e}{\sqrt{2\pi} q} \Big[\frac{1}{\Phi(k_2) - \Phi(-k_1)} - \Big(e^{-\frac{k_1^2}{2}} + e^{-\frac{k_2^2}{2}} \Big) \Big]$$

因此，最终可得$\dfrac{\partial c_A}{\partial q}<0$，$\dfrac{\partial C_A}{\partial q}<0$；$\dfrac{\partial^2 c_A}{\partial q^2}>0$，$\dfrac{\partial^2 C_A}{\partial q^2}>0$。

引理6.1说明当诊断结果服从均匀分布时，用户与服务商的期望错误成本为常数，因此关于一般性服务模式下诊断结果的假设不会影响本节的结论。

6.2.2　用户选择决策

不失一般性，本小节考虑市场整体需求为1。对于已建立物联网平台的服务商，其可以向用户提供可监控服务（A）或者两种服务（A+B），对于未建立物联网平台的服务商，其只能向用户提供一般性服务（B）。注意当服务商具备物联网诊断技术时，只提供一般性服务（B）不是最优的，因为服务商可以省去物联网投资成本而仍可提供一般性服务（B）。产品用户对于服务效益的感知是异质的，特别地，对于可监控服务A，用户的感知效益服从$[0, v]$的均匀分布，即$u \sim U[0, v]$；而对于一般性服务B，由于缺乏产品状态可追溯性，服务商未必可以准确定位产品生产时所使用的备件供应商或者员工等信息，导致无法向用户提供足够好的服务。为表示物联网的可追溯性特点为售后服务带来的效益，本章使用折扣系数$\theta(0<\theta<1)$来代表用户对一般性服务B的感知效益，即θu。

除可追溯性外，及时响应性是服务A区别于服务B的另一特点。本小节考虑售后服务的响应时间为发现故障到售后服务完成的时间，在生产实际中，服务商会允诺用户一个信度为σ的最长响应时间τ，即$\text{Prob}\{$实际响应时间>允诺响应时间$\}<1-\sigma$。考虑及时响应性特点，本小节假设服务A的响应时间为τ，服务B的响应时间为$b\tau(b>1)$，且服务A与服务B具有相同的响应时间信度σ。

用户通过选择服务A或者服务B，或者两者都不选择以最大化自身收益，本小节假设当用户两者都不选择时，其期望收益为0。因此，用户的决策空间可以表示为$\Omega=\{A, B, 0\}$，其中，0代表用户选择离开系统。如前文所述，可监控服务的定价为P_A，服务响应时间为τ；一般性服务的定价为P_B，服务响应时间为$b\tau$。令c_w为用户单位时间的等待成本，则如果用户选择服务A，其净效益为：

$$U_A = u - c_A - P_A - c_w \tau \tag{6-5}$$

若用户选择服务B，其净效益为：

$$U_B = \theta u - c_B - P_B - c_w b\tau \tag{6-6}$$

当$U_A \geqslant U_B$时，用户会选择监控服务A；当$U_A < U_B$时，用户会选择一般性服务B。

6.3 物联网监控质量外生

本节探讨监控质量外生情形，首先讨论服务商为垄断型服务商，并且其已部署工业物联网平台，可以选择向用户提供监控服务 A 或者两种服务 A+B。垄断型服务商在实践中很常见，特别是在那些出售高精度和结构复杂产品，并向用户提供专业维修服务的行业。在这些行业中，产品初始供应商通常垄断了售后服务，如劳斯莱斯的飞机引擎维护。其次，本节考虑双寡头市场下的竞争性服务商，其中已装备物联网技术的初始服务商决定其服务供给模式为 A 或者 A+B，准备进入市场的准入服务商决定是否要引进物联网诊断技术。

6.3.1 垄断市场下的能力规划与服务供给决策

本小节考虑垄断市场环境下服务商已装备工业物联网诊断技术，因此其可以向产品用户提供监控服务 A 或者同时提供监控服务与一般性服务 A+B。本章分别对两种服务供给模式下（A 或者 A+B）的服务商最优决策做出分析，然后比较两种服务模式收益的大小，从而得出服务商的最优服务供给策略。

垄断市场下的服务商与用户的决策序列为：首先，服务商确定自身的服务供给决策（A 或者 A+B）；其次，基于服务供给决策，服务商确定相应服务的定价与能力规划决策；最后，根据服务商的决策，用户权衡服务的效益、等待成本、错误成本与服务价格的相对大小，做出自身的决策。如图 6-1 所示。

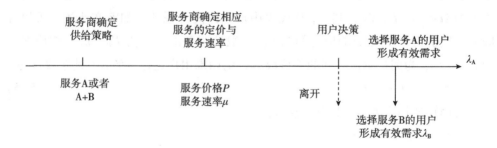

图 6-1 垄断市场环境下的服务商与用户决策

6.3.1.1 服务商只提供监控服务 A

在该情形下，用户的决策空间为 $\Omega = \{A, 0\}$。令式（6-5）中 U_A 等于 0，可以得到边际用户为 $u_1^A = c_A + P_A + c_w \tau$，即当 $u > u_1^A$ 时，用户选择购买服务；当 $u < u_1^A$ 时，用户选择不购买。因为 $u \sim U[0, v]$，可得均衡状态下的用户到达率为 $\lambda_A = 1 - \dfrac{c_A + P_A + c_w \tau}{v}$。因此，服务商的效益最大化模型可以表示为：

$$\max_{(P_A, \mu_A)} R_A = (P_A - C_A) \lambda_A - e_A \mu_A$$
$$\text{s. t. } e^{-(\mu_A - \lambda_A)\tau} \leq 1 - \sigma \tag{6-7}$$

其中，μ_A 代表服务 A 的平均服务速率，即服务商的能力，e_A 为单位服务能力成本。本节使用 M/M/1 队列对服务系统进行建模。在 6.1.2 小节中，我们假定服务商向用户保证响应时间的可靠性为 σ，因此，目标函数（6-7）中的约束条件为：Prob {实际响应时间>允诺响应时间} $= e^{-(\mu_A - \lambda_A)\tau} \leq 1 - \sigma$。由观察可以发现，服务商收益 R_A 随着服务能力 μ_A 的增大而减小，因此，响应时间的信度约束在最优情形下应当满足 $\mu_A = \lambda_A - \dfrac{\ln(1 - \sigma)}{\tau}$。根据 Zhao 等（2012），当响应时间可靠度 σ 较高时，在 G/G/s 排队系统中的实际响应时间分布可用 M/M/1 队列的响应时间分布较好地近似，即在更为一般性的服务系统中，如 G/G/s 队列，模型（6-7）中的可靠性约束仍然近似成立，因为在售后服务系统中，服务商通常会设置较高的服务响应时间可靠度。

求解模型（6-7），可得服务商的最优解为：

引理 6.2 若垄断服务商只向市场提供监控服务 A，则：

（1）最优的服务定价为 $P_A^A = \dfrac{v - (c_A - C_A) - c_w \tau + e_A}{2}$；

（2）最优的服务速率为 $\mu_A^A = \dfrac{v - (c_A + C_A) - c_w \tau - e_A}{2v} - \dfrac{\ln(1 - \sigma)}{\tau}$。

证明：最优状态下满足 $e^{-(\mu_A - \lambda_A)\tau} = 1 - \sigma$，即 $\mu_A = \lambda_A - \dfrac{\ln(1 - \sigma)}{\tau}$。因此，服务商的效益函数转变为 $R_A = (P_A - C_A)\left(1 - \dfrac{c_A + P_A + c_w \tau}{v}\right) - e_A\left(1 - \dfrac{c_A + P_A + c_w \tau}{v} - \dfrac{\ln(1 - \sigma)}{\tau}\right)$。通过求解一阶条件可得最优价格 $P_A^A = \dfrac{v - (c_A - C_A) - c_w \tau + e_A}{2}$，并且满足二阶条件

$\dfrac{d^2 R_A}{d P_A{}^2} = -\dfrac{2}{v} < 0$。将最优价格代入有效需求函数 $\lambda_A = 1 - \dfrac{c_A + P_A + c_w\tau}{v}$，可得均衡状态下

有效需求为 $\lambda_A = \dfrac{v - (c_A + C_A) - c_w\tau - e_A}{2v}$，所以最优的服务速率为 $\mu_A^A =$

$\dfrac{v - (c_A + C_A) - c_w\tau - e_A}{2v} - \dfrac{\ln(1-\sigma)}{\tau}$。

注意，在本节最优解中，上角标代表服务商的服务供给策略，下角标代表相应服务类型，如 P_A^A 代表当服务商只提供监控服务 A 时，监控服务 A 的最优定价。上述引理给出了垄断服务商仅供给监控服务时，服务商的最优能力规划与服务定价决策，为后面 6.3.1.3 中分析垄断服务商的最优服务供给策略奠定了基础。

6.3.1.2 服务商同时提供监控服务与一般性服务（A+B）

在该情形下，用户的决策空间为 $\Omega = \{A, B, 0\}$，即用户可以根据自身偏好进行选择。另外，监控服务与一般性服务在独立的专用服务系统进行，即具有不同服务速率 μ_A 和 μ_B 的两个独立 M/M/1 队列。根据式（6-5）与式（6-6）中服务 A 与服务 B 的用户净效益函数，可以得到边际用户 $u_1^{A+B} = $

$\dfrac{c_A - c_B + P_A - P_B - c_w\tau(b-1)}{1-\theta}$ 与 $u_2^{A+B} = \dfrac{c_B + c_w b\tau + P_B}{\theta}$，其中 u_1^{A+B} 代表用户对服务 A 与 B

的净效益相同，u_2^{A+B} 代表用户对选择服务 B 与离开的净效益相同。若两种服务均有需求，则边际用户满足 $u_1^{A+B} > u_2^{A+B}$；否则，系统中只存在监控服务，而一般性服务的需求为 0。进一步可得两种服务的有效需求函数分别为 $\lambda_A = 1 - $

$\dfrac{c_A - c_B + P_A - P_B - c_w\tau(b-1)}{1-\theta}$ 与 $\lambda_B = \dfrac{c_A - c_B + P_A - P_B - c_w\tau(b-1)}{1-\theta} - \dfrac{c_B + c_w b\tau + P_B}{\theta}$。因此，在

该情形下，服务商的收益可以表示为：

$$\max_{(P_A, \mu_A, P_B, \mu_B)} R_{A+B} = (P_A - C_A)\lambda_A - e_A\mu_A + (P_B - C_B)\lambda_B - e_B\mu_B$$

$$\text{s. t. } e^{-(\mu_A - \lambda_A)\tau} \leqslant 1 - \sigma$$

$$e^{-(\mu_B - \lambda_B)b\tau} \leqslant 1 - \sigma \tag{6-8}$$

其中，μ_B 代表服务 B 的服务速率。与问题（6-7）一致，问题（6-8）中的两个约束条件保证服务商可以实现其对响应时间信度的许诺，即 Prob ｛实际响应时间>允诺响应时间｝$|_A = e^{-(\mu_A - \lambda_A)\tau} \leqslant 1 - \sigma$；Prob ｛实际响应时间>允诺响应时间｝$|_B = e^{-(\mu_B - \lambda_B)b\tau} \leqslant 1 - \sigma$。

通过求解问题（6-8）中的优化模型，可得引理6.3。

引理6.3 若垄断服务商同时向市场提供监控服务与一般性服务（A+B），则：

（1）监控服务 A 的最优定价为 $P_A^{A+B}=\dfrac{v-(c_A-C_A)-c_w\tau+e_A}{2}$，一般性服务 B 的最

优定价为 $P_B^{A+B}=\dfrac{\theta v-\left(\dfrac{c_e}{3}-\dfrac{C_e}{3}\right)-c_w b\tau+e_B}{2}$；

（2）最优服务速率决策为：$\mu_A^{A+B}=\dfrac{(1-\theta)v-\left(c_A-\dfrac{c_e}{3}\right)-\left(C_A-\dfrac{C_e}{3}\right)-(e_A-e_B)+c_w\tau(b-1)}{2(1-\theta)v}-$

$\dfrac{\ln(1-\sigma)}{\tau}$，$\mu_B^{A+B}=\dfrac{\left(\theta c_A-\dfrac{c_e}{3}\right)+\left(\theta C_A-\dfrac{C_e}{3}\right)+(\theta e_A-e_B)-c_w\tau(b-\theta)}{2\theta(1-\theta)v}-\dfrac{\ln(1-\sigma)}{b\tau}$。

证明： 容易得到最优情况满足 $\mu_A=\lambda_A-\dfrac{\ln(1-\sigma)}{\tau}$ 与 $\mu_B=\lambda_B-\dfrac{\ln(1-\sigma)}{b\tau}$。代入收

益函数得 $\max R_{A+B}=(P_A-C_A)\lambda_A-e_A\left(\lambda_A-\dfrac{\ln(1-\sigma)}{\tau}\right)+(P_B-C_B)\lambda_B-$

$e_B\left(\lambda_B-\dfrac{\ln(1-\sigma)}{b\tau}\right)$，其中 $\lambda_A=1-\dfrac{c_A-c_B+P_A-P_B-c_w\tau(b-1)}{1-\theta}$，$\lambda_B=$

$\dfrac{c_A-c_B+P_A-P_B-c_w\tau(b-1)}{1-\theta}-\dfrac{c_B+c_w b\tau+P_B}{\theta}$。通过求解一阶条件可得 $P_A^{A+B}=$

$\dfrac{v-(c_A-C_A)-c_w\tau+e_A}{2}$；$P_B^{A+B}=\dfrac{\theta v-\left(\dfrac{c_e}{3}-\dfrac{C_e}{3}\right)-c_w b\tau+e_B}{2}$。二阶条件海塞矩阵为 $H=$

$\begin{bmatrix}-\dfrac{2}{(1-\theta)v} & \dfrac{2}{(1-\theta)v} \\ \dfrac{2}{(1-\theta)v} & -\dfrac{2}{(1-\theta)v}-\dfrac{2}{\theta v}\end{bmatrix}=\dfrac{4}{\theta(1-\theta)v^2}>0$，因此，满足最大值条件。将最优价格

P_A^{A+B} 与 P_B^{A+B} 代入有效需求函数 λ_A 与 λ_B 中，可得：

$$\lambda_A=\dfrac{(1-\theta)v-\left(c_A-\dfrac{c_e}{3}\right)-\left(C_A-\dfrac{C_e}{3}\right)-(e_A-e_B)+c_w\tau(b-1)}{2(1-\theta)v}，\quad \lambda_B=$$

$$\frac{\left(\theta c_A-\dfrac{c_e}{3}\right)+\left(\theta C_A-\dfrac{C_e}{3}\right)+\left(\theta e_A-e_B\right)-c_w\tau(b-\theta)}{2\theta(1-\theta)v}$$。因此，两类服务的最优服务速率为

$$\mu_A=\lambda_A-\frac{\ln(1-\sigma)}{\tau}\text{ 与 }\mu_B=\lambda_B-\frac{\ln(1-\sigma)}{b\tau}\text{。}$$

最优解中的上角标 A+B 代表服务商的服务供给策略为同时提供监控服务 A 与一般性服务 B，下角标代表相应监控服务 A 与一般性服务 B，如 P_A^{A+B} 代表垄断服务商同时供给监控服务与一般性服务时，监控服务 A 的最优定价策略。引理 6.2 与引理 6.3 中的解析结果为 6.3.1.3 节分析垄断服务商的最优服务供给决策奠定了基础。

6.3.1.3 服务供给策略分析

引理 6.2 与引理 6.3 给出了服务商在两种模式下的最优能力规划及定价决策。该部分将基于上述结果分析外生监控质量 q，反映物联网可追溯性的折扣参数 θ 与反映物联网及时响应性的参数 b 对服务商决策的影响。首先，分析在服务商策略为 A 的情境下，监控质量对服务商决策及效益的影响，结果如定理 6.1 所示。注意定理 6.1 中的结果同样适用于服务商策略为 A+B 的情境，本节不再单独叙述。

定理 6.1 若垄断服务商只向市场提供监控服务 A，当监控质量 q 提升时：

（1）最优服务速率 μ_A^A 提高。

（2）当 $c_e>C_e$ 时，最优价格 P_A^A 提高；当 $c_e<C_e$ 时，最优价格 P_A^A 降低。

（3）当 $v<\dfrac{c_e}{3}+\dfrac{C_e}{3}+c_w\tau+e_A$ 时，存在一个阈值 $\hat{q}=c_A^{-1}+C_A^{-1}(v-c_w\tau-e_A)$，当 $q>\hat{q}$ 时，服务商收益随 q 的增大而增大，当 $q<\hat{q}$ 时，服务商收益随 q 的增大而减小；当 $v>\dfrac{c_e}{3}+\dfrac{C_e}{3}+c_w\tau+e_A$ 时，服务商收益随着 q 的增大而增大。

证明：以引理 6.2 为基础，对 P_A^A 与 μ_A^A 分别关于 q 求导，可得 $\dfrac{dP_A^A}{dq}=\dfrac{C_A'(q)-c_A'(q)}{2}$；$\dfrac{d\mu_A^A}{dq}=\dfrac{-C_A'(q)-c_A'(q)}{2}$。根据引理 6.1 中的结果，可得 $\dfrac{d\mu_A^A}{dq}<0$，即服务速率随着监控质量的提高而降低。另外，当 $C_e>c_e$，$\dfrac{dP_A^A}{dq}<0$，此时最优价格随

着监控质量的提高而降低；当 $C_e < c_e$，$\dfrac{dP_A^A}{dq} > 0$，此时最优价格随着监控质量的提

高而提高。将 P_A^A 与 μ_A^A 代入服务商收益函数，可得 $R_A = \dfrac{(v - (c_A + C_A) - c_w\tau)^2 - e_A^2}{4v} -$

$e_A\left(\dfrac{v - (c_A + C_A) - c_w\tau - e_A}{2v} - \dfrac{\ln(1-\sigma)}{\tau}\right)$，对 R_A 关于 q 求导可得 $\dfrac{dR_A}{dq} = \dfrac{v - (c_A + C_A) - c_w\tau - e_A}{2v}$

$(-(c_A'(q) + C_A'(q)))$。引理 6.1 已知 $-(c_A'(q) + C_A'(q)) > 0$，因此，$\dfrac{dR_A}{dq}$ 的符号与 $v -$

$(c_A + C_A) - c_w\tau - e_A$ 一致。因此，当 $v > \dfrac{c_e}{3} + \dfrac{C_e}{3} + c_w\tau + e_A$，$\dfrac{dR_A}{dq} > 0$ 恒成立，即随着监控

质量的提高，服务商的收益提高；否则，存在一个阈值 $\hat{q} = c_A^{-1}(v - c_w\tau - e_A) + C_A^{-1}(v -$

$c_w\tau - e_A)$，当 $q > \hat{q}$ 时，$\dfrac{dR_A}{dq} > 0$，此时服务商收益随着监控质量的提升而提升。当

$q < \hat{q}$ 时，$\dfrac{dR_A}{dq} < 0$，此时服务商收益随监控质量的提升而降低。

定理 6.1 中的结果可以直观地表示为图 6-2。令 $c_w = 1$；$\tau = 2$；$e_A = 1$；$\sigma = 0.9$。另外，在图 6-2（a）与（b）中，$v = 6$，在图 6-2（c）中，$c_e = 2$，$C_e = 1$。定理6.1 显示，服务商最优服务速率随着监控质量的升高而升高，原因是当监控质量提高时，更多的用户愿意加入队列系统中，因此，服务商必须提高自身的服务能力从而确保其许诺的最长响应时间信度可以实现，如图 6-2（a）所示。定理 6.1（2）说明服务价格未必随着监控质量的提高而提高，特别地，当用户更在意错误成本时（$c_e > C_e$），当监控质量提升时，服务商可以通过提高价格来获取更多的消费者剩余；但是，当服务商错误成本较高时（$c_e < C_e$），随着监控质量的提高，服务商应当降低价格来吸引更多的用户以保障自身收益，如图 6-2（b）所示。定理 6.1（3）显示，高监控质量（意味着高诊断精度）未必会提升服务商的效益。原因是收入与能力投资成本之间的均衡：一方面，监控质量的提升使得服务商可以提高服务价格（当 $c_e > C_e$）或者提升用户需求率（当 $c_e < C_e$），从而提升服务商的收入；另一方面，根据定理 6.1（1），监控质量提升的同时提高了能力投资成本。当用户对服务的感知效益足够大，即 $v > \dfrac{c_e}{3} + \dfrac{C_e}{3} + c_w\tau + e_A$ 时，用户的购买意愿较为强烈，因此，提升监控质量带来的收入可以完全弥补能力投资成本并提高净收益。但是当用户对服务感

知效益不足，即 $v<\dfrac{c_e}{3}+\dfrac{C_e}{3}+c_w\tau+e_A$ 时，结果变得不同。具体说，当监控质量水平较高时，即 $q>\hat{q}$，随着监控质量提高，收入的增加超出了能力投资成本的增加，因此净收益增大；但是，当监控质量处于较低水平，即 $q<\hat{q}$ 时，收入的增加无法弥补能力投资成本的增加，因此净收益降低，如图 6-2（c）所示。

上述结论表明，管理者在加大工业物联网监控质量投资时，比如，更换可靠的传感器等，应同时提升用户关于服务的感知效益，比如，以工业物联网为基础，增加其他附加服务类别，只有这样才能充分发挥监控质量的提升对服务商效益的积极作用。例如，西门子的 MindSphere 平台除产品故障预警外，用户还可通过访问 MindSphere 开放式 API，与西门子或者阿里云等合作开发高价值的应用程序，并提供数字服务。此外，管理者应意识到服务定价未必随着监控质量的提升而提升，它取决于用户与服务商错误成本的相对大小。

然后，本节探讨监控质量 q、折扣系数 θ 以及响应性系数 b 对服务供给决策的影响。通过比较两种服务供给模式 A 与 A+B 下净利润的大小，确定服务商的最优服务供给决策。结果如定理 6.2 至定理 6.4。

定理 6.2 存在监控质量阈值 $\tilde{q}$，当 $q>\tilde{q}$ 时，服务商只提供监控服务（模式 A）可获取最大净收益；当 $q\leqslant\tilde{q}$ 时，同时引入一般性服务（模式 A+B）将提高服务商的净收益。其中，

$$\tilde{q}=c_A^{-1}+C_A^{-1}\left(\dfrac{\sqrt{\ln\dfrac{1}{(1-\sigma)}\dfrac{4\theta(1-\theta)ve_B}{b\tau}+\left(\dfrac{c_e}{3}+\dfrac{C_e}{3}\right)}-(\theta e_A-e_B)+c_w\tau(b-\theta)}{\theta}\right)\text{。}$$

证明： 在模式 A 下，监控服务的需求为 $\lambda_A^A=\dfrac{v-(c_A+C_A)-c_w\tau_A-e_A}{2v}$；模式 A+B 下，监控服务与一般服务的需求分别为 $\lambda_A^{A+B}=\dfrac{(1-\theta)v-\left(c_A\dfrac{c_e}{3}\right)-\left(C_A\dfrac{C_e}{3}\right)-(e_A-e_B)+c_w\tau(b-1)}{2(1-\theta)v}$，

$\lambda_B^{A+B}=\dfrac{\left(\theta c_A\dfrac{c_e}{3}\right)+\left(\theta C_A\dfrac{C_e}{3}\right)+(\theta e_A-e_B)-c_w\tau(b-\theta)}{2\theta(1-\theta)v}$，通过计算可得 $\lambda_A^A=\lambda_A^{A+B}+\theta\lambda_B^{A+B}$。因此，可得两种服务模式下的净效益之差为：

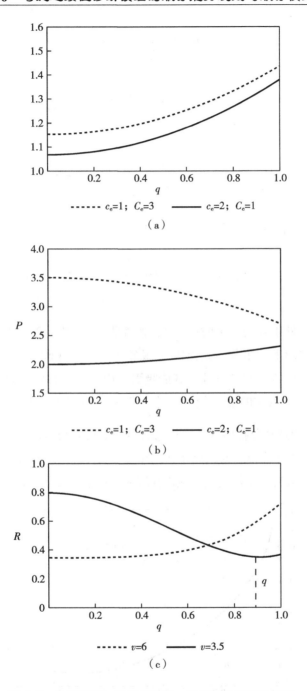

图6-2 监控质量 q 对服务速率、价格以及利润的影响

$$\Delta R = R_{A+B} - R_A = \frac{\left[\left(\theta c_A - \dfrac{c_e}{3}\right) + \left(\theta C_A - \dfrac{C_e}{3}\right) + (\theta e_A - e_B) - c_w \tau(b-\theta)\right]^2}{4\theta(1-\theta)v} + \frac{e_B \ln(1-\sigma)}{b\tau}$$

令 $\Delta R = 0$，可得 $(c_A + C_A) = \dfrac{\sqrt{\ln \dfrac{1}{(1-\sigma)}\dfrac{4\theta(1-\theta)v e_B}{b\tau}} + \left(\dfrac{c_e}{3} + \dfrac{C_e}{3}\right) - (\theta e_A - e_B) + c_w\tau(b-\theta)}{\theta}$,

进而可得当 $q < c_A^{-1} + C_A^{-1} \left(\dfrac{\sqrt{\ln\dfrac{1}{(1-\sigma)}\dfrac{4\theta(1-\theta)v e_B}{b\tau}} + \left(\dfrac{c_e}{3} + \dfrac{C_e}{3}\right) - (\theta e_A - e_B) + c_w\tau(b-\theta)}{\theta}\right)$ 时，$\Delta R >$

0，即提供两类服务的效益高于只提供监控服务；否则，$\Delta R < 0$，只提供监控服务可以获取最高的收益。

定理 6.2 的结果可以直观地表示为图 6-3，相关参数为 $c_w = 1$；$\tau = 2$；$e_A = 5$；$\sigma = 0.9$；$v = 6$；$c_e = 2$，$C_e = 1$，$e_B = 1$，$b = 1.5$。市场划分导致了定理 6.2 中的结果。当监控质量处于较高水平时（$q > \tilde{q}$），监控服务 A 因为高诊断精度而更加吸引用户，在这种情形下，服务商只提供 A 服务便可以获取较大的市场规模，因此，即使再投资一个一般性服务系统，其能吸引的用户数量有限，导致取得的效益也很小并且难以弥补相应的能力投资成本。但是，当服务商监控质量水平较低时（$q < \tilde{q}$），即使用户选择监控服务 A，其仍旧会遭受较大的错误成本，因此，该情形下只有对监控服务评价很高的用户才会选择服务 A。进而，服务商可以通过引入一般性服务 B 来扩大有效市场规模，从而获取更多的消费者剩余，提高自身利润。

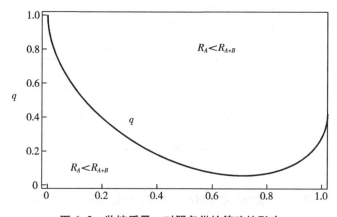

图 6-3　监控质量 q 对服务供给策略的影响

上述定理说明当考虑工业物联网不精确诊断因素时，垄断型服务商只提供监控服务未必可以获取最大收益。管理者应当充分评估监控服务的监控质量是否可以明显地区分两种服务模式，若监控服务的监控质量较高，用户与服务商的错误成本与一般性服务相比有着较大的优势，那么只提供监控服务对服务商是有利的；否则，同时提供两种服务模式可以最大化服务商利润。

定理 6.3 存在响应性系数阈值 $\tilde{b}$，当 $b>\tilde{b}$ 时，服务商只提供监控服务 A 可以获取最大收益；当 $b<\tilde{b}$ 时，引入一般性服务（A+B）将最大化服务商收益。其中，$\tilde{b}$ 可以由 $c_w\tau(b-\theta)-\left[\left(\theta c_A-\dfrac{c_e}{3}\right)+\left(\theta C_A-\dfrac{C_e}{3}\right)+(\theta e_A-e_B)\right]=\sqrt{\ln\dfrac{1}{(1-\sigma)}\dfrac{4\theta(1-\theta)ve_B}{b\tau}}$ 唯一确定。

证明：证明方法同定理 6.2。

定理 6.3 中的结论可用图 6-4 直观表示，其中，令 $\theta=0.6$。同定理 6.2 类似，用户关于服务 A 与 B 的净效用决定了定理 6.3 中的结果。响应性系数 b 越大，表示服务 A 相较于 B 具有更短的响应时间。因此，当 b 处于较高水平时（$b>\tilde{b}$），用户对于监控服务 A 的净效益较高，服务商只提供服务 A 便可占据足够的市场规模，当另外提供服务 B 时，因为市场增加有限导致服务 B 的收益有限，而无法弥补额外的投资成本，进而导致服务商净收益下降。但是，当 b 处于较低水平时（$b<\tilde{b}$），服务 A 与服务 B 的响应性差别较小，通过引入一般性服务 B，服务商可以很大程度上提高市场需求规模，从而提高自身的净收益。

定理 6.3 中结果的管理启示与定理 6.2 类似，即当工业物联网的及时响应性水平明显高于一般性服务时，用户关于监控服务的净效益明显高于一般性服务，所以，服务商仅提供监控服务便可吸引大比例的市场潜在用户需求，进而最大化其收益；但是，当监控服务与一般性服务的响应时间差别不大时，两种服务模式对于用户的吸引力差别不大，那么服务商通过引入一般性服务，可以扩大有效需求，从而提升自身利润。

定理 6.4 存在折扣系数 θ 的阈值 $\tilde{\theta}$，当 $\theta<\tilde{\theta}$ 时，服务商只提供监控服务 A 可以获取最大收益；否则，引入一般性服务（A+B）将最大化服务商收益。

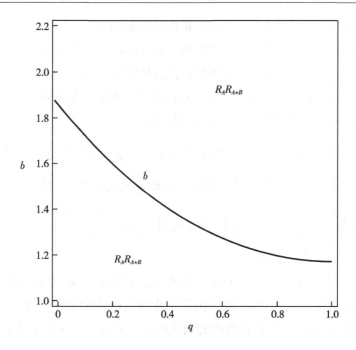

图6-4 及时响应性系数 b 对服务供给策略的影响

证明：令 $c_A+C_A+e_A+c_w\tau=F_1$，$\dfrac{c_e}{3}+\dfrac{C_e}{3}+c_wb\tau+e_B=F_2$，$\ln\dfrac{1}{1-\sigma b\tau}\dfrac{e_B}{}=z$。同定理 6.2

的证明类似，当 $\Delta R=0$ 时，$\theta=\dfrac{F_1F_2+2z\pm\sqrt{4(F_1F_2z+z^2-F_2{}^2z)}}{F_1{}^2+4z}$。前文已经说明

$u_1^{A+B}>u_2^{A+B}$，可得 $F_1>F_2$，进而 $F_1>F_2\equiv F_1F_2z>F_2{}^2z$。因此，可以证明得到 $\theta=$

$\dfrac{F_1F_2+2z-\sqrt{4(F_1F_2z+z^2-F_2{}^2z)}}{F_1{}^2+4z}<\dfrac{F_1F_2+2z-2z}{F_1{}^2+4z}<\dfrac{F_2}{F_1}$，但是，当两种服务都存在时，即

λ_A^{A+B} 与 λ_B^{A+B} 都大于 0，由引理 6.3 可得 $\theta>\dfrac{\dfrac{c_e}{3}+\dfrac{C_e}{3}+c_wb\tau+e_B}{c_A+C_A+e_A+c_w\tau}=\dfrac{F_2}{F_1}$，所以，存在唯一

解 $\hat\theta=\dfrac{F_1F_2+2z+\sqrt{4(F_1F_2z+z^2-F_2{}^2z)}}{F_1{}^2+4z}$，当满足 $\theta\in\left(\dfrac{F_2}{F_1},\ \hat\theta\right)$ 时，$\Delta R<0$；否则，

$\Delta R>0$。

定理 6.3 中的结论可用图 6-5 直观表示，其中，令 $b=1.5$。折扣系数 θ 代表

监控服务的可追溯性对用户感知效益的影响，θ 越小，表示用户对于物联网可追溯性的要求越高，即用户对于一般性服务的感知效益越小。同定理 6.2 与定理 6.3 类似，当 θ 处于较低水平时（$\theta < \tilde{\theta}$），用户提供服务 A 可占据足够大的市场，因而提供一般性服务 B 的效益无法弥补其成本，造成服务商净收益的降低；当 θ 处于较高水平时（$\theta > \tilde{\theta}$），用户对物联网可追溯性的要求很低，服务商可以通过引入一般性服务提高市场的整体需求，从而提升其净收益。

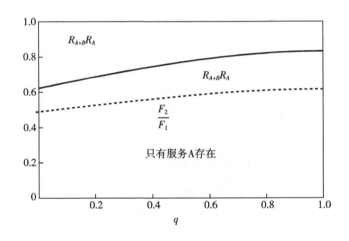

图 6-5　折扣系数 θ 对服务供给策略的影响

6.3.2　双寡头市场下的能力规划与服务供给决策

在双寡头市场环境下，本小节考虑两个非合作竞争服务商：初始服务商 M 与准入服务商 N。本小节考虑初始服务商 M 为市场的领导者，且已经装备工业物联网诊断技术，其需要决定是向用户提供监控服务 A 还是同时提供两种服务 A+B；准入型服务商 N 为跟随者，其需要决定进入市场时是否装备物联网诊断技术。服务商以及用户的决策顺序为 Stackelberg 博弈，决策序列为：在阶段 1，服务商 M 与 N 分别确定各自的服务供给策略；在阶段 2 与阶段 3，两服务商确定各自的定价与服务速率；在阶段 4，用户做出购买决策。上述博弈序列如图 6-6 所示。

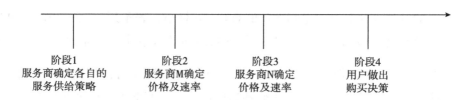

图 6-6　服务商及用户决策序列

本小节使用逆向归纳法求解服务商的竞争均衡。首先，对于给定的服务商 M 与 N 的服务供给策略（A、B 或者 A+B），以及相应供给策略下的服务速率与服务定价决策，用户做出服务选择（A、B 或者离开）；其次，基于用户决策，服务商 N 作为跟随者先确定其最优的定价与服务速率决策，基于服务商 N 的决策，领导者服务商 M 确定其相应供给策略下的最优服务定价与速率决策；最后，通过比较服务商 M 与 N 在不同供给策略方案下的净收益水平，确定服务商 M 与 N 服务供给策略的唯一纳什均衡。

具体地，本小节考虑服务商 M 与 N 以下的服务供给竞争方案：

（1）服务商 M 与 N 提供同质化服务，即 Bvs. B，A+Bvs. A+B 或者 Avs. A。注意尽管上文提到服务商 M 的决策空间不包括一般性服务 B，但是本小节仍考虑 Bvs. B 的竞争方式，因为这对后文的分析具有重要的参考意义。

（2）服务商 M 提供监控服务，服务商 N 提供一般性服务，即 Avs. B。

（3）服务商 M 同时提供两类服务，服务商 N 提供一般性服务，即 A+Bvs. B。

本节未分析 A+Bvs. A 的情形，因为在确定服务商竞争纳什均衡的过程中，A+Bvs. B 情形及其相应的分析结果对 A+Bvs. A 的情形具有足够的启示意义，本节将在后续分析中具体说明。另外，本小节考虑服务商 M 在市场中居于领导地位，因此不考虑 Avs. A+B 的情形，即服务商 M 不会允许自身收益为 0 而潜入服务商 N 收益为正。

6.3.2.1　Bvs. B，A+Bvs. A+B 或者 Avs. A

本部分以 Bvs. B 的情形为例分析同质化服务竞争情形。两服务商对于一般性服务 B 的定价分别为 P_M^B 与 P_N^B。在双寡头市场中，假设同类型服务的响应时间、能力成本等相同，与服务商无关。因此，两服务商的一般性服务 B 除价格外都是同质的，而用户会选择价格较低的服务商。结果导致服务商 M 与 N 关于服务价格的竞争为伯特兰德竞争博弈。另外，当服务竞争结构为 Avs. A 时，上述论述依然成立。博弈结果如定理6.5。

定理6.5 在双寡头市场中，当两服务商的服务供给策略同质时（A vs. A，B vs. B，A+B vs. A+B），均衡状态下两服务商的收益均为0，并且购买服务的用户会获取正消费者剩余。

证明： 以B vs. B竞争模式为例分析，令P_M^B与P_N^B为服务商M与N关于服务B的定价。首先证明$P_M^B \neq P_N^B$的情况，不失一般性，假设$P_M^B < P_N^B$，所有的用户均会购买服务商M的服务，导致服务商M获取正收益而服务商N获取0收益。但这并不是均衡状态，服务商N会降低价格为$P_N^B = P_M^B - \varepsilon$从而获取所有消费需求，因此，在$P_M^B \neq P_N^B$的情形下，两服务商的均衡收益为0。当$P_M^B = P_N^B$时，两服务商各获取总需求的一半，但是每个服务商都有降低一点价格以获取所有用户的动机，因此，在$P_M^B = P_N^B$的情形下，均衡收益仍为0。当两服务商的竞争模式为A vs. A或者A+B vs. A+B时，证明方法相同。

在竞争策略A vs. A或A+B vs. A+B或者B vs. B下，除价格外，服务商M与N的服务是同质的，因此，用户会选择价格较低的服务商。服务商M与N均希望比对方价格低一点从而获取全部需求，受因于这种激烈的价格竞争，服务商M与N最终会将价格降低至边际价格，并且均衡收益为0。也就是说，当两服务商的服务策略除价格外是同质的时，不会存在价格高于边际成本的均衡决策。在这种恶性竞争模式下，从任一服务商处购买该服务的用户将会获取非负消费者剩余，原因是服务商的期望收益由于恶性价格竞争而转移到了用户身上。

6.3.2.2　A vs. B

本小节分析初始服务商M已采用物联网诊断技术，但是只向用户提供监控服务A；而服务商N决定不采用该技术，并且向用户提供一般性服务B。根据图6-6中的决策顺序，使用逆向归纳法，用户首先做出购买决策。由用户关于服务A与服务B的效益函数式（6-5）与式（6-6），可以得到用户无差别点为$u_1 = \dfrac{c_A - \dfrac{c_e}{3} + P_M^A - P_N^B + c_w(\tau_A - \tau_B)}{(1-\theta)v}$，$u_2 = \dfrac{\dfrac{c_e}{3} + c_w \tau_B + P_N^B}{\theta v}$，从而服务商M的有效需求为$\lambda_M = 1 - u_1$，服务商N的有效需求为$\lambda_N = u_1 - u_2$。使用逆向归纳法分析服务商N，其目标函数为：

$$\max_{(P_N^B, \mu_N^B)} R_N = (P_N^B - C_B)\lambda_N - e_B \mu_N^B$$

$$\text{s. t. } e^{-(\mu_N^B - \lambda_N)b\tau} \leq 1 - \sigma \tag{6-9}$$

其中，服务商 N 决策 P_N^B，μ_N^B 是服务商 M 决策 P_M^A，μ_M^A 的函数。以此为基础，服务商 M 的目标函数为：

$$\max_{(P_M^A,\mu_M^A)} R_M = (P_M^A - C_A)\lambda_M - e_A\mu_M^A$$

$$\text{s. t. } e^{-(\mu_M^A - \lambda_M)\tau_A} \leqslant 1 - \sigma \tag{6-10}$$

求解优化问题（6-10），可以得到服务商 M 的最优决策 P_M^A、μ_M^A，将 P_M^A、μ_M^A 反代入 P_N^B、μ_N^B，可以得到服务商 N 的最优决策。

引理 6.4 在双寡头市场环境中，当初始服务商只提供监控服务 A 而准入服务商只提供一般性服务 B 时，两服务商的均衡决策为：

（1）初始服务商的服务价格与服务速率决策分别为：

$$P_M^A = \frac{2(1-\theta)v - (2-\theta)(c_A + c_w\tau) + (2-\theta)(C_A + e_A) + \left(\dfrac{c_e}{3} + \dfrac{C_e}{3} + c_w b\tau + e_B\right)}{2(2-\theta)}$$

$$\mu_M^A = \frac{2(1-\theta)v - (2-\theta)(c_A + c_w\tau + C_A + e_A) + \left(\dfrac{c_e}{3} + c_w b\tau + \dfrac{C_e}{3} + e_B\right)}{4(1-\theta)v} - \frac{\ln(1-\sigma)}{\tau}$$

（2）准入服务商的服务价格与服务速率决策分别为：

$$P_N^B = \frac{2\theta(1-\theta)v + (2\theta - \theta^2)(c_A + c_w\tau + C_A + e_A) + (3\theta - 4)\left(\dfrac{c_e}{3} + c_w b\tau\right) + (4-\theta)\left(\dfrac{C_e}{3} + e_B\right)}{4(2-\theta)}$$

$$\mu_N^B = \frac{(2\theta - 2\theta^2)v + (2\theta - \theta^2)(c_A + c_w\tau + C_A + e_A) + (3\theta - 4)\left(\dfrac{c_e}{3} + c_w b\tau + \dfrac{C_e}{3} + e_B\right)}{4\theta(1-\theta)(2-\theta)v} - \frac{\ln(1-\sigma)}{b\tau}$$

证明： 首先分析服务商 N 的决策。易知在最优条件下满足 $\mu_N^B = \lambda_N - \dfrac{\ln(1-\sigma)}{b\tau}$，服务

商 N 的最优定价决策可以通过 $\dfrac{\partial R_N}{\partial P_N^B} = 0$ 得到，即 $P_N^B = \dfrac{\theta P_M^A + \left(\theta c_A - \dfrac{c_e}{3}\right) + c_w\tau(\theta - b) + \dfrac{C_e}{3} + e_B}{2}$，

并且满足二阶条件 $\dfrac{\partial^2 R_N}{\partial P_N^{B2}} = -2\left(\dfrac{1}{(1-\theta)v} + \dfrac{1}{\theta v}\right) < 0$。然后，分析服务商 M 的最优决策，

同样满足 $\mu_M^A = \lambda_M - \dfrac{\ln(1-\sigma)}{\tau}$。将 P_N^B 代入服务商 M 的决策函数，通过求解 $\dfrac{\partial R_M}{\partial P_M^A} = 0$，

可得 $P_M^A = \dfrac{2(1-\theta)v-(2-\theta)(c_A+c_w\tau)+(2-\theta)(C_A+e_A)+\left(\dfrac{c_e}{3}+\dfrac{C_e}{3}+c_wb\tau+e_B\right)}{2(2-\theta)}$，并且满

足二阶条件 $\dfrac{d^2R_M\,\big|_{P_N^B=\frac{\theta P_M^A+\left(\theta c_A-\frac{c_e}{3}\right)+c_w\tau(\theta-b)+\frac{C_e}{3}+e_B}{2}}}{d\,P_M^{A\,2}}=-\dfrac{2-\theta}{(1-\theta)v}<0$。将 P_M^A 代入最优状态下的

P_N^B，可以得到 P_N^B，进而可以求得 λ_N 与 λ_M，以及 μ_M^A 与 μ_N^B。

引理 6.4 中下角标代表服务商，上角标代表服务商的服务供给策略，如 P_M^A 代表初始服务商 M 仅供给监控服务 A 时，其最优的服务定价决策。引理 6.4 说明当服务商之间的竞争决策为 Avs. B 时，初始服务商 M 与潜入服务商 N 分别关于监控服务 A 与一般性服务 B 具有唯一的最优能力规划与定价策略。引理 6.4 为本节分析竞争市场环境下服务商之间的服务竞争均衡奠定了基础。

6.3.2.3 A+Bvs. B

本部分考虑 A+Bvs. B 的竞争模式，即服务商 M 已采用物联网监控服务并且向用户同时提供监控服务与一般性服务（A+B），而准入服务商 N 不采用该技术且向用户提供一般性服务 B。在该竞争策略下，初始服务商 M 需要投入一般性服务 B，并且根据定理 6.5，服务商 M 可以通过服务 B 的价格竞争策略来控制服务商 N 的定价策略。由于本节考虑非合作博弈，则在均衡状态下，服务商 N 与服务商 M 关于服务 B 的竞争为伯特兰德博弈，即服务商 M 会将服务商 N 的效益限制为 0。

根据逆向归纳法，本小节首先分析服务商 N 的决策，其目标函数为：

$$\max R_N(P_N^B,\ \mu_N^B)=(P_N^B-c_B)\lambda_N-e_B\mu_N^B$$

$$\text{s. t. } e^{-(\mu_N^B-\lambda_N)\tau}\leqslant1-\sigma \tag{6-11}$$

其中，$\lambda_N=u_1-u_2$。

当服务商 M 的服务供给策略为 A+B 时，根据定理 6.5，其会使用服务 B 与服务商 N 进行价格竞争，从而迫使服务商 N 的总收益为 0。因此，服务商 M 的目标函数可以表示为：

$$\max_{(P_M^A,\mu_M^A,P_M^B,\mu_M^B)} R_M=(P_M^A-C_A)\lambda_M^A-e_A\mu_M^A+(P_M^B-C_B)\lambda_M^B-e_B\mu_M^B$$

$$\text{s. t. } e^{-(\mu_M^A-\lambda_M^A)\tau}\leqslant1-\sigma$$

$$e^{-(\mu_M^B-\lambda_M^B)b\tau}\leqslant1-\sigma$$

$$\max_{(P_N^B, \mu_N^B)} R_N = 0 \tag{6-12}$$

其中，$\lambda_M^A = 1 - u_1$，$\lambda_M^B = u_1 - u_2$。

引理 6.5 给出了该竞争模式下，服务商 M 与服务商 N 的最优决策。

引理 6.5 在双寡头市场环境中，当初始服务商同时提供监控服务与一般性服务（A+B），而准入服务商只提供一般性服务 B 时，两服务商的均衡决策为：

（1）服务商 N 的最优决策为：

$$P_N^B = \frac{2\theta(1-\theta)v - (2-2\theta)\left(\frac{c_e}{3} + c_w b\tau\right) + (1-\theta)(2-\theta)v}{\left[\left(\theta c_A - \frac{c_e}{3}\right) + c_w \tau(\theta - b) + \theta(C_A + e_A)\right] + (2 + (1-\theta)(2-\theta)v)\left(\frac{C_e}{3} + e_B\right)}{2\left[(2-\theta) + (1-\theta)(2-\theta)v\right]}$$

$$\mu_N^B = \frac{-2\theta v - (2-\theta)v\left[\left(\theta c_A - \frac{c_e}{3}\right) + c_w \tau(\theta - b) + \theta(C_A + e_A) - \left(\frac{C_e}{3} + e_B\right)\right] +}{2(1-\theta)\left(\frac{c_e}{3} + c_w b\tau\right) + (2 - (1-\theta)(2-\theta)v)\left(\frac{C_e}{3} + e_B\right)}{2\theta(2-\theta)(1 + (1-\theta)v)v} - \frac{\ln(1-\sigma)}{\tau_B}$$

（2）服务商 M 的最优决策为：

监控服务 A 的定价为 $P_M^A = \dfrac{2(1-\theta)v + \left(\dfrac{C_e}{3} + e_B + c_w b\tau + \dfrac{c_e}{3}\right) - \dfrac{(2-\theta)(c_w \tau + c_A) + (1-\theta)(2-\theta)v(C_A + e_A)}{(2-\theta) + (1-\theta)(2-\theta)v}}{}$

监控服务 A 的服务速率为 $\mu_M^A = \dfrac{2(1-\theta)v - (2-\theta)(c_A + c_w \tau + C_A + e_A) + \left(\dfrac{C_e}{3} + e_B + c_w b\tau + \dfrac{c_e}{3}\right)}{2v[1 + (1-\theta)v]} - \dfrac{\ln(1-\sigma)}{\tau_A}$

一般性服务 B 的定价及服务速率为 $P_M^B = P_N^B$，$\mu_M^B = \mu_N^B$。

由于证明篇幅较长，引理 6.5 中结果的证明见附录 C。引理 6.5 说明了当初始服务商同时供给监控服务与一般性服务（A+B）时，初始服务商 M 与潜在服务商 N 的最优决策。由于两服务商之间是非合作竞争关系，服务商 M 所供给的一般性服务与服务商 N 提供的一般性服务将会陷入伯特兰竞争博弈，即均衡状态下服务商 M 与服务商 N 关于一般性服务 B 的效益为 0，并且由于存在激烈的价格竞争，两服务商都会将一般性服务 B 的价格降至边际成本，导致最终 $P_M^B = P_N^B$，

$\mu_M^B = \mu_N^B$。接下来，本节以引理 6.4 与引理 6.5 中的结果为基础分析服务商的竞争均衡。

6.3.2.4　服务供给竞争策略分析

至此，本节已经得到了不同竞争策略下（Avs. A；Bvs. B；Avs. B；A+Bvs. B；A+Bvs. A+B）初始服务商 M 与准入服务商 N 的服务定价以及服务能力规划决策。以此为基础，本小节关注服务商的最优服务供给与竞争策略，并探讨相应的管理启示。

首先可知在 Avs. A、A+Bvs. A+B 与 Bvs. B 三种模式下，服务商的均衡收益均为 0。同时，对于准入服务商 N 而言，当竞争模式为 A+Bvs. B 时，其均衡状态收益仍为 0，因为服务商 M 会使用其一般性服务 B 与服务商 N 展开激烈的价格竞争；同理，当竞争模式为 A+Bvs. A 时，服务商 N 的均衡收益仍为 0，因为服务商 M 会使用其监控服务 A 与服务商 N 展开激烈的价格竞争。所以，对于服务商 N 而言，当服务商之间的竞争模式为 Avs. A、A+Bvs. A+B 或者 A+Bvs. A 时，其均衡状态下收益均为 0，所以放弃物联网诊断技术而仅提供一般性服务 B 是其唯一均衡。

而对于已经采用物联网监控技术的服务商 M，它需要决定是同时向用户提供两种服务（A+B）或者只提供监控服务（A），考虑服务商 N 的均衡决策，本小节研究两种竞争模式（Avs. B 与 A+Bvs. B）下服务商 M 的收益比较，令 $\Delta R_M = R_M^A - R_M^{A+B}$，分析 ΔR_M 的正负，可以得到服务商的服务供给决策。将服务商 M 与服务商 N 竞争的唯一纳什均衡总结为定理 6.6。

定理 6.6　在双寡头市场环境中，当服务商可以获取非负收益时，初始服务商与准入服务商的最优服务供给策略为：

（1）对于已经采用物联网诊断技术的初始服务商 M，只提供监控服务 A 所得到的效益大于提供两种服务（A+B）所得到的效益；

（2）对于准入服务商 N，当物联网诊断技术的投资成本为 0 时，放弃物联网诊断技术而只提供一般性服务 B 可以获取最大收益。

证明： 令 $(c_A + c_w\tau + C_A + e_A) = F_1$，$\left(\dfrac{C_e}{3} e_B + c_w b\tau + \dfrac{c_e}{3}\right) = F_2$。当服务商 M 仅提供监控服务 A 时，根据引理 6.4 中的结果，可得其最大收益为 $R_M^A = \dfrac{[2(1-\theta)v - (2-\theta)F_1 + F_2]^2}{8(1-\theta)(2-\theta)v} + \dfrac{\ln(1-\sigma)e_A}{\tau}$；而当服务商提供两类服务时，根据引理 6.5 中的结果，可得其最大收益为

$$R_M^{A+B} = \frac{\left[2(1-\theta)v-(2-\theta)F_1+F_2\right]\left[2\theta(1-\theta)v-(2-2\theta)F_2-(2-2\theta)(\theta F_1-F_2)\right]}{2v(2-\theta)(1+(1-\theta)v)^2} + \frac{\ln(1-\sigma)e_A}{\tau}。$$ 两种

模式下的收益差为 $\Delta R_M = R_M^A - R_M^{A+B} = \dfrac{\left[2(1-\theta)v-(2-\theta)F_1+F_2\right]^2}{2(2-\theta)v}\left[\dfrac{1}{4(1-\theta)}-\dfrac{\theta}{(1+(1-\theta)v)^2}\right]$。

因此，ΔR_M 的正负与 $\dfrac{1}{4(1-\theta)}-\dfrac{\theta}{(1+(1-\theta)v)^2}$ 相同。令 $\Delta R_M > 0$，可得 $4(1-\theta)\theta <$

$(1+(1-\theta)v)^2$，可以转化为 $v > \dfrac{2\sqrt{\theta(1-\theta)}-1}{1-\theta}$。容易证得 $\dfrac{2\sqrt{\theta(1-\theta)}-1}{1-\theta}$ 在 $\theta = \dfrac{1}{2}$ 处取得最大

值，且其最大值为0，因此，$v > \dfrac{2\sqrt{\theta(1-\theta)}-1}{1-\theta}$ 恒成立，即 $\Delta R_M > 0$ 恒成立，服务商 M 只提

供监控服务 A 可获取最大收益。

　　令 $c_w = 1$；$\tau = 2$；$e_A = 5$；$\sigma = 0.9$；$v = 6$；$c_e = 2$，$C_e = 1$，$e_B = 1$，$b = 1.5$，定理 6.6 中的结论如图 6-7 所示。其中，图 6-7（a）代表初始服务商 M 在服务供给策略 A 与 A+B 下的收益比较；图 6-7（b）代表准入服务商 N 在服务供给决策 A 与 B 下的收益比较。定理 6.2 至定理 6.4 说明，在垄断市场环境中，仅提供监控服务 A 对服务商来说未必是最优的，取决于外部参数的大小。但是在双寡头市场环境中，本章研究发现上述结果不再成立。定理 6.6 说明，为避免激烈的价格竞争，均衡状态下两服务商会聚焦于不同的消费者群体，即已装备物联网诊断技术的初始服务商 M 会通过服务 A 吸引高阶用户（感知效益高），而准入服务商 N 会通过服务 B 满足低阶用户（感知效益低）的需求。因为避免了价格竞争，两服务商分别获取非负收益从而系统达到双赢状态。另外，初始服务商 M 不会使用服务 A 与服务商 N 争夺低阶用户，因为这种做法会降低服务 A 的价格，并且多出的用户无法弥补因价格降低带来的损失，造成净收益的降低。

　　定理 6.6 还说明，对于初始服务商 M 而言，其采用 A+B 的服务供给模式来阻挡准入服务商 N 进入市场是不合适的。有两个原因：第一，初始服务商 M 可以从服务 B 中获取的潜在效益非常低，实际上，根据定理 6.5，均衡状态下其可从服务 B 中获取的收益为0；第二，服务 A 与服务 B 之间的品牌替代效应会降低服务 A 的需求，因为恶性价格竞争，服务 B 的价格将会很低，从而一些原本选择监控服务 A 的用户意识到一般性服务 B 更具有吸引力而转去购买服务 B，所以监控服务 A 的需求会降低，最终导致服务商 M 的净收益降低。因此，对于已装备物联网诊断技术的初始服务商而言，选择仅提供监控服务 A 对其是最优的。

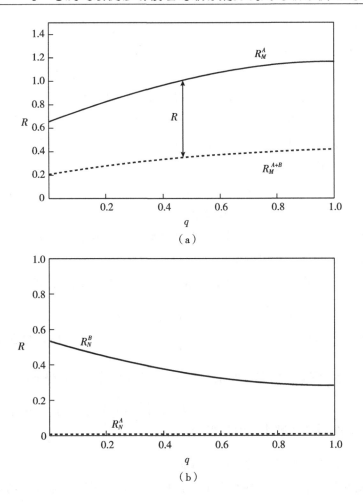

图 6-7 双寡头市场中，不同服务供给策略下两服务商收益比较

当已有服务商采用了物联网诊断技术时，对于准入服务商 N 而言，当其进入市场时，应当放弃该技术。定理 6.5 说明，当服务商 M 与服务商 N 均采取该技术时，均衡状态下两者的收益均为 0；但是，当其放弃该技术而仅提供一般性服务时，初始服务商则会默许潜在竞争者进入市场，定理 6.6 说明服务商 N 的这种做法会使得两服务商均获取正收益，从而达到双赢的状态。从直觉上来看，如果物联网的投资成本很低时，服务商 N 应当引入该技术以提高自身竞争力，但是，定理 6.6 的结果说明即使物联网的投资成本为 0，服务商 N 也应放弃该技术。

定理 6.6 揭示了在双寡头市场中两服务商的最优服务供给与竞争决策，具有重要的管理意义。首先，对于在市场中处于主导地位的售后服务商（如产品原始制造商）同时提供售后服务时，当其已经采用了工业物联网诊断技术时，其应当放弃一般性服务业务，即只向高阶用户（对服务感知效益较高的用户群体）提供监控服务；对于准备进入市场的售后服务商，如准备承接制造商的部分售后服务业务时，其应当放弃该技术，而仅提供一般性服务，即使当工业物联网的投资成本很低时。这种做法使得两服务商避免了对于一般性服务的恶性价格竞争，服务商在各自的用户群体中实则仍为垄断状态。

然后，本节探讨监控质量 q、折扣系数 θ 以及响应性系数 b 对服务供给决策的影响，结果如定理 6.7 与定理 6.8 所示。

定理 6.7 当均衡状态下服务商 M 提供服务 A、服务商 N 提供服务 B 时，随着监控质量 q 的增加，有以下结果：

（1）对于服务商 M，当 $c_e > C_e$ 时，最优服务价格 P_M^A 递增，否则递减；服务速率 μ_M^A 递增；当 $v < \dfrac{(3-\theta)\left(\dfrac{c_e}{3}+\dfrac{C_e}{3}\right)+(2-\theta)(c_w\tau+e_A)+(c_wb\tau+e_B)}{2(1-\theta)}$ 时，存在监控质量阈值 $\hat{q}$，如果 $q > \hat{q}$，则服务商 M 的收益随着 q 的增加而增加，如果 $q < \hat{q}$，则服务商 M 的收益随着 q 的增加而减小，但是当 $v > \dfrac{(3-\theta)\left(\dfrac{c_e}{3}+\dfrac{C_e}{3}\right)+(2-\theta)(c_w\tau+e_A)+(c_wb\tau+e_B)}{2(1-\theta)}$ 时，服务商 M 的收益随着 q 的增加而增加。

（2）对于服务商 N，均衡状态下的价格、服务速率以及净收益均随着 q 的增加而降低。

证明： 引理 6.4 给出了均衡状态下服务 M 与服务商 N 的均衡决策。首先对服务商 M 的决策 p_M^A 与 μ_M^A 关于监控质量 q 求导，可得 $\dfrac{\partial P_M^A}{\partial q}=\dfrac{(2-\theta)(C_A(q')-c_A(q'))}{2(2-\theta)}$；$\dfrac{\partial \mu_M^A}{\partial q}=\dfrac{-(2-\theta)(C_A(q')+c_A(q'))}{4(1-\theta)v}$。根据引理 6.1 $C_A(q')<0$ 并且 $c_A(q')<0$，因此可得：当 $c_e > C_e$ 时，$\dfrac{\partial P_M^A}{\partial q}>0$；当 $c_e < C_e$，$\dfrac{\partial P_M^A}{\partial q}<0$，$\dfrac{\partial \mu_M^A}{\partial q}>0$。服务商 M 的均衡收益为 $R_M^*=$

$$\dfrac{\left[2(1-\theta)v-(2-\theta)(c_A+c_w\tau+C_A+e_A)+\left(\dfrac{C_e}{3}+e_B+c_wb\tau+\dfrac{c_e}{3}\right)\right]^2}{8(1-\theta)(2-\theta)v}+\ln(1-\sigma)\dfrac{e_A}{\tau}，进一步可得$$

$$\frac{\partial R_M{}^*}{\partial q} = \frac{\left[2(1-\theta)v-(2-\theta)\left(c_A+c_w\tau+C_A+e_A\right)+\left(\dfrac{C_e}{3}+e_B+c_wb\tau+\dfrac{c_e}{3}\right)\right]}{4(1-\theta)(2-\theta)v}\left(-(2-\theta)\right)\frac{d(c_A+C_A)}{dq}$$。因

此，$\dfrac{\partial R_M{}^*}{\partial q}$ 的符号与 $2(1-\theta)v-(2-\theta)\left(c_A+c_w\tau+C_A+e_A\right)+\left(\dfrac{C_e}{3}+e_B+c_wb\tau+\dfrac{c_e}{3}\right)$ 相同，因此，

如果 $v>\dfrac{(3-\theta)\left(\dfrac{c_e}{3}+\dfrac{C_e}{3}\right)+(2-\theta)(c_w\tau+e_A)+(c_wb\tau+e_B)}{2(1-\theta)}$，$\dfrac{dR_M{}^*}{dq}>0$ 恒成立。但是，如果产品

用户的服务感知效益 $v<\dfrac{(3-\theta)\left(\dfrac{c_e}{3}+\dfrac{C_e}{3}\right)+(2-\theta)(c_w\tau+e_A)+(c_wb\tau+e_B)}{2(1-\theta)}$，存在 $\hat{q}=$

$c_A^{-1}\left[2(1-\theta)v+\left(\dfrac{C_e}{3}+e_B+c_wb\tau+\dfrac{c_e}{3}\right)-(2-\theta)(c_w\tau+e_A)\right]+C_A^{-1}\left[2(1-\theta)v+\left(\dfrac{C_e}{3}+e_B+\right.\right.$

$\left.\left.c_wb\tau+\dfrac{c_e}{3}\right)-(2-\theta)(c_w\tau+e_A)\right]$，当 $q>\hat{q}$，净收益随着 q 的增大而增大；否则，净收

益随着 q 的增大而减小。

定理 6.7 说明，在双寡头市场环境中，服务商的收益未必随着监控质量的提高而提高，这与定理 6.1 垄断市场环境中的结论一致。在双寡头市场环境中，由于服务商 M 与 N 关注不同的用户群体，而各服务商在各自聚焦的用户群体中实际仍为垄断，因此，监控质量对已装备物联网的服务商 M 的影响与垄断市场一致；对于准入服务商 N，当监控质量提高时，一部分选择一般性服务 B 的用户会转去选择监控服务 A，造成服务商 N 的用户需求减少，为提高对用户的吸引力，服务商 N 会降低服务价格，同时降低服务速率以减少能力投资成本。

对于折扣系数 θ 以及响应性系数 b，有以下结果。

定理 6.8 当均衡状态下服务商 M 提供服务 A、服务商 N 提供服务 B 时，随着监控质量 q 的提高，有以下结果：

（1）对于初始服务商 M，最优服务价格、服务速率以及效益均随着折扣系数 θ 的增大而减小，但随着响应性系数 b 的增大而增大；

（2）对于准入服务商 N，最优服务价格、服务速率以及效益均随着折扣系数 θ 的增大而增大，但随着响应性系数 b 的增大而减小。

证明： 对各个服务商的决策变量关于 θ 与 b 求导可得，此处不再详述。

折扣系数 θ 决定了准入服务商 N 进入市场的动机。当用户对一般性服务 B 的评价越高，即 θ 增大时，服务商 N 选择进入市场的动机越大，同时服务 B 也能吸引更多的用户，从而服务商 N 有更多的空间提高服务价格。因此，为维持监控服务 A 对用户的效益以保障需求，服务商 M 将会降低服务 A 的价格。因为实际需求减小，服务商 M 也会降低服务速率以减少能力投资成本。

响应性系数 b 越大，说明一般性服务 B 的响应速度越慢，用户越不愿意选择服务 B，因此，服务商 N 会降低服务价格以保障有效需求；由于 b 的增大，更多的用户会选择监控服务 A，因此，服务商 M 有更大提升服务价格的空间，以增大自身收益。

6.4   物联网监控质量内生

在长期规划问题中，服务商需要对服务能力、服务价格以及监控质量进行联合优化。本节假设当监控质量为 q 时，服务商的投资成本为 αq^2，其中，α 为监控质量成本系数。本节使用二次函数形式对监控质量成本进行建模，主要有以下原因：第一，Nguyen 等（2019）指出可以通过具有正二阶导数的凸函数来描述实现监控质量的成本；第二，监控质量实际为服务质量的一种，并且 Xia 等（2019）使用二次函数形式对服务质量进行建模。

6.4.1   垄断市场下的服务供给与监控质量联合优化

本节分析垄断市场中，两种服务供给模式（A 或者 A+B）下的服务商最优决策，然后比较两种服务模式收益的大小。

6.4.1.1   服务商只提供监控服务 A

在该情形下，用户的决策空间为 $\Omega = \{A, 0\}$。令式（6-5）中 U_A 等于 0，可以得到边际用户为 $u_1^A = c_A + P_A + c_w\tau$，即当 $u > u_1^A$ 时，用户选择购买服务；当 $u < u_1^A$ 时，用户选择不购买。因为 $u \sim U[0, v]$，可得均衡状态下的用户到达率为 $\lambda_A = 1 - \dfrac{c_A + P_A + c_w\tau}{v}$。因此，服务商的效益最大化模型可以表示为：

$$\max\nolimits_{(P_A, q, \mu_A)} R_A = (P_A - C_A)\lambda_A - e_A\mu_A - \alpha q^2$$
$$\text{s. t. } e^{-(\mu_A - \lambda_A)\tau} \leq 1 - \sigma \tag{6-13}$$

求解模型（6-13），可得服务商的最优解，如引理 6.6 所示。

引理 6.6 当监控质量内生且垄断型服务商只提供监控服务 A 时，则：

（1）服务商最优监控质量 q_A^A 由以下等式唯一确定：$4v\alpha q + (v - c_A(q) - C_A(q) - c_w\tau - e_A)(c_A{}'(q) + C_A{}'(q)) = 0$；

（2）相应的最优服务价格为 $P_A^A = \dfrac{v - (c_A(q_A^A) - C_A(q_A^A)) - c_w\tau + e_A}{2}$；

（3）相应的最优服务速率为 $\mu_A^A = \dfrac{v - (c_A(q_A^A) + C_A(q_A^A)) - c_w\tau - e_A}{2v} - \dfrac{\ln(1-\sigma)}{\tau}$。

证明： 分两步进行证明。首先，对于任意给定的监控质量 q，求得最优状态下的价格、需求与能力规划决策；其次，基于相应的最优解，求得最优监控质量。同引理 6.2 中的方法类似，对于任意给定的监控质量 q，通过一阶条件可以得到相应的最优价格为 $P_A^A = \dfrac{v - (c_A(q) - C_A(q)) - c_w\tau + e_A}{2}$，代入服务商需求函数 λ_A，可得相应的需求为 $\lambda_A = \dfrac{v - (c_A(q) + C_A(q)) - c_w\tau - e_A}{2v}$，能力规划决策为 $\mu_A^A = \dfrac{v - (c_A(q) + C_A(q)) - c_w\tau - e_A}{2v} - \dfrac{\ln(1-\sigma)}{\tau}$。将上述解代入服务商效益函数，可得

$$R_A(q) = \frac{[v - (c_A(q) + C_A(q)) - c_w\tau - e_A]^2}{4v} - \frac{e_A\ln(1-\sigma)}{\tau} - \alpha q^2 \text{。}$$ 对 $R_A(q)$ 关于 q 求导，可得最优解存在的一阶条件为 $4v\alpha q + (v - c_A(q) - C_A(q) - c_w\tau - e_A)(c_A'(q) + C_A'(q)) = 0$。同时，可以验证 $(v - c_A(q) - C_A(q) - c_w\tau - e_A)(c_A'(q) + C_A'(q))$ 随着 q 单调递增，而 $-4v\alpha q$ 随着 q 单调递减，所以，存在唯一确定的监控质量 q 使得服务商效益最大化。

引理 6.6 中最优解的上角标代表服务商的供给策略，下角标代表相应的服务类别，如 q_A^A 代表当垄断服务商仅供给监控服务 A 时，其最优的监控质量决策。由于求解问题的复杂性，只能验证最优监控质量 q_A^A 存在且唯一，因而使用一阶条件表示最优监控质量。引理 6.6 给出了当监控质量内生且服务商仅供给监控服务时，最优的监控质量、定价与服务速率决策。

6.4.1.2 服务商同时提供监控服务与一般性服务（A+B）

在该情形下，用户的决策空间为 $\Omega = \{A, B, 0\}$，即用户可以根据自身偏好

进行选择。同 6.2.1 小节中的分析方法，可以得到边际用户 $u_1^{A+B} = \dfrac{c_A - c_B + P_A - P_B - c_w \tau(b-1)}{1-\theta}$ 与 $u_2^{A+B} = \dfrac{c_B + c_w b\tau + P_B}{\theta}$，其中 u_1^{A+B} 代表用户选择服务 A 与 B 的净效益相同，u_2^{A+B} 代表用户选择服务 B 与离开的净效益相同，即 $U_B = 0$。进一步可得两种服务的有效需求函数分别为 $\lambda_A = 1 - \dfrac{c_A - c_B + P_A - P_B - c_w\tau(b-1)}{1-\theta}$ 与 $\lambda_B = \dfrac{c_A - c_B + P_A - P_B - c_w\tau(b-1)}{1-\theta} - \dfrac{c_B + c_w b\tau + P_B}{\theta}$。因此，在该情形下，服务商的收益可以表示为：

$$\max_{(P_A,\mu_A,P_B,\mu_B,q)} R_{A+B} = (P_A - C_A)\lambda_A - e_A\mu_A + (P_B - C_B)\lambda_B - \alpha q^2 - e_B\mu_B$$

$$\text{s.t. } e^{-(\mu_A - \lambda_A)\tau} \leq 1-\sigma$$

$$e^{-(\mu_B - \lambda_B)b\tau} \leq 1-\sigma \tag{6-14}$$

求解模型（6-14），可得服务商的最优解，如引理 6.7 所示。

引理 6.7 当监控质量内生且垄断型服务商提供两种服务 A+B 时，则有以下结论。

（1）服务商最优监控质量 q_A^{A+B} 由以下等式唯一确定：$8\theta(1-\theta)v\alpha q + \theta(c_A{}'(q) + C_A{}'(q))[2(1-\theta)(v-F_1) - (\theta v - F_2)] = 0$。

（2）相应的最优服务价格为 $P_A^{A+B} = \dfrac{v - (c_A(q_A^{A+B}) - C_A(q_A^{A+B})) - c_w\tau + e_A}{2}$；$P_B^{A+B} = $

$$\dfrac{\theta v - \left(\dfrac{c_e}{3} - \dfrac{C_e}{3}\right) - c_w b\tau + e_B}{2}。$$

（3）相应的最优服务速率为 $\mu_A^{A+B} = \dfrac{v - (c_A(q_A^{A+B}) + C_A(q_A^{A+B})) - c_w\tau - e_A}{2v} - \dfrac{\ln(1-\sigma)}{\tau}$，

$$\mu_B^{A+B} = \dfrac{\left(\theta c_A(q_A^{A+B}) - \dfrac{c_e}{3}\right) + \left(\theta C_A(q_A^{A+B}) - \dfrac{C_e}{3}\right) + (\theta e_A - e_B) - c_w\tau(b-\theta)}{2\theta(1-\theta)v} - \dfrac{\ln(1-\sigma)}{b\tau}。$$

其中，$F_1 = c_A + C_A + e_A + c_w\tau$，$F_2 = \dfrac{c_e}{3} + \dfrac{C_e}{3} + e_B + c_w b\tau$。

证明： 结合引理 6.3 与定理 6.7 的证明方法，可以得到定理 6.8 中的结论。

当垄断服务商同时供给监控服务 A 与一般性服务 B 时，引理 6.7 给出了服务商关于监控服务的最优监控质量、监控服务与一般性服务的最优定价以及服务速率的决策，其中上角标代表服务商的服务供给策略，下角标代表相应的服务类别。同引理6.6类似，监控服务的监控质量仍以一阶条件表示。基于引理6.6与引理6.7中的结果，本节接下来分析垄断市场环境下的服务商最优服务供给决策是否具有鲁棒性（与监控质量外生情形相比）。

6.4.1.3 服务供给策略鲁棒性分析

在监控质量外生的情形下，定理6.3、定理6.4说明在监控质量一定的情形下，垄断型服务商的最优服务供给决策取决于折扣系数 θ 以及响应性系数 b 的大小。本小节探讨当监控质量内生时，在两种服务供给模式下，垄断型服务商监控质量决策的异同以及最优服务供给决策。首先研究 θ 与 b 对最优监控质量 q 的影响，由于最优解的复杂性难以分析监控质量的解析解，因此，本部分使用数值分析的方法分析相关结果。具体地，令 $v=10$，$\alpha=2$，$c_e=3$，$C_e=1$，$c_w=1$，$\tau=1$，$e_A=0.5$，$e_B=0.8$，$\sigma=0.9$。此外，当研究 θ 对 q 的影响时，分别令 $b=1$、2、10；研究 b 对 q 的影响时，分别令 $\theta=0.01$、0.4、0.99。注意，当服务商仅提供监控服务 A 时，最优监控质量 q_A^A 不受参数 b 与 θ 的影响。数值算例的结果如图6-8所示。

从图6-8中可以观察到以下结论：①当服务商的服务供给模式为 A+B 时，随着折扣系数 θ 的增大，最优监控质量 q 单调递减 [见图6-8 (a)]；而随着响应性系数 b 的增大，最优监控质量 q 单调递增 [见图6-8 (b)]。原因是当 θ 增大或者 b 减小时，用户关于一般性服务的净感知效益 U_B 增大，因此，服务商会降低监控质量，从而降低物联网投资成本。基于此，更多的用户会选择一般性服务 B，而服务商只使用监控服务 A 满足高价值端的用户需求。②从图6-8中可以看出，服务商在服务模式 A 下的监控质量始终大于服务模式（A+B）下的监控质量，原因是当服务商引入一般性服务 B 后，会有一部分原本选择监控服务 A 的用户转而选择服务 B，因此，服务商会降低监控质量以降低物联网投资成本，而高价值端的用户对监控服务的感知效益较高，因此不会因服务商降低监控质量而放弃监控服务 A。上述结果表明，当监控服务与一般性服务的差别减小，即 θ 增大或者 b 减小时，垄断市场环境下服务商会降低监控质量以促使更多的用户选择一般性服务。

基于上述折扣系数 θ 以及响应性系数 b 对最优监控质量的影响，本小节接下来研究当监控质量内生时服务商的最优服务供给策略。数值分析结果如表6-1与表6-2所示。

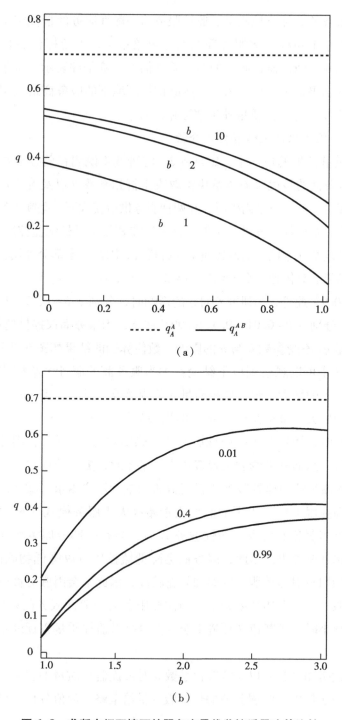

图 6-8 垄断市场环境下的服务商最优监控质量决策比较

表 6-1　θ 变动时两种服务模式 A 与 A+B 下服务商的最优利润

θ	q_A^A	q_A^{A+B}	P_A^A	P_A^{A+B}	P_B^{A+B}	R_A	R_{A+B}
0.4	0.70	0.49	8.90	8.48	0.60	0.464	0.389
0.5	0.70	0.47	8.90	8.44	1.26	0.464	0.412
0.6	0.70	0.45	8.90	8.40	2.60	0.464	0.434
0.8	0.70	0.38	8.90	8.26	4.60	0.464	0.542
1	0.70	0.26	8.90	8.02	6.60	0.464	0.624

表 6-2　b 变动时两种服务模式 A 与 A+B 下服务商的最优利润

b	q_A^A	q_A^{A+B}	P_A^A	P_A^{A+B}	P_B^{A+B}	R_A	R_{A+B}
1	0.70	0.05	8.90	3.80	1.57	0.464	0.892
1.5	0.70	0.26	8.90	4.01	1.32	0.464	0.698
2	0.70	0.36	8.90	4.11	1.07	0.464	0.406
2.5	0.70	0.41	8.90	4.16	0.82	0.464	0.229
3	0.70	0.42	8.90	4.17	0.57	0.464	0.085

从表 6-1 和表 6-2 中的算例结果可以看出以下结论：①存在折扣系数 $\tilde{\theta} \in$ (0.6, 0.8)，当 $\theta > \tilde{\theta}$ 时，服务商提供两种服务的效益大于只提供监控服务的效益，即 $R_{A+B} > R_A$；当 $\theta < \tilde{\theta}$ 时，服务商提供两种服务的效益小于只提供监控服务的效益，即 $R_{A+B} < R_A$。②同样存在响应性系数 $\tilde{b} \in$ (1.5, 2)，当 $b > \tilde{b}$ 时，服务商提供两种服务的效益小于只提供监控服务，即 $R_{A+B} < R_A$；当 $b < \tilde{b}$ 时，服务商提供两种服务的效益大于只提供监控服务，即 $R_{A+B} > R_A$。结合定理 6.3 与定理 6.4 可知，在垄断市场环境下，当监控质量外生或者内生时，服务商的最优服务供给决策相同。

6.4.2　双寡头市场下的服务供给与监控质量联合优化

在双寡头市场中，本部分考虑初始服务商 M 可以决定监控质量，而准入服务商 N 不能自主决定监控质量。以大型复杂装备为例，制造商在制造装备时，可以通过改善内嵌传感器的可靠度或者优化网络等方式提高对装备的监控质量；而当制造商将维护业务外包给第三方机构时，由于产品的复杂性和专业程度，第三方机构一般无法改变该监控质量。在上述例子中，将装备制造商视为初始服务商 M，将第三方维护机构视为准入服务商 N。

同监控质量外生，本小节考虑以下服务竞争方式：①服务商 M 与 N 均提供单一服务，即 Avs. A 或者 Bvs. B；②服务商 M 提供监控服务，服务商 N 提供一般性服务，即 Avs. B；③服务商 M 同时提供两类服务，服务商 N 提供一般性服务，即 A+Bvs. B。由于服务商 N 无法确定监控质量，对于服务商 N 来说，监控质量仍为外生变量，因此，定理 6.6 中的均衡服务供给决策仍然成立，即服务商 M 只向用户提供服务 A，服务商 N 将放弃物联网技术而向用户提供服务 B。本小节主要聚焦于该均衡服务供给策略下，服务商 M 与 N 的最优决策，以及折扣系数 θ 以及响应性系数 b 如何影响服务商监控质量决策。

在最优服务供给方案中，初始服务商 M 已采用物联网诊断技术，但是只向用户提供监控服务 A；准入服务商 N 向用户提供一般性服务 B。根据图 6-6 中的决策顺序，使用逆向归纳法，用户首先做出购买决策。由用户关于服务 A 与服务 B 的效益函数（6-5）与函数（6-6），可以得到用户无差别点为 $u_1 =$

$$\frac{c_A - \dfrac{c_e}{3} + P_M^A - P_N^B + c_w(\tau_A - \tau_B)}{(1-\theta)v}, \quad u_2 = \frac{\dfrac{c_e}{3} + c_w\tau_B + P_N^B}{\theta v},$$ 从而服务商 M 的有效需求为 $\lambda_M =$

$1 - u_1$，服务商 N 的有效需求为 $\lambda_N = u_1 - u_2$。使用逆向归纳法，首先分析服务商 N，其目标函数为：

$$\max_{(P_N^B, \mu_N^B)} R_N = (P_N^B - C_B)\lambda_N - e_B\mu_N^B$$

$$\text{s. t. } e^{-(\mu_N^B - \lambda_N)b\tau} \leqslant 1 - \sigma \tag{6-15}$$

其中，服务商 N 的决策 P_N^B、μ_N^B 是服务商 M 决策 P_M^A、μ_M^A、q_M^A 的函数。以此为基础，服务商 M 的目标函数为：

$$\max_{(P_M^A, \mu_M^A, q_A)} R_M = (P_M^A - C_A)\lambda_M - e_A\mu_M^A - \alpha q^2$$

$$\text{s. t. } e^{-(\mu_M^A - \lambda_M)\tau_A} \leqslant 1 - \sigma \tag{6-16}$$

求解优化问题（6-16），可以得到服务商 M 的最优决策 P_M^A、μ_M^A、q_M^A，将 P_M^A、μ_M^A 反代入 P_N^B、μ_N^B，可以得到服务商 N 的最优决策。结果如定理 6.9。

定理 6.9 在双寡头市场环境中，服务商 M 的最优策略是只提供监控服务 A，而服务商 B 的策略是放弃使用工业物联网技术并且只提供 B 服务。在该均衡状态下，服务商 M 与 N 的最优决策为：

（1）服务商 M 的最优监控质量决策 q_M^A 可以由以下方程求得：

$$8(1-\theta)(2-\theta)v\alpha q+(2-\theta)(c_A'(q)+C_A'(q))[2(1-\theta)v-(2-\theta)F_1+F_2]=0$$

服务商 M 的服务价格与服务速率决策分别为：

$$P_M^A=\frac{2(1-\theta)v-(2-\theta)(c_A(q_M^A)+c_w\tau)+(2-\theta)(C_A(q_M^A)+e_A)+\left(\dfrac{c_e}{3}+\dfrac{C_e}{3}+c_wb\tau+e_B\right)}{2(2-\theta)}$$

$$\mu_M^A=\frac{2(1-\theta)v-(2-\theta)(c_A(q_M^A)+c_w\tau+C_A(q_M^A)+e_A)+\left(\dfrac{c_e}{3}+c_wb\tau+\dfrac{C_e}{3}+e_B\right)}{4(1-\theta)v}-\frac{\ln(1-\sigma)}{\tau}$$

（2）准入服务商的服务价格与服务速率决策分别为：

$$P_N^B=\frac{2\theta(1-\theta)v+(2\theta-\theta^2)(c_A(q_M^A)+c_w\tau+C_A(q_M^A)+e_A)+(3\theta-4)\left(\dfrac{c_e}{3}+c_wb\tau\right)+(4-\theta)\left(\dfrac{C_e}{3}+e_B\right)}{4(2-\theta)}$$

$$\mu_N^B=\frac{(2\theta-2\theta^2)v+(2\theta-\theta^2)(c_A(q_M^A)+c_w\tau+C_A(q_M^A)+e_A)+(3\theta-4)\left(\dfrac{c_e}{3}+c_wb\tau+\dfrac{C_e}{3}+e_B\right)}{4\theta(1-\theta)(2-\theta)v}-\frac{\ln(1-\sigma)}{b\tau}$$

证明：结合引理 6.4 与引理 6.7 可以证得。

定理 6.9 给出了双寡头市场均衡条件下，服务商 M 与服务商 N 的最优决策。由于潜入服务商不具备独立确定监控质量的能力，因而监控质量对于服务商 N 来说是外生的，因此定理 6.6 中的服务商竞争均衡仍然成立，所以本节只分析了均衡状态下的服务商 M 与 N 的博弈。q_M^A 代表初始服务商 M 关于监控质量的最优决策。以初始服务商 M 的最优监控质量决策 q_M^A 为基础，可以分别得到服务商 M 与服务商 N 关于监控服务 A 与一般性服务 B 的定价与服务速率决策。

当监控质量内生时，研究在不同情境下一般性服务对监控服务最优监控质量的影响具有重要意义。具体地，分析垄断市场下 A 与 A+B 模式中的最优监控质量 q_A^A、q_A^{A+B} 与双寡头市场下最优监控质量 q_M^A 的关系。本节使用数值算例的方法比较 q_A^A、q_A^{A+B} 与 q_M^A，相应参数取值与 6.4.1 小节相同。结果如图 6-9 所示。

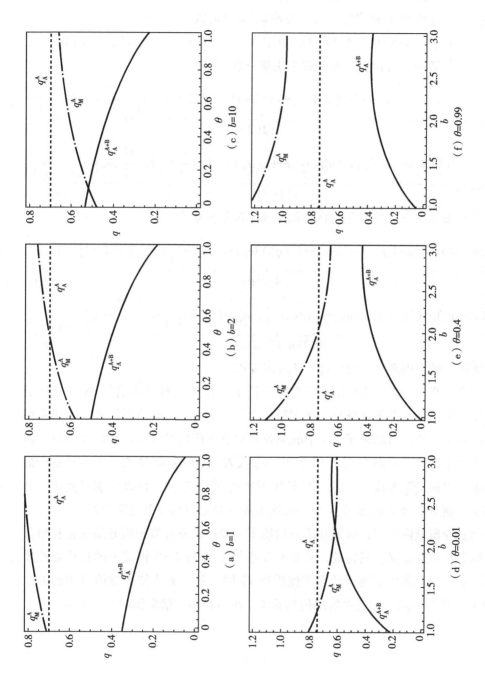

图6-9 不同情形下的服务商最优监控质量决策比较

从图 6-9 中可以得到以下结论：①在垄断市场以及双寡头市场环境中，随着折扣系数 θ 以及响应性系数 b 的变化，一般性服务 B 对监控服务 A 的影响是相反的。具体地，在垄断市场环境中，随着 θ 增大或者 b 减小，最优监控质量 q_A^{A+B} 减小（如图 6-9 中的实线所示）；但是在双寡头市场环境中，随着 θ 增大或者 b 减小，最优监控质量 q_M^A 增大（如图 6-9 中的点虚线所示）。原因是在垄断市场环境中，服务 A 与服务 B 所获取的利润均归于同一服务商，因此服务商可以通过调整服务 A 与 B 的需求以获取最大利润；而在双寡头市场中，服务 B 是由准入服务商 N 所有，当 θ 增大或者 b 减小时，用户关于服务 B 的净效益增加，因此，为获取足够的用户需求，服务商会提高监控质量以保障服务 A 的需求。②在垄断市场下，有 $q_A^{A+B} < q_A^A$ 恒成立，因为服务 B 的加入会导致服务商降低监控质量；但是在双寡头市场下，图 6-9 显示均衡状态下的监控质量 q_M^A 有可能大于 q_A^A，因为当 θ 很大或者 b 很小时，服务 B 对用户的吸引力极大，为保障服务 A 的需求，服务商会极大程度地提高监控质量。

上述结果的管理意义在于，当装备工业物联网诊断的服务商可以自主决定监控质量时，针对一般性服务带来的影响，在不同市场环境下应当采取不同的应对策略。首先，如果服务商为垄断型服务商，当其最优服务供给策略为同时提供监控服务与一般性服务时，那么当两种服务之间的异质性差别（如可追溯性、及时响应性等）减小时，服务商应当降低监控服务的监控质量，从而使得更多的用户选择一般性服务，而监控服务只针对感知效益较高的用户。其次，如果市场为竞争性市场环境，市场均衡服务策略为领导服务商提供监控服务，而跟随服务商提供一般性服务，当两种服务之间的异质性差别减小时，领导型服务商应当提升监控质量，从而使得用户关于监控服务的效益足够大于一般性服务，以获取更多的有效需求。

6.5 管理启示

以第 5 章的诊断误差模型为基础，本章通过分析服务商在垄断市场与双寡头市场环境中的服务能力规划与定价决策，探讨了服务商在不同情境下的服务供给与竞争策略并做了对比分析，主要得到以下管理启示：

（1）不同市场环境下服务商应采用不同的服务供给策略。若服务商在市场中处于垄断地位，如 ASML 公司之于光刻机产品，管理者应当意识到最优的服务供给策略与工业物联网的特性相关。如果物联网技术可以明显地提升服务质量或者降低用户的错误成本，如当产品结构较为复杂且故障类型与所需维护资源类型多样时，管理者应仅提供含工业物联网的监控服务而放弃一般性服务；但是如果监控服务未能明显地提升服务质量，如当产品结构较为简单且故障类型与维护资源相对容易甄别时，管理者应引入一般性服务以满足不同用户群体的需求。同样地，如果监控服务的响应速度明显快于一般性服务，管理者仅向用户提供监控服务可以最大化收益；但是当两种服务的响应速度差别有限时，引入一般性服务可以提升服务商的净利润。但是在竞争市场环境中，如在汽车维修行业中，品牌 4S 店面临着独立后市场渠道的竞争，管理者应当意识到市场中存在一个双赢的局面：即对于已经装备了工业物联网技术的领导型服务商而言，其应当只向市场提供监控服务以满足高阶用户的需求；而对于准备进入市场的服务商而言，从经济学的角度来说，其应当放弃工业物联网技术而仅向用户提供一般性服务，即使当该技术的投资成本为零时。

（2）管理者应当同时意识到其最终所得利润未必随着监控质量的提升而提升。利润是否与监控质量呈正相关关系，取决于管理者是否让用户感受到了足够的效益。具体来说，当用户对于服务的感知效益较高时，服务商的净利润随着工业物联网监控质量的提升而提升；但是，当用户对于服务的感知效益较低时，服务商的净利润随着监控质量的提升先减小后增大。所以，在实际管理过程中，服务商在提升工业物联网监控质量的同时，应同时提升用户对于服务的感知效益才能发挥监控质量的效用，比如，西门子 MindSphere 平台除提供产品状态预警外，用户还可通过访问 MindSphere 开放式 API，与西门子或者阿里云等合作开发高价值的应用程序，并提供数字服务。

（3）当物联网监控质量可调节时，比如，可以更换传感器或者使用不同的数据分析方法，管理者应当意识到不同市场环境中的一般性服务对其监控质量决策的影响是不同的。若服务商为垄断型服务商，如 ASML 公司，当其自身引入一般性服务时，随着两种服务之间的异质性减小（当工业物联网的特性变得不显著时），比如服务质量区别不大或者响应速度基本一致时，管理者应当降低监控服务的监控质量以促使更多的用户选择一般性服务；但是，若服务商处于竞争环境中，如汽车服务行业，当品牌 4S 店开放一般性服务由独立后市场服务商承担时，随着两种服务之间的差距减小，已装备该技术的领导服务商应当提升监控质量以区分两种服务模式之间的差距，从而吸引更多的用户选择监控服务。

6.6 本章小结

本章旨在揭示在考虑物联网可追溯性、及时响应性的情形下，当监控诊断结果存在误差时，服务商的最优售后服务供给策略。具体地，本章研究了在监控质量外生与内生两种情形下，服务商在垄断市场与双寡头市场中的最优决策。在假设服务系统为 M/M/1 排队系统的情况下，同时考虑可追溯性、及时响应性以及诊断误差导致的错误成本因素，研究在不同市场环境下的用户需求均衡。以用户需求均衡为基础，随后探讨在监控质量外生与监控质量内生两种情形下，垄断型服务商与双寡头服务商的最优定价与能力规划决策，通过比较不同方案下的服务商收益，进而得到最优服务供给策略。另外，在监控质量内生情形下，本章探讨了不同情境下引入一般性服务对监控服务的监控质量的影响机制。

具体来说，本章得到以下结论：①在垄断型市场环境中，服务商的服务供给策略取决于物联网是否可以明显提升服务的质量、诊断精度或者降低服务响应时间。若物联网使得监控服务在服务质量（θ 小于某阈值）、诊断精度（q 大于某阈值）或者响应时间（b 大于某阈值）等方面明显优于一般性服务，服务商只提供物联网使能的监控服务将会获取最大利润；否则，引入一般性服务将提高服务商的利润。但是，在双寡头市场环境中，对于已装备物联网技术的初始服务商，只提供监控服务，对于准入服务商，放弃物联网监控技术而只提供一般性服务可以达成"双赢"局面。上述结论在监控质量内生与外生两种情形下均成立。②当监控质量内生时，不同市场中的一般性服务对监控服务的监控质量影响不同。具体地，在垄断市场中，当物联网可追溯性特征或者响应性特征变得不显著时（θ 增大或者 b 减小），服务商会降低监控质量；但是在双寡头市场中，当物联网可追溯性特征或者响应性特征变得不显著时（θ 增大或者 b 减小），服务商会提高监控质量以保证监控服务的需求。③当监控质量提升时，用户更愿意加入监控服务队列，所以服务商会提高能力水平，即提高服务速率，以满足更多用户的需求；但是，提高监控质量未必会提高服务商净收益，当监控质量外生时，监控质量对服务商净收益的影响取决于用户的感知效益，当监控质量内生时，收入与监控质量投资成本之间的均衡决定监控质量对利润的影响。

7 结论与展望

　　信息集成度低导致传统售后服务存在服务质量低下、误诊率高与响应速度慢等问题。近些年，学术界和工业界开始关注基于物联网的售后服务新模式。物联网为售后服务带来机遇的同时也带来了挑战。一方面，物联网技术实现了产品端到端的数字化集成，提升了产品服务供应链的可视化水平与企业间的协同服务水平，进而提高了售后服务的质量与响应性；另一方面，因数据质量等问题而导致的不精确诊断困扰着售后服务供应商的运营管理决策。以往关于物联网对企业运营管理影响的研究主要聚焦于备件库存或者维护策略方面，忽略了服务系统规划、供给策略与竞争机制等相关问题，且没有考虑诊断误差对运营决策的影响。

　　本书构建了离散性诊断错误与连续性诊断误差两种情形下的错误成本模型，研究不精确诊断因素对产品售后服务能力规划与服务供给策略的影响。首先，构建了考虑离散性诊断错误与受损部件修复—替换均衡的服务商能力规划决策模型；其次，拓展至连续性诊断误差以及可变错误成本模型，研究服务商在产品状态诊断情景下的能力规划决策，并研究了不同参数对服务商最优决策以及用户和服务商错误成本的影响；最后，以建立的连续性诊断误差与可变错误成本模型为基础，同时引入竞争性服务商，研究了垄断与双寡头市场环境中不精确诊断因素对服务供给与竞争策略的影响。本书一方面弥补了对物联网不精确监控环境下售后服务能力规划与供给策略相应理论研究的不足；另一方面丰富了服务运营管理理论、数字化环境下的运营决策理论与差异化服务理论，为企业生产运营决策提供了理论支持。本书的主要研究工作和结论、研究贡献以及研究展望如下：

7.1 主要研究工作和结论

（1）构建了离散性诊断错误情境下服务商关于远程监控的能力规划与定价决策模型。以往关注基于工业物联网远程监控的研究多聚焦于其对备件库存策略以及维护计划等的影响，忽视了远程诊断对维护服务系统设计的影响。基于此，本书考虑设备有严重退化与轻微退化两种状态，并且分别对应有大修和小修两种维护方式，错误的维护方式将导致用户错误成本。本书运用贝叶斯更新构建用户效益函数，确定了用户的加入—退出均衡策略。基于此，构建服务商关于最优监控质量与服务价格的决策函数，研究不同情境下服务商均衡策略的不同。研究发现：①用户的加入—退出决策不但受服务商监控质量与定价决策的影响，而且受潜在需求规模的影响。对于任意给定的服务商监控质量与定价决策，本书研究表明，当潜在需求规模足够大时，用户的加入—退出策略为混合策略纳什均衡；当潜在需求规模有限时，用户选择加入为纯策略纳什均衡。②当诊断时间与监控质量相互独立时，本书结果显示，在监控质量可行域范围内存在服务商净收益最大化的极大值点，且均衡状态下诊断时间与监控质量为"互补"关系，即当诊断时间增大时，服务商会提高监控质量。当诊断时间与监控质量存在内生关系（"替代"关系），即监控质量的提高会降低专家诊断时间时，本书结果表明，服务商的净收益随着监控质量递增，且服务商在监控质量可行域上限处获取最大净收益。③当市场潜在需求足够大时，服务商诊断时间对服务价格的影响取决于错误成本与监控质量投资成本之间的关系：当错误成本相对投资成本较高时，服务定价随着诊断时间的增加而增大，但是当错误成本相对投资成本较低时，服务定价与诊断时间呈现双峰关系；此外，有效需求随诊断时间的增加先增大后减小。但是当市场潜在需求有限时，服务定价与诊断时间呈现双峰关系，不再受错误成本与投资成本关系的影响；有效需求始终等于市场的潜在需求。

（2）构建了离散性诊断错误下垄断服务商关于受损部件修复—替换均衡的服务时间与技工数量决策模型。以往研究忽视了受损部件的修复与替换之间的联系。不同于以往研究，本书考虑受损部件的修复—替换均衡：服务商可以提升修复质量降低备件替换量，但同时会造成修复速率的降低，并联合两类诊断错误，确定用户的加入—退出混合策略，采用两阶段排队系统优化方法，研究服务商的最优服务时间与技工数量决策，分析无（有）服务商承诺最长等待时间约束两种情形下服务商决策的异同。研究发现：①两类诊断错误对最优决策的影响不同。具体地，随着多检（错误Ⅰ）概率的提高，服务商会增加平均服务时间以提高修复质量，降低用户备件替换成本；但是随着漏检（错误Ⅱ）概率的提高，服务商会减少平均服务时间以降低修复质量，从而提高用户备件替换成本。②尽管备件替换相关收入会随着备件收益率与备件平均价格递增，但是两者对服务商决策的影响不同，具体地，当备件收益率提高时，服务商会减少修复时间以提高用户备件替换量，但当单位备件的价格升高时，服务商反而会增加修复时间，降低用户备件替换量。③当服务商未向用户允诺最长等待时间时，服务提前期与最优服务时间呈"互补"关系，即最优服务时间随着服务提前期的提升而增加，但是当服务商向用户承诺最长等待时间时，服务提前期与最优服务时间呈"替代"关系，即服务时间随着提前期的提升而减少。④当工业物联网及时响应性变得显著时，服务趋向于"高质量、低价格"，但是用户的等待时间不降反升。本书研究阐释了服务系统中服务质量、诊断错误与备件替换之间的权衡关系，揭示了两类离散性诊断错误、备件价格与服务提前期等对服务商关于受损部件修复—替换均衡能力规划的影响机制，为服务商主动管控诊断错误、优化受损部件修复—替换过程提供了决策支持。

（3）构建了连续性诊断误差下垄断服务商关于服务能力、定价与监控质量的联合决策模型。现有相关研究大多未考虑不精确诊断因素，且少有的关于不精确诊断的研究均假设错误是离散的且错误成本固定，导致无法探讨错误成本的特征。本书第 5 章考虑工业物联网监控精度取决于监控质量，而监控质量又由服务商的投入成本决定（如传感器类型、网络传输速度等），通过建立排队论模型分别研究在短期决策与长期决策问题下服务商的最优决策与系统均衡。研究发现：①在短期决策问题下，服务商始终可从高监控质量中获益，但在长期决策问题下，服务商效益关于监控质量是单峰的，即高监控质量未必可获取高回报。②在传统研究情境下，服务商的服务速率会随着用户对服务时间的敏感性的降低而降低，但是在本书的情境下，只有当用户对服务商提供的维护服务的感知效益较高时，上述结论才成立。③服务商与用户的错误成本对服务系统均衡的影响不同。首先，当用户错误成本提高时，服务商会提高服务速率同时提高服务定价以获取更高的消费者剩余，并且均衡状态下用户的感知效益和有效需求达到率均提高；其次，当服务商自身错误成本提高时，服务商会降低服务速率以确保其服务单位用户的利润，服务商会提高服务定价，但是均衡状态下的有效需求到达率会降低。④当考虑工业物联网监控信息对后续维护业务的"加速效应"时，传统观念会认为加速效应会降低系统的拥挤度（即用户平均等待时间），但是研究结果显示，由于服务速率的降低和有效需求的增大，随着加速效应变得更为显著，系统拥挤度不降反升。服务商会倾向于向用户提供"高质量、低价格"的服务。本书研究阐述了连续性诊断误差下服务商关于服务能力、服务定价与监控质量的联合决策，揭示了环境要素对错误成本以及用户与服务商错误成本之间的影响关系，弥补了现有错误成本性质相关研究的不足，为服务商提供了兼具优化服务能力和管控错误成本的理论支持。

（4）建立了基于连续性诊断误差的双寡头服务商能力规划与服务供给策略博弈模型。现有研究主要定性地分析了物联网在供应链中的应用特性，缺乏相应的定量分析模型，且因不精确诊断导致的差异化服务供给与竞争策略也未得到充分研究。本书以连续性诊断误差与可变性错误成本模型为基础，纳入物联网的应用特点与竞争性服务商，运用排队论与博弈论联合优化方法，研究了垄断服务商最优能力规划决策与竞争性服务商博弈的纳什均衡，并比较了垄断服务商与双寡头服务商决策的异同。研究发现：①提升监控质量未必可以提升服务商净利润，其取决于用户感知效益是否足够大。②市场环境对服务商的服务供给策略具有重要影响。在垄断型市场环境中，当监控服务明显优于一般性服务时（存在阈值），服务商只提供含工业物联网诊断的监控服务将会获取最大利润；否则，引入一般性服务将提高服务商的利润。但在双寡头市场环境中，存在一个"双赢"局面：即对于已装备物联网技术的领导者服务商，只提供监控服务，而对于准入服务商，放弃物联网监控技术而只提供一般性服务。③不同市场环境下引入一般性服务对监控服务的监控质量影响不同：在垄断市场中，当一般性服务趋近于监控服务时，服务商应降低监控质量以使更多用户选择一般性服务，导致用户的错误成本提高；在双寡头市场中，竞争服务商会迫使初始服务商提高监控质量以吸引更多的用户，导致用户的错误成本降低。上述研究为服务商提供了在垄断与双寡头市场中同时考虑服务能力与供给策略联合优化的理论支持，并给出了双寡头市场中服务商的均衡竞争策略。同时，为服务商在竞争环境下主动管控诊断误差提供了决策支持。

7.2 研究贡献

本书对服务运营管理决策理论从理论模型与研究视角方面进行了创新。具体地，本书的主要创新贡献如下：

（1）以往相关研究将维护服务与备件替换分开进行研究，忽略了维护服务与备件替换之间的联系，尤其是在考虑不精确诊断的情境下。不同于以往研究，本书考虑了上述受损部件的修复—替换均衡：服务商可以通过提升修复质量的方式来降低用户备件替换量，但同时会导致服务速率降低，将两类诊断错误纳入用户与服务商决策模型，丰富了备件库存优化的研究视角。基于此，结合物联网多检与漏检现象，建立了用户期望备件替换成本模型，确定用户的加入—退出决策。以用户决策均衡为依据，结合两阶段的售后服务过程，探究服务商关于维护服务质量、备件替换与系统拥挤度之间的均衡。之后，引入服务商最长承诺等待时间约束，建立了考虑该约束的服务商决策模型，研究在无（有）该最长承诺等待时间约束情形下服务商决策的异同。本书的研究在理论上弥补了售后服务中服务质量与部件替换均衡相关研究的不足，并丰富了服务商能力规划的研究视角，实践上也可以为售后服务供应商在物联网环境下进行维护质量与部件替换的策略选择提供理论支持。

（2）现有相关研究大多未考虑不精确诊断因素，且少有的关于不精确诊断的研究均假设诊断错误是离散的且错误成本固定，如将严重问题诊断为轻微，或者将轻微问题诊断为严重，该假设简化了分析过程但也导致无法分析错误成本的相关性质，而错误成本又是不精确诊断研究的关键。本书以离散性诊断错误中的建模方法为基础，将离散性诊断错误拓展至连续性诊断误差，考虑诊断精度由服务商的监控质量决定，而监控质量又由服务商的投入成本确定（如传感器类型、网络传输速度等），通过构建排队论模型分析在不同决策环境下服务商关于服务能力、服务定价以及监控质量的联合决策问题。具体地，在短期决策问题中考虑监控质量外生性，研究服务商关于服务能力规划与定价的决策，并分析均衡状态下用户与服务商错误成本对服务系统的影响；在长期决策问题中考虑监控质量内生，研究服务商关于服务能力、定价与监控质量的联合决策问题，并与短期决策问题进行比较。最后，本书考虑工业物联网监控信息对后续的维护服务具有提速作用，即"加速效应"，所以故障被监测的用户与未被监测的用户在服务速率方面存在异质性。基于此，本书分析了在用户服务速率异质性的情境下排队系统的稳态结构，以及加速效应对服务均衡的影响。本书的研究在理论上弥补了诊断服务中关于错误成本的结构化特征研究的不足，实践中也为售后服务企业开展基于物联网的产品状态诊断服务提供了决策指导。

（3）现有研究主要定性地分析了物联网在供应链中的应用特性，如可追溯性与及时响应性等，但是尚未有研究将其纳入用户与服务商的决策中，缺乏相应的定量分析模型。另外，现有关于差异化服务供给与竞争策略的研究主要集中于服务提前期或者服务价格的差异化方面，尚未有研究关注因物联网诊断误差导致的服务商差异化服务供给与竞争策略。因此，第6章基于第5章建立的连续性诊断误差与可变错误成本模型，同时考虑物联网在售后服务中的应用特性（可追溯性、及时响应性等），建立了不同服务模式下的用户净效益函数，基于此探讨了用户的均衡决策。之后，分别研究垄断与双寡头市场环境下服务商的能力规划与服务供给策略，并比较异同。最后，将模型拓展至监控质量内生情形，验证最优服务供给策略的鲁棒性，并分析在不同市场中引入一般性服务对监控服务最优监控质量的影响机制。研究发现，在垄断市场环境中，服务商的最优服务供给策略取决于物联网的相关特性，但是在双寡头市场环境中，存在一个"双赢"的情况：领导服务商最优策略是仅提供监控服务而跟随着服务商最优策略是放弃物联网技术而仅提供一般性服务。该发现探明了不同市场环境中服务商的服务供给策略，一定程度上突破了现有对差异化服务供给与竞争策略的相关研究的局限。本书的研究从理论上弥补了物联网环境下的供应链管理相关研究的不足，并丰富了差异化服务相关的研究视角，实践上为售后服务企业在不同市场环境下选择最优服务供给策略与调整监控精度等问题提供了理论支持。

7.3　研究展望

本书将工业物联网在售后服务应用中的优势（如可视化、可追溯性与及时响应性等特点）以解析模型的形式纳入售后服务能力规划模型中，并考虑因不精确监控而导致的诊断误差对服务商最优决策的影响，分别从离散性诊断错误与连续性诊断误差两个方面，研究了不同情境下服务商最优服务能力规划与服务竞争策略问题。由于本书是第一次尝试将工业物联网特性与不精确诊断因素同时纳入售后服务商的运营决策管理模型中，并且该领域涉及内容的复杂性与模型求解的局限性，许多问题有待进一步深入研究。因此，本书将未来研究方向总结如下：

首先，由于本书只考虑了单周期的维护与备件替换问题，所以相应的不精确诊断只包括漏检与多检两种。但是如果考虑产品全生命周期的维护问题，那么物联网的不精确诊断还应包括以下情形：某维护周期内监控到的受损部件预警在下一周期转变为实际维护需求，即预警的时效性问题成为不精确诊断的第三类因素。另外，在产品多周期维护修复服务中，下一阶段的有效需求还取决于上一阶段的修复质量，例如，某一阶段的修复质量越高，则产品在下一阶段发生故障的概率越小。因此，如何将产品全生命周期维护服务纳入考量，建立考虑三类不精确诊断因素与不同阶段服务质量与需求关系的服务能力规划模型，是未来的重要研究方向之一。

其次，在离散性诊断错误的研究章节中，由于考虑了受损部件的修复—替换均衡因素，导致模型的分析较为复杂。因此，在该情境下本书只分析了垄断型服务商的相关能力规划决策。未来研究可以考虑服务商之间关于服务质量以及备件替换的竞争，比如，服务商可以通过提高服务质量或者降低备件替换的方式吸引用户，但同时服务速率的降低会导致用户等待时间的增加从而降低用户参与热情，因此，竞争性服务商可以从服务质量、服务定价与承诺最长等待时间等维度进行服务竞争。同时，可以考虑异质性用户，如一些用户关注服务质量而另一些用户更关注服务的时效性或者价格等，研究用户异质性对服务商竞争策略的影响也是未来研究的重要方向。

最后，本书第6章在研究服务商服务供给决策时，研究了垄断市场与双寡头市场环境中服务商的最优决策，且在双寡头市场中，本书假设潜在服务商不能确定监控质量水平，这种情形发生在产品结构复杂、科技程度高的行业中，因为行业领导者制定了产品的监控质量，而潜在服务商一般为第三方维护机构，因此无法自主决定物联网的监控质量。除上述市场环境外，当考虑各服务商可以自主决定其监控质量时，研究多服务商的纳什均衡以及合作博弈等同样具有很好的现实意义。另外，考虑多服务商的竞争市场也具有现实意义。

参考文献

［1］ Alaei S, Makhdoumi A, Malekian A, et al. Revenue－sharing allocation strategies for two－sided media platforms: Pro-rata vs. user-centric ［J］. Management Science, 2022, 68 (12): 8699-8721.

［2］ Alger I, Salanie F. A theory of fraud and overtreatment in experts markets ［J］. Journal of Economics & Management Strategy, 2006, 15 (4): 853-881.

［3］ Ali-Marttila M, Tynninen L, Marttonen S, et al. Value elements of industrial maintenance: Verifying the views of the customer and service provider ［J］. International Journal of Strategic Engineering Asset Management, 2015, 2 (2): 136-158.

［4］ Alizamir S, De Véricourt F, Sun P. Diagnostic accuracy under congestion ［J］. Management Science, 2013, 59 (1): 157-171.

［5］ Ammar M, Russello G, Crispo B. Internet of Things: A survey on the security of IoT frameworks ［J］. Journal of Information Security and Applications, 2018 (38): 8-27.

［6］ Anand K S, Paç M F, Veeraraghavan S. Quality-speed conundrum: Trade-offs in customer-intensive services ［J］. Management Science, 2011, 57 (1): 40-56.

［7］ Bai J, So K C, Tang C S, et al. Coordinating supply and demand on an on-demand service platform with impatient customers ［J］. Manufacturing & Service Operations Management, 2019, 21 (3): 556-570.

［8］ Bakos Y, Halaburda H. Platform competition with multihoming on both sides: Subsidize or not? ［J］. Management Science, 2020, 66 (12): 5599-5607.

［9］ Ban J, Ramsaran R R. An exploratory examination of service quality attributes in the ecotourism industry [J]. Journal of Travel & Tourism Marketing, 2017, 34 (1): 132−148.

[10] Basaure A, Vesselkov A, Töyli J. Internet of things (IoT) platform competition: Consumer switching versus provider multihoming [J]. Technovation, 2020, 90: 102101.

[11] Belleflamme P, Peitz M. Platform competition and seller investment incentives [J]. European Economic Review, 2010, 54 (8): 1059−1076.

[12] Belleflamme P, Peitz M. Platform competition: Who benefits from multihoming? [J]. International Journal of Industrial Organization, 2019, 64: 1−26.

[13] Ben−Daya M, Hassini E, Bahroun Z. Internet of things and supply chain management: A literature review [J]. International Journal of Production Research, 2019, 57 (15−16): 4719−4742.

[14] Bernstein F, DeCroix G A, Keskin N B. Competition between two−sided platforms under demand and supply congestion effects [J]. Manufacturing & Service Operations Management, 2021, 23 (5): 1043−1061.

[15] Bokrantz J, Skoogh A, Berlin C, et al. Maintenance in digitalized manufacturing: Delphi−based scenarios for 2030 [J]. International Journal of Production Economics, 2017 (191): 154−169.

[16] Cain M. Median Predictive cost of error with an asymmetric cost function [J]. Journal of the Operational Research Society, 1989, 40 (8): 735−740.

[17] Chen T, Tsai H R. Ubiquitous manufacturing: Current practices, challenges, and opportunities [J]. Robotics and Computer−integrated Manufacturing, 2017 (45): 126−132.

[18] Chen Y H, Jiang B. Effects of monitoring technology on the insurance market [J]. Production and Operations Management, 2019, 28 (8): 1957−1971.

[19] Cheng F T, Tieng H, Yang H C, et al. Industry 4.1 for wheel machining automation [J]. IEEE Robotics and Automation Letters, 2016, 1 (1): 332−339.

[20] Chopra A. Conceptual framework of IoT for transport logistics an approach to connecting material flow and IT in self−directing collaborating logistics progressions [J]. International Journal of System Assurance Engineering and Management, 2020: 1−9.

[21] Choy K L, Ho G T S, Lee C K H. A RFID−based storage assignment sys-

tem for enhancing the efficiency of order picking [J]. Journal of Intelligent Manufacturing, 2017, 28 (1): 111-129.

[22] Christopher M, Holweg M. "Supply Chain 2.0": Managing supply chains in the era of turbulence [J]. International Journal of Physical Distribution & Logistics Management, 2011, 41 (1): 63-82.

[23] Dai T, Akan M, Tayur S. Imaging room and beyond: The underlying economics behind physicians'test-ordering behavior in outpatient services [J]. Manufacturing & Service Operations Management, 2016, 19 (1): 99-113.

[24] Dan B, Zhang S, Zhou M. Strategies for warranty service in a dual-channel supply chain with value-added service competition [J]. International Journal of Production Research, 2018, 56 (17): 5677-5699.

[25] Daniels K, Turcic D. Matching Technology and Competition in Ride-hailing Marketplaces [J]. Available at SSRN 3918009, 2021.

[26] Debo L G, Toktay L B, Van Wassenhove L N. Queuing for expert services [J]. Management Science, 2008, 54 (8): 1497-1512.

[27] Dobson G, Sainathan A. On the impact of analyzing customer information and prioritizing in a service system [J]. Decision Support Systems, 2011, 51 (4): 875-883.

[28] Dou Y, Wu D J. Platform competition under network effects: piggybacking and optimal subsidization [J]. Information Systems Research, 2021, 32 (3): 820-835.

[29] Du B, Larsen C. Reservation policies of advance orders in the presence of multiple demand classes [J]. European Journal of Operational Research, 2017, 256 (2): 430-438.

[30] Dweekat A J, Hwang G, Park J. A supply chain performance measurement approach using the internet of things [J]. Industrial Management & Data Systems, 2017, 117 (2): 267-286.

[31] Eruguz A S, Tan T, van Houtum G J. Integrated maintenance and spare part optimization for moving assets [J]. IISE Transactions, 2018, 50 (3): 230-245.

[32] Fang C, Liu X, Pardalos P M, et al. Optimization for a three-stage production system in the Internet of Things: Procurement, production and product recovery, and acquisition [J]. The International Journal of Advanced Manufacturing Technology,

2016, 83 (5-8): 689-710.

[33] Fischer S, Benzaman B, Diegel E, et al. Effects of different types of imperfect advance demand information in production systems [J]. Journal of Simulation, 2022, 16 (3): 217-229.

[34] Foidl H, Felderer M. Research challenges of industry 4.0 for quality management [C]. International Conference on Enterprise Resource Planning Systems. Springer, Cham, 2015.

[35] Gabor A F, van Vianen L A, Yang G, et al. A base-stock inventory model with service differentiation and response time guarantees [J]. European Journal of Operational Research, 2018, 269 (3): 900-908.

[36] Gaiardelli P, Saccani N, Songini L. Performance measurement of the after-sales service network—Evidence from the automotive industry [J]. Computers in Industry, 2007, 58 (7): 698-708.

[37] Gaivoronski A A, Nesse P J, Østerbo O N, et al. Risk-balanced dimensioning and pricing of End-to-End differentiated services [J]. European Journal of Operational Research, 2016, 254 (2): 644-655.

[38] García Á, Bregon A, Martínez-Prieto M A. A non-intrusive Industry 4.0 retrofitting approach for collaborative maintenance in traditional manufacturing [J]. Computers & Industrial Engineering, 2022, 164: 107896.

[39] Gebauer H, Gustafsson A, Witell L. Competitive advantage through service differentiation by manufacturing companies [J]. Journal of Business Research, 2011, 64 (12): 1270-1280.

[40] Guajardo J A, Cohen M A, Netessine S. Service competition and product quality in the US automobile industry [J]. Management Science, 2016, 62 (7): 1860-1877.

[41] Guajardo J A, Cohen M A. Service differentiation and operating segments: A framework and an application to after-sales services [J]. Manufacturing & Service Operations Management, 2018, 20 (3): 440-454.

[42] Guo P, Tang C S, Wang Y, et al. The impact of reimbursement policy on social welfare, revisit rate, and waiting time in a public healthcare system: Fee-for-service versus bundled payment [J]. Manufacturing & Service Operations Management,

2019, 21 (1): 154-170.

[43] Hu M, Li Y, Wang J. Efficient ignorance: Information heterogeneity in a queue [J]. Management Science, 2018, 64 (6): 2650-2671.

[44] Hu Y, Chan C W, Dong J. Optimal scheduling of proactive service with customer deterioration and improvement [J]. Management Science, 2021.

[45] Iravani S M R, Krishnamurthy V. Workforce agility in repair and maintenance environments [J]. Manufacturing & Service Operations Management, 2007, 9 (2): 168-184.

[46] Jain A, Bala R. Differentiated or integrated: Capacity and service level choice for differentiated products [J]. European Journal of Operational Research, 2018, 266 (3): 1025-1037.

[47] Jayaswal S, Jewkes E M. Price and lead time differentiation, capacity strategy and market competition [J]. International Journal of Production Research, 2016, 54 (9): 2791-2806.

[48] Jie Y U, Subramanian N, Ning K, et al. Product delivery service provider selection and customer satisfaction in the era of internet of things: A Chinese e-retailers' perspective [J]. International Journal of Production Economics, 2015 (159): 104-116.

[49] Ju Y, Back K J, Choi Y, et al. Exploring Airbnb service quality attributes and their asymmetric effects on customer satisfaction [J]. International Journal of Hospitality Management, 2019 (77): 342-352.

[50] Karabağ O, Eruguz A S, Basten R. Integrated optimization of maintenance interventions and spare part selection for a partially observable multi-component system [J]. Reliability Engineering & System Safety, 2020: 106955.

[51] Karkouch A, Mousannif H, Al Moatassime H, et al. Data quality in internet of things: A state-of-the-art survey [J]. Journal of Network and Computer Applications, 2016 (73): 57-81.

[52] Khan, Minhaj, Ahmad, et al. IoT security: Review, blockchain solutions, and open challenges [J]. Future Generations Computer Systems Fgcs, 2018 (82): 395-411.

[53] Kostami V, Kostamis D, Ziya S. Pricing and capacity allocation for shared

services [J]. Manufacturing & Service Operations Management, 2017, 19 (2): 230-245.

[54] Kostami V, Rajagopalan S. Speed-quality trade-offs in a dynamic model [J]. Manufacturing & Service Operations Management, 2013, 16 (1): 104-118.

[55] Kumar V, Amorim M, Bhattacharya A, et al. Operationalizing IoT for reverse supply: The development of use-visibility measures [J]. Supply Chain Management: An International Journal, 2016, 21 (2): 228-244.

[56] Kurata H, Nam S H. After-sales service competition in a supply chain: Does uncertainty affect the conflict between profit maximization and customer satisfaction? [J]. International Journal of Production Economics, 2013, 144 (1):268-280.

[57] Kurata H, Nam S H. After-sales service competition in a supply chain: Optimization of customer satisfaction level or profit or both? [J]. International Journal of Production Economics, 2010, 127 (1): 136-146.

[58] Kurz J, Pibernik R. Flexible Capacity management with future information [J]. Available at SSRN 2863088, 2016.

[59] Kurz J. Capacity planning for a maintenance service provider with advanced information [J]. European Journal of Operational Research, 2016, 251 (2): 466-477.

[60] Lang M, Wiesche M, Krcmar H. Criteria for selecting cloud service providers: A Delphi study of quality-of-service attributes [J]. Information & Management, 2018, 55 (6): 746-758.

[61] Lee H H, Pinker E J, Shumsky R A. Outsourcing a two-level service process [J]. Management Science, 2012, 58 (8): 1569-1584.

[62] Legnani E, Cavalieri S. Modelling and measuring after-sales service delivery processes [C]. IFAC Proceedings Volumes, 2012, 45 (6): 1684-1689.

[63] Lewis M A, Brown A D. How different is professional service operations management? [J]. Journal of Operations Management, 2012 (30): 1-11.

[64] Li B, Kumar S. Should you kill or embrace your competitor: Cloud service and competition strategy [J]. Production and Operations Management, 2018, 27 (5): 822-838.

[65] Li G, Huang F F, Cheng T C E, et al. Make-or-buy service capacity decision in a supply chain providing after-sales service [J]. European Journal of Operational Research, 2014, 239 (2): 377-388.

［66］ Li R, Ryan J K. A Bayesian inventory model using real-time condition monitoring information ［J］. Production & Operations Management, 2011, 20 (5): 754-771.

［67］ Li X, Guo P, Lian Z. Quality - speed competition in customer-intensive services with boundedly rational customers ［J］. Production and Operations Management, 2016, 25 (11): 1885-1901.

［68］ Lin X, Zhou Y W. Pricing policy selection for a platform providing vertically differentiated services with self-scheduling capacity ［J］. Journal of the Operational Research Society, 2019, 70 (7): 1203-1218.

［69］ Maddah B, Nasr W W, Charanek A. A multi-station system for reducing congestion in high-variability queues ［J］. European Journal of Operational Research, 2017, 262 (2): 602-619.

［70］ Maglaras C, Yao J, Zeevi A. Optimal price and delay differentiation in large-scale queueing systems ［J］. Management Science, 2018, 64 (5): 2427-2444.

［71］ Manavalan E, Jayakrishna K. A review of Internet of Things (IoT) embedded sustainable supply chain for industry 4.0 requirements ［J］. Computers & Industrial Engineering, 2019 (127): 925-953.

［72］ Muller A, Suhner M C, Iung B. Formalisation of a new prognosis model for supporting proactive maintenance implementation on industrial system ［J］. Reliability Engineering & System Safety, 2008, 93 (2): 234-253.

［73］ Ng I, Scharf K, Pogrebna G, et al. Contextual variety, Internet-of-Things and the choice of tailoring over platform: Mass customization strategy in supply chain management ［J］. International Journal of Production Economics, 2015 (159): 76-87.

［74］ Nguyen K T P, Do P, Huynh K T, et al. Joint optimization of monitoring quality and replacement decisions in condition-based maintenance ［J］. Reliability Engineering & System Safety, 2019 (189): 177-195.

［75］ Ni G, Xu Y, Dong Y. Price and speed decisions in customer-intensive services with two classes of customers ［J］. European Journal of Operational Research, 2013, 228 (2): 427-436.

［76］Nikoloudi E，Romano M，Memon F A，et al. Interactive decision support methodology for near real-time response to failure events in a water distribution network ［J］. Journal of Hydroinformatics, 2021, 23 （3）: 483-499.

［77］Olsen T L, Tomlin B. Industry 4. 0: opportunities and challenges for operations management ［J］. Manufacturing & Service Operations Management, 2020, 22 （1）: 113-122.

［78］Paksoy T, Karaoglan İ, Gökçen H, et al. An experimental research on closed loop supply chain management with internet of things ［J］. Journal of Economics Bibliography, 2016, 3 （1S）: 1-20.

［79］Pan J N, Nguyen H T N. Achieving customer satisfaction through product-service systems ［J］. European Journal of Operational Research, 2015, 247 （1）: 179-190.

［80］Park S, Lee J S, Nicolau J L. Understanding the dynamics of the quality of airline service attributes: Satisfiers and dissatisfiers ［J］. Tourism Management, 2020 （81）: 104163.

［81］Qiu X, Luo H, Xu G, et al. Physical assets and service sharing for IoT-enabled supply hub in industrial park （SHIP） ［J］. International Journal of Production Economics, 2015 （159）: 4-15.

［82］Qu T, Thürer M, Wang J, et al. System dynamics analysis for an Internet-of-Things-enabled production logistics system ［J］. International Journal of Production Research, 2017, 55 （9）: 2622-2649.

［83］Raza A, Ulansky V. Optimal preventive maintenance of wind turbine components with imperfect continuous condition monitoring ［J］. Energies, 2019, 12 （19）: 3801.

［84］Rymaszewska A, Helo P, Gunasekaran A. IoT powered servitization of manufacturing-an exploratory case study ［J］. International Journal of Production Economics, 2017 （192）: 92-105.

［85］Saghafian S M, Tomlin B M, Biller S M. The internet of things and information fusion: Who talks to who? ［J］. Manufacturing & Service Operations Management, 2022, 24 （1）: 333-351.

［86］Saghafian S, Hopp W J, Iravani S M R, et al. Workload management in telemedical physician triage and other knowledge-based service systems [J]. Management Science, 2018, 64 (11): 5180-5197.

[87] Sañudo R, Echaniz E, Alonso B, et al. Addressing the importance of service attributes in railways [J]. Sustainability, 2019, 11 (12): 3411.

[88] Seliger Mostafa N, Hamdy W, Alawady H. Impacts of Internet of Things on supply chains: A framework for warehousing [J]. Social Sciences, 2019, 8 (3):84.

[89] Serhan M, Serhan C. The impact of food service attributes on customer satisfaction in a rural university campus environment [J]. International Journal of Food Science, 2019 (1): 2154548.

[90] Shokouhyar S, Shokoohyar S, Safari S. Research on the influence of after-sales service quality factors on customer satisfaction [J]. Journal of Retailing and Consumer Services, 2020 (56): 102-139.

[91] Sleptchenko A, Al Hanbali A, Zijm H. Joint planning of service engineers and spare parts [J]. European Journal of Operational Research, 2019, 271 (1): 97-108.

[92] So K C. Price and time competition for service delivery [J]. Manufacturing & Service Operations Management, 2000, 2 (4): 392-409.

[93] Stock T, Seliger G. Opportunities of sustainable manufacturing in industry 4.0 [J]. Procedia Cirp, 2016 (40): 536-541.

[94] Sun M, Wu F, Ng C T, Cheng T. C. E. Effects of imperfect IoT-enabled diagnostics on maintenance services: A system design perspective [J]. Computers & Industrial Engineering, 2021 (153): 107096.

[95] Sun M, Wu F, Zhao S. Machine diagnostic service centre design under imperfect diagnosis with uncertain error cost consideration [J]. International Journal of Production Research, 2020, 58 (10): 3015-3035.

[96] Taylor T A. On-demand service platforms [J]. Manufacturing & Service Operations Management, 2018, 20 (4): 704-720.

[97] Tong C, Nagarajan M, Cheng Y. Operational impact of service innovations in multi-step service systems [J]. Production and Operations Management, 2016, 25 (5): 833-848.

[98] Topal A E, and S Ramazan. A new MIP model for mine equipment schedu-

ling by minimizing maintenance cost [J]. European Journal of Operational Research, 2010, 207 (2): 1065-1071.

[99] Topan E, Tan T, van Houtum G J, et al. Using imperfect advance demand information in lost-sales inventory systems with the option of returning inventory [J]. IISE Transactions, 2018, 50 (3): 246-264.

[100] Ullah M, Nardelli P H J, Wolff A, et al. Twenty-one key factors to choose an iot platform: Theoretical framework and its applications [J]. IEEE Internet of Things Journal, 2020, 7 (10): 10111-10119.

[101] Verdouw C N, Beulens A J M, Van Der Vorst J. Virtualization of floricultural supply chains: A review from an Internet of Things perspective [J]. Computers and Electronics in Agriculture, 2013 (99): 160-175.

[102] Wang M, Altaf M S, Al-Hussein M, et al. Framework for an IoT-based shop floor material management system for panelized homebuilding [J]. International Journal of Construction Management, 2020, 20 (2): 130-145.

[103] Wang Q, Zhu X, Ni Y, et al. Blockchain for the IoT and industrial IoT: A review [J]. Internet of Things, 2020 (10): 1-9.

[104] Wang T, Toktay B L. Inventory Management with Advance Demand Information and Flexible Delivery [J]. Management Science, 2008, 54 (4): 716-732.

[105] Wang X, Debo L G, Scheller-Wolf A, et al. Design and analysis of diagnostic service centers [J]. Management Science, 2010, 56 (11): 1873-1890.

[106] Wang X, Debo L G, Scheller-Wolf A, et al. Service design at diagnostic service centers [J]. Naval Research Logistics, 2012, 59 (8): 613-628.

[107] Wang X, Wu Q, Lai G, et al. Offering discretionary healthcare services with medical consumption [J]. Production and Operations Management, 2019, 28 (9): 2291-2304.

[108] Wang Y, Wallace S W, Shen B, et al. Service supply chain management: A review of operational models [J]. European Journal of Operational Research, 2015, 247 (3): 685-698.

[109] Wood S D, Steece B M. Forecasting the product of two time series with a linear asymmetric error cost function [J]. Management Science, 1978, 24 (6): 690-701.

[110] Xia Y, Xiao T, Zhang G P. Service Investment and channel structure decisions in competing supply chains [J]. Service Science, 2019, 11 (1): 57-74.

[111] Xie J, Zhu W, Wei L, et al. Platform competition with partial multi-homing: When both same-side and cross-side network effects exist [J]. International Journal of Production Economics, 2021, 233: 108016.

[112] Xu K, Chan C W. Using future information to reduce waiting times in the emergency department via diversion [J]. Manufacturing & Service Operations Management, 2016, 18 (3): 314-331.

[113] Yang L, Debo L G, Gupta V. Search among queues under quality differentiation [J]. Management Science, 2019, 65 (8): 3605-3623.

[114] Yao J. Optimization of one-stop delivery scheduling in online shopping based on the physical Internet [J]. International Journal of Production Research, 2017, 55 (2): 358-376.

[115] Yu Y, Dong Y, Guo X. Pricing for sales and per-use rental services with vertical differentiation [J]. European Journal of Operational Research, 2018, 270 (2): 586-598.

[116] Zhang Y, Wang W, Wu N, et al. IoT-enabled real-time production performance analysis and exception diagnosis model [J]. IEEE Transactions on Automation Science and Engineering, 2016, 13 (3): 1318-1332.

[117] Zhang Z, Tan Y, Dey D. Price competition with service level guarantee in web services [J]. Decision Support Systems, 2009 (47): 93-104.

[118] Zhao X, Stecke K E, Prasad A. Lead time and price quotation mode selection: Uniform or differentiated? [J]. Production and Operations Management, 2012, 21 (1): 177-193.

[119] Zheng P, Lin T J, Chen C H, et al. A systematic design approach for service innovation of smart product-service systems [J]. Journal of Cleaner Production, 2018 (201): 657-667.

[120] Zhong Y, Zheng Z, Chou M C, et al. Resource pooling and allocation policies to deliver differentiated service [J]. Management Science, 2018, 64 (4): 1555-1573.

[121] Zhou W, Piramuthu S. IoT and supply chain traceability [C]. International

Conference on Future Network Systems and Security, 2015: 156-165.

［122］Zhu D. IoT and big data based cooperative logistical delivery scheduling method and cloud robot system ［J］. Future Generation Computer Systems, 2018 (86): 709-715.

［123］陈菊红, 黄放, 张雅琪, 姚树俊. 基于公平熵的预测性维护服务价值衡量及收益分配机制研究 ［J］. 预测, 2018, 37 (5): 69-74.

［124］陈希, 王娟. 智能平台下考虑主体心理行为的医疗服务供需匹配方法 ［J］. 运筹与管理, 2018, 27 (10): 125-132.

［125］陈远高, 刘南. 具有服务差异的双渠道供应链竞争策略 ［J］. 计算机集成制造系统, 2010, 16 (11): 2484-2489.

［126］德勤. 2019 中国汽车后市场白皮书 ［R］. 上海: 德勤咨询, 2019.

［127］丁锋, 陈军, 陈超, 等. 基于差异化战略的跨境电商竞争策略研究 ［J］. 运筹与管理, 2019, 28 (6): 33-40.

［128］董克, 吕文元. 考虑客户满意度的租赁产品维护策略优化 ［J］. 系统工程, 2017, 35 (3): 153-158.

［129］都牧, 胡祥培, 周宽久, 等. 基于物联网的蔬果网上直销 "农—宅" 配送系统 ［J］. 系统工程学报, 2014, 29 (2): 215-222.

［130］桂云苗, 武众, 龚本刚. 竞争环境下双边平台增值服务质量投资竞争研究 ［J］. 中国管理科学, 2021, 29 (5): 65-76.

［131］郭放, 杨珺, 杨超. 考虑差异化服务时间的多车型电动汽车路径优化与充电策略研究 ［J］. 中国管理科学, 2019, 27 (8): 118-128.

［132］李辉, 谭显春, 顾佰和, 等. 物联网环境下碳配额和减排双重约束的企业资源共享策略 ［J］. 系统工程理论与实践, 2018, 38 (12): 3085-3096.

［133］李乔松. 基于物联网的逆向物流管理信息系统构建 ［J］. 中国市场, 2015 (7): 16-17.

［134］李武强, 刘树林. 客源充足情境下的 customer-intensive 服务策略研究 ［J］. 运筹与管理, 2013, 22 (5): 153-159.

［135］廖雯竹. 基于产品衰退机制的预知性维护策略及生产排程集成研究 ［D］. 上海: 上海交通大学, 2011.

［136］蔺雷, 吴贵生. 我国制造企业服务增强差异化机制的实证研究 ［J］. 管理世界, 2007 (6): 103-113.

[137] 卢珂，周晶，和欣．考虑用户对服务质量偏好的网约车平台定价策略研究 [J]．软科学，2018，32（6）：119-124.

[138] 莫欣农．服务工业互联网彻底改变工程机械＆后市场格局 [J]．今日工程机械，2019（6）：50-52.

[139] 彭向，胡天宇，孙俊芳，等．基于社会福利最大化的网约车平台定价模型研究 [J]．系统工程理论与实践，2021，41（7）：1806-1818.

[140] 前瞻产业研究院．2019 年物联网行业市场报告研究 [R]．2019.

[141] 盛浩，等．物联网+：制造业向智能服务转型的新引擎 [R]．北京：埃森哲咨询，2018.

[142] 苏兵，林刚，郭清娥．带有信息有限预知的片堵塞加拿大旅行者问题 [J]．系统工程理论与实践，2016，36（10）：2673-2679.

[143] 孙中苗，徐琪．随机需求下考虑不同竞争情形的网约车平台动态定价 [J]．中国管理科学，2021，29（01）：138-148.

[144] 汪旭晖，张其林．基于物联网的生鲜农产品冷链物流体系构建：框架，机制与路径 [J]．南京农业大学学报：社会科学版，2016，16（1）：31-41.

[145] 汪应洛．创新服务型制造业，优化产业结构 [J]．管理工程学报，2010，24（S1）：2-5.

[146] 王志宏，傅长涛．用户不同归属行为下货运共享平台的定价策略研究 [J]．管理学报，2019，16（7）：1081-1087.

[147] 吴琼，陈菊红，黄放，等．考虑响应时间的制造企业远程监控服务定价策略研究 [J]．西安理工大学学报，2018，34（4）：510-515.

[148] 武汉大学工业互联网研究课题组．"十四五"时期工业互联网高质量发展的战略思考 [J]．中国软科学，2020（5）：1-9.

[149] 西门子．数字工业的曙光 [EB/OL]．https：//www.sohu.com/a/410721730_100232196.2020-08-02.

[150] 谢文明，江志斌，汪益新，等．基于服务型制造的设备维护外包合同设计 [J]．系统管理学报，2013，22（3）：289-294.

[151] 闫开宁，李刚．"互联网+"背景下的服务型制造企业变革 [J]．中国机械工程，2018，29（18）：2238-2249.

[152] 严磊，梅姝娥，仲伟俊，等．考虑网购偏好行为的双渠道广告与价格竞争策略 [J]．系统管理学报，2019，28（2）：369-378.

［153］颜波，石平，丁德龙．物联网环境下的农产品供应链风险评估与控制［J］．管理工程学报，2014，28（3）：196-202.

［154］杨建军，等．工业物联网白皮书（2017 版）［R］．北京：中国电子技术标准化研究院，2017.

［155］殷剑．大型电子产品故障智能诊断技术研究［J］．通信电源技术，2019，36（4）：25-26.

［156］张杰．天猫养车，途虎工场店，京车会三家连锁品牌解析［J］．汽车与配件，2020（6）：60-61.

［157］张利凤，慕银平，樊鹏英．共享平台下的停车位预订控制策略研究［J］．系统工程理论与实践，2021.

［158］赵道致，杜其光．供应链中需求信息更新对制造能力共享的影响［J］．系统管理学报，2017，26（2）：374-380.

［159］赵道致，李志保．考虑制造商消费者特点的零售商定价订购策略［J］．工业工程与管理，2016，21（2）：8-15.

［160］赵雪涛．汽车超人：欲主汽车后市场沉浮［J］．南方企业家，2017（4）：90-93.

［161］赵燕飞，王勇．考虑卖方用户部分多归属的双寡头双边平台增值服务与定价竞争策略研究［J］．预测，2020，39（4）：76-82.

［162］郑斐峰，乔龙亮，黄基诞．有限预知信息下集装箱码头泊位与岸桥联合在线调度［J］．系统管理学报，2018，27（1）：1-9.

［163］中国信息通信研究院．工业互联网产业经济发展报告［R］．2020.

［164］钟丽，艾兴政，汪敢甫．物联网技术改进下制造商和零售商合作机制研究［J］．预测，2019（4）：83-89.

［165］周华，周水银．基于顾客排队行为的专业服务等级的决策问题［J］．中国管理科学，2014，22（2）：85-93.

［166］周华，周水银．基于自主性的专业服务定价策略［J］．系统管理学报，2016，25（3）：520-526.

附 录

附录A 第4章定理4.5的证明

证明: (1) 当 $d > W^*(\tau^*)$ 时,服务商承诺的用户最长等待时间大于所有用户都选择加入服务时的期望等待时间,此时承诺等待时间约束不会对服务系统的均衡产生影响,即此时服务商的最优决策同定理4.3。

(2) 当 $d < W^*(\tau^*)$ 时,服务商承诺的用户最长等待时间将影响服务商的决策,因为用户在均衡状态下的净效益为正。由式(4-8)与定理4.4可知,该情形下的用户有效需求到达率为:

$$\lambda^e = \Lambda \left[1 - \frac{c_w(d-(\tau+\tau_0))}{V(\tau)-P-C(\tau)-c_w(\tau+\tau_0)-s_2 c_1} \right] \tag{A-1}$$

对于给定的服务价格与服务时间,专家数量决策为:

$$N(P,\ \tau) = \left[\Lambda \left(1 - \frac{c_w(d-(\tau+\tau_0))}{V(\tau)-P-C(\tau)-c_w(\tau+\tau_0)-s_2 c_1} \right) + 1/d \right] (\tau+\tau_0) \tag{A-2}$$

将上述式(A-1)与式(A-2)代入服务商的目标函数,并且令 $B = V(\tau) - P - C(\tau) - c_w(\tau+\tau_0) - s_2 c_1$, $D = c_w(d-(\tau+\tau_0))$,可得:

$$\max_{q,\tau} R(q,\ \tau) = \left[1 - \frac{c_w(d-(\tau+\tau_0))}{V(\tau)-q-(1-\delta)C(\tau)-c_w(\tau+\tau_0)-s_2 c_1} \right] q\Lambda - c_r$$

$$\left[\Lambda \left(1 - \frac{c_w(d-(\tau+\tau_0))}{V(\tau)-P-(1-\delta)C(\tau)-c_w(\tau+\tau_0)-s_2 c_1} \right) + \frac{1}{d} \right] (\tau+\tau_0)$$

$$\tag{A-3}$$

对 R 关于 q 分别求一阶与二阶导数，可得：

$$\frac{\partial R}{\partial q}=\Lambda\left(1-\frac{D}{B-q}\right)-\Lambda\left[q-c_r(\tau+\tau_0)\right]\frac{D}{(B-q)^2} \tag{A-4}$$

$$\frac{\partial^2 R}{\partial q^2}=-\Lambda\frac{D}{(B-q)^2}-2\Lambda\left[q-c_r(\tau+\tau_0)\right]\frac{D}{(B-q)^3} \tag{A-5}$$

式（A-5）表明 R 关于 q 存在最大值，因为 $\frac{\partial^2 R}{\partial q^2}<0$。令 $\frac{\partial R}{\partial q}=0$，可解得两个根

分别为 $B\pm\sqrt{DB}$，但是，当 $B<q$ 时，用户的净效益恒为负，不会存在有效需求，

所以可得：

$$q^*(\tau)=B-\sqrt{DB} \tag{A-6}$$

将 $q^*(\tau)$ 代入服务商的收益函数，可得：

$$\max_{\tau} R(\tau)=\Lambda\left(B^{\frac{1}{2}}-D^{\frac{1}{2}}\right)^2-\theta(\tau+\tau_0)\left(\Lambda+\frac{1}{d}\right)+c_r\Lambda(\tau+\tau_0)D^{\frac{1}{2}}B^{-\frac{1}{2}} \tag{A-7}$$

对 $R(\tau)$ 关于 τ 求一阶导可得：

$$\frac{\partial R}{\partial \tau}=-\Lambda\left(B^{-\frac{1}{2}}D^{\frac{1}{2}}+\frac{1}{2}c_r(\tau+\tau_0)B^{-\frac{3}{2}}D^{\frac{1}{2}}\right)\left(\frac{\partial B}{\partial \tau}D-c_w B\right)+\frac{\partial B}{\partial \tau}+c_r\Lambda B^{-\frac{1}{2}}D^{\frac{1}{2}}-c_r\left(\Lambda+\frac{1}{d}\right)-c_w\Lambda \tag{A-8}$$

之后，验证 $\frac{\partial R}{\partial \tau}$ 有且仅有一根。对于 $B^{-\frac{1}{2}}D^{\frac{1}{2}}$，关于服务时间 τ 求导，可得：

$$\frac{\partial\left(B^{-\frac{1}{2}}D^{\frac{1}{2}}\right)}{\partial \tau}=\frac{-c_w(V(\tau)-c_w d)-D\left[\alpha+(1-\delta)(1+s_1-s_2)\beta K\right]\tau^{-2}}{B} \tag{A-9}$$

因为用户的期望效益为非负，所以 $V(\tau)-c_w d\geqslant0$，进而可以证明 $\frac{\partial\left(B^{-\frac{1}{2}}D^{\frac{1}{2}}\right)}{\partial \tau}<$

0。之后，验证 $\left(\frac{\partial B}{\partial \tau}D-c_w B\right)>0$。令 $g(\tau)=\left(\frac{\partial B}{\partial \tau}D-c_w B\right)$，可以验证 $g''(\tau)=\dfrac{d\left(\frac{\partial^2 B}{\partial \tau^2}\right)}{d\tau}$

$D-2c_w\frac{\partial^2 B}{\partial \tau^2}<0$，所以，可证明得到 $g'(\tau)_{min}=g'(\tau)\mid_{\tau\rightarrow\infty}>0$，进一步可得 $g(\tau)_{min}=$

$g(\tau)\mid_{\tau=\tau_0}>0$。最后，证明 $h(\tau)=\left(B^{-\frac{1}{2}}D^{-\frac{1}{2}}+\frac{1}{2}\theta(\tau+\tau_0)B^{-\frac{3}{2}}D^{-\frac{1}{2}}\right)$ 随着 τ 的增大而

增大。对 $h(\tau)$ 关于 τ 求一阶导，$h'(\tau)=\left(\frac{\partial B}{\partial \tau}D-c_w B\right)$

$\left[\dfrac{1}{2}B^{-\frac{3}{2}}D^{-\frac{3}{2}}+\dfrac{3}{4}\theta(\tau+\tau_0)B^{-\frac{5}{2}}D^{-\frac{3}{2}}\right]>0$，因 为 已 经 证 明 $\left(\dfrac{\partial B}{\partial\tau}D-c_wB\right)>0$，所 以 有 $h'(\tau)>0$。因为 $g(\tau)$ 与 $h(\tau)$ 均为正的递增函数，所以易得 $h(\tau)\cdot g(\tau)$ 也是关于服务时间 τ 的单调递增函数。所以，对于式（A-8）中的一阶条件，有

$-\Lambda\left(B^{-\frac{1}{2}}D^{-\frac{1}{2}}+\dfrac{1}{2}c_r(\tau+\tau_0)B^{-\frac{3}{2}}D^{-\frac{1}{2}}\right)\left(\dfrac{\partial B}{\partial\tau}D-c_wB\right)$ 单调递减，$\dfrac{\partial B}{\partial\tau}+c_r\Lambda B^{-\frac{1}{2}}D^{\frac{1}{2}}-c_r\left(\Lambda+\dfrac{1}{d}\right)-c_w\Lambda$ 单调递减，所以可得方程：

$$\Lambda\left(B^{-\frac{1}{2}}D^{-\frac{1}{2}}+\dfrac{1}{2}c_r(\tau+\tau_0)B^{-\frac{3}{2}}D^{-\frac{1}{2}}\right)\left(\dfrac{\partial B}{\partial\tau}D-c_wB\right)=\dfrac{\partial B}{\partial\tau}+c_r\Lambda B^{-\frac{1}{2}}D^{\frac{1}{2}}-c_r\left(\Lambda+\dfrac{1}{d}\right)-c_w\Lambda$$

（A-10）

有且仅有一根，即服务商效益函数 $R(\tau)$ 关于服务时间 τ 存在最大值点 τ^{**}，且可由式（A-10）中的一阶条件求得。相应地，最优服务价格、专家数量与均衡需求到达率可以表示为：

$$P^{**}(\tau^{**})=B(\tau^{**})-\delta\left(1+\beta\left(\dfrac{1}{\tau^{**}}-\dfrac{1}{\tau_b}\right)\right)K-\sqrt{c_w(d-(\tau^{**}+\tau_0))B(\tau)}$$

$$N^{**}(\tau^{**})=(\tau^{**}+\tau_0)\left(\Lambda-\Lambda\sqrt{\dfrac{D(\tau^{**})}{B(\tau^{**})}}+\dfrac{1}{d}\right)$$

$$\lambda^e(\tau)=\Lambda\left(1-\sqrt{\dfrac{D(\tau^{**})}{B(\tau^{**})}}\right)$$

附录 B　第 5 章定理 5.4 的证明

证明：短期决策问题下服务商的收益函数为：

$$R(\lambda,\mu)=\lambda[T(q)+Q(\mu)-c_wW(\lambda,\mu)]-\lambda c_2e^{-\gamma q}$$ （B-1）

所以，对于给定的 λ，有：

$$\dfrac{\partial R}{\partial\mu}=\lambda\left(-\alpha-c_w\cdot\dfrac{\partial W}{\partial\mu}\right)$$ （B-2）

以及

$$\dfrac{\partial^2R}{\partial\mu^2}=-\lambda c_w\dfrac{\partial^2W}{\partial\mu^2}<0$$ （B-3）

因此，最优服务速率可由一阶条件得到，即

$$-\alpha-c_w \cdot \frac{\partial W}{\partial \mu}=0 \tag{B-4}$$

令 $h(\lambda)$ 代表 $T(q)+Q(\mu)-c_w W(\lambda, \mu)-c_2 e^{-\gamma q}$ 的最大值，即 $h(\lambda)=\max_{\mu} T(q)+$
$Q(\mu)-c_w W(\lambda, \mu)-c_2 e^{-\gamma q}$。因为 $W(\lambda, \mu)$ 关于 μ 是凹函数，所以 $h(\lambda)$ 存在并且
连续。然后，考虑关于 λ 的最优化问题，服务商的目标函数可以表示为：

$$R=\max_{\lambda} g(\lambda, b)=\max_{\lambda} \lambda h(\lambda, b) \tag{B-5}$$

将 λ 作为决策变量而 b 作为参数，然后比较不同 b 取值时最优解 λ 的大小。
具体地，令 λ_1 是函数 $g(\cdot, b_1)$ 的最大值点，λ_2 是函数 $g(\cdot, b_2)$ 的最大值点，
其中 b_1 和 b_2 是满足 $b_1<b_2$ 的任意值。因此，有以下结论成立：$g(\lambda_1, b_1) \geqslant$
$g(\lambda_2, b_1)$ 和 $g(\lambda_2, b_2) \geqslant g(\lambda_1, b_2)$，两不等式相减，可得：

$$g(\lambda_2, b_2)-g(\lambda_2, b_1) \geqslant g(\lambda_1, b_2)-g(\lambda_1, b_1) \tag{B-6}$$

然后，令 $l(\lambda)=g(\lambda, b_2)-g(\lambda, b_1)$，（B-6）中的不等式可以表示为
$l(\lambda_1) \leqslant l(\lambda_2)$。以积分形式表达，可得：

$$0 \leqslant l(\lambda_2)-l(\lambda_1)=\int_{\lambda_1}^{\lambda_2} l'(\lambda) d\lambda=\int_{\lambda_1}^{\lambda_2}\left(\frac{\partial g(\lambda, b_2)}{\partial \lambda}-\frac{\partial g(\lambda, b_1)}{\partial \lambda}\right) d\lambda \tag{B-7}$$

再后，将（B-7）中的积分形式表示为关于 b 和 λ 的二重积分，可得：

$$l(\lambda_2)-l(\lambda_1)=\int_{\lambda_1}^{\lambda_2}\left(\frac{\partial g(\lambda, b_2)}{\partial \lambda}-\frac{\partial g(\lambda, b_1)}{\partial \lambda}\right) d\lambda=\int_{\lambda_1}^{\lambda_2}\int_{b_1}^{b_2} \frac{\partial^2 g(\lambda, b)}{\partial \lambda \partial b} db d\lambda$$

$$\tag{B-8}$$

接下来，求证 $\dfrac{\partial^2 g(\lambda, b)}{\partial \lambda \partial b}$ 的正负。因为 $g(\lambda, b)=\lambda h(\lambda, b)$，所以关于 g 的
二阶偏导数为：

$$\frac{\partial^2 g(\lambda, b)}{\partial \lambda \partial b}=\frac{\partial h(\lambda, b)}{\partial b}+\lambda \frac{\partial^2 h(\lambda, b)}{\partial \lambda \partial b} \tag{B-9}$$

并且，由一阶条件（B-4）可得：

$$\frac{\partial h(\lambda, b)}{\partial b}=-\alpha \frac{\partial \mu^*}{\partial b}-c_w\left(\frac{\partial W}{\partial b}+\frac{\partial W}{\partial \mu} \frac{\partial \mu^*}{\partial b}\right)$$

$$\frac{\partial^2 h(\lambda, b)}{\partial \lambda \partial b}=-\alpha \frac{\partial^2 \mu^*}{\partial \lambda \partial b}-c_w\left(\frac{\partial^2 W}{\partial \lambda \partial b}+\frac{\partial^2 W}{\partial \mu \partial b} \frac{\partial \mu^*}{\partial \lambda}+\frac{\partial W}{\partial \mu} \frac{\partial^2 \mu^*}{\partial \lambda \partial b}\right) \tag{B-10}$$

由于在均衡状态下 μ^* 满足 $-\alpha-c_w \cdot \frac{\partial W}{\partial \mu}=0$，所以上述等式可以简化为：

$$\frac{\partial h(\lambda,\ b)}{\partial b}=-c_w\frac{\partial W}{\partial b}$$

$$\frac{\partial^2 h(\lambda,\ b)}{\partial\lambda\partial b}=-c_w\left(\frac{\partial^2 W}{\partial\lambda\partial b}+\frac{\partial^2 W}{\partial\mu\partial b}\frac{\partial\mu^*}{\partial\lambda}\right) \tag{B-11}$$

然后，证明$\dfrac{d\mu^*}{d\lambda}<0$以及$\dfrac{\partial^2 W}{\partial\lambda\partial b}<0$，$\dfrac{\partial^2 W}{\partial\mu\partial b}>0$。

性质（1）：使用隐函数求导法则关于μ^*的一阶条件对λ求导，可得$c_w\left[\dfrac{\partial W(\lambda,\ \mu)}{\partial\lambda}+\dfrac{\partial^2 W(\lambda,\ \mu)}{\partial\mu^2}\dfrac{\partial\mu}{\partial\lambda}\right]=0$。根据定理 5.3，有$\dfrac{\partial W(\lambda,\ \mu)}{\partial\mu\partial\lambda}>0$和$\dfrac{\partial^2 W(\lambda,\ \mu)}{\partial\mu^2}>0$，所以可得$\dfrac{\partial\mu^*}{\partial\lambda}<0$。

性质（2）：对期望等待时间W求偏导，可得$\dfrac{\partial^2 W}{\partial\lambda\partial b}=\dfrac{\partial^2\varphi_1}{\partial\lambda\partial b}\varphi_2+\dfrac{\partial\varphi_1}{\partial\lambda}\dfrac{\partial\varphi_2}{\partial b}+\dfrac{\partial^2\varphi_2}{\partial\lambda\partial b}\varphi_1+$

$\dfrac{\partial\varphi_2}{\partial\lambda}\dfrac{\partial\varphi_1}{\partial b}$，其中，根据定理 5.3 的证明，有$\dfrac{\partial\varphi_1}{\partial\lambda}=\left(\dfrac{p_A}{b^2\mu^2}+\dfrac{p_B}{\mu^2}\right)\left[\dfrac{\dfrac{1}{\lambda^2}}{\left(\dfrac{1}{\lambda}-\dfrac{p_A}{b\mu}\right)^2}\right]$。因为

$\left(\dfrac{p_A}{b^2\mu^2}+\dfrac{p_B}{\mu^2}\right)$和$\dfrac{\dfrac{1}{\lambda^2}}{\left(\dfrac{1}{\lambda}-\dfrac{p_A}{b\mu}\right)^2}$都为正且均随着$b$单调递减，所以可得$\dfrac{\partial^2\varphi_1}{\partial\lambda\partial b}<0$。同理，可

得$\dfrac{\partial^2\varphi_2}{\partial\lambda\partial b}<0$。此外，易证明$\dfrac{\partial\varphi_2}{\partial b}<0$和$\dfrac{\partial\varphi_1}{\partial b}<0$，所以最终可得$\dfrac{\partial^2 W}{\partial\lambda\partial b}<0$。同理，可证明

$\dfrac{\partial^2 W}{\partial\mu\partial b}>0$。

根据性质（1）和性质（2）的结果，最终证明$\dfrac{\partial^2 h(\lambda,\ b)}{\partial\lambda\partial b}>0$。

根据式（B-8），$l(\lambda_2)-l(\lambda_1)=\int_{\lambda_1}^{\lambda_2}\int_{b_1}^{b_2}\dfrac{\partial^2 g(\lambda,\ b)}{\partial\lambda\partial b}dbd\lambda\geqslant0$，并且$b_1<b_2$，所

以可得$\lambda_1<\lambda_2$，即有效需求λ随着b单调递增。基于$\lambda_1<\lambda_2$，然后证明$\mu_1>\mu_2$。服务商目标函数为：

$$\max_{\mu}h(\mu,\ \lambda)=T(q)+Q(\mu)-c_w\cdot W(\mu,\ \lambda)-c_2 e^{-\gamma q} \tag{B-12}$$

在上述优化问题中，将μ看作决策变量而将λ看作参数，令μ_1为$h(\ \cdot\ ,$

λ_1) 的最大值点，μ_2 为 $h(\cdot, \lambda_2)$ 的最大值点，且 $\lambda_1 < \lambda_2$。由于

$$\frac{\partial^2 h(\mu, \lambda)}{\partial \mu \partial \lambda} = -c_w \frac{\partial^2 W(\mu, \lambda)}{\partial \mu \partial \lambda} > 0 \tag{B-13}$$

重复之前的证明过程，可得 $\mu_1 > \mu_2$，即服务速率随着 b 单调递减。

根据最优服务速率 μ^* 的一阶条件 $-\alpha - c_w \cdot \dfrac{\partial W(\mu(\lambda), \lambda)}{\partial \mu} = 0$，可得

$\dfrac{\partial W(\mu, \lambda)}{\partial \mu} = -\dfrac{\alpha}{c_w}$。对该式关于 λ 求偏导，可得：

$$0 = \frac{\partial^2 W(\mu, \lambda)}{\partial \mu^2} \frac{d\mu(\lambda)}{d\lambda} + \frac{\partial W(\mu, \lambda)}{\partial \lambda} \tag{B-14}$$

所以，可得 $\dfrac{d\mu(\lambda)}{d\lambda} = -\dfrac{\dfrac{\partial W(\mu, \lambda)}{\partial \lambda}}{\dfrac{\partial^2 W(\mu, \lambda)}{\partial \mu^2}}$。进而，有：

$$\frac{dW(\mu(\lambda), \lambda)}{d\lambda} = \frac{\partial W(\mu(\lambda), \lambda)}{\partial \mu} \frac{d\mu(\lambda)}{d\lambda} + \frac{\partial W(\mu(\lambda), \lambda)}{\partial \lambda} \tag{B-15}$$

将 $\dfrac{\partial W(\mu, \lambda)}{\partial \mu}$ 和 $\dfrac{d\mu(\lambda)}{d\lambda}$ 代入上式，可得：

$$\frac{dW(\mu(\lambda), \lambda)}{d\lambda} = \frac{\alpha}{c_w} \frac{\dfrac{\partial W(\mu, \lambda)}{\partial \lambda}}{\dfrac{\partial^2 W(\mu, \lambda)}{\partial \mu^2}} + \frac{\partial W(\mu(\lambda), \lambda)}{\partial \lambda}$$

$$= \frac{\partial W(\mu(\lambda), \lambda)}{\partial \lambda} \left(\frac{\alpha}{c_w} \frac{1}{\dfrac{\partial^2 W(\mu, \lambda)}{\partial \mu^2}} + 1 \right) > 0 \tag{B-16}$$

所以我们可以证明用户期望等待时间 W 随着有效需求 λ 增大而增大。另外，由于 W 关于 b 是连续且可微的，并且 λ 随着 b 单调递增，所以可得 W 同样随着 b 单调递增。

市场均衡条件下的服务商定价策略为 $p = T(q) + Q(\mu^*(\lambda)) - c_w \cdot W(\lambda, \mu^*(\lambda)) - c_2 e^{-\gamma q}$，对价格 p 关于 λ 求导，可得：

$$\frac{\partial p}{\partial \lambda} = -\alpha \frac{d\mu^*(\lambda)}{d\lambda} - c_w \left(\frac{\partial W}{\partial \lambda} + \frac{\partial W}{\partial \mu} \frac{\partial \mu^*}{\partial \lambda} \right) \tag{B-17}$$

由于 $-\alpha-c_w \cdot \dfrac{\partial W}{\partial \mu}=0$，所以 $\dfrac{\partial p}{\partial \lambda}=-c_w \dfrac{\partial W}{\partial \lambda}<0$。最终可证明 p 随着 b 单调递减。

附录 C 第 6 章引理 6.5 的证明

证明： 使用逆向归纳法，分析潜在服务商 N 的最优决策。服务商 N 只提供一般性服务，所以其有效需求为：

$$\lambda_N=\frac{c_A-\dfrac{c_e}{3}+P_M^A-P_N^B+c_w(\tau_A-\tau_B)}{(1-\theta)v}-\frac{\dfrac{c_e}{3}+c_w\tau_B+P_N^B}{\theta v} \tag{C-1}$$

所以，服务商 N 的利润最大化函数可以表示为：

$$\max_{(P_N^B,\mu_N^B)} R_N=(P_N^B-C_B)\lambda_N-e_B\mu_N^B$$

$$\text{s. t. } e^{-(\mu_N^B-\lambda_N)b\tau}\leqslant 1-\sigma \tag{C-2}$$

容易得到，在最优条件下，服务速率 $\mu_N^B=\lambda_N-\dfrac{\ln(1-\sigma)}{b\tau}$。因此，将 λ_N 与 μ_N^B 代入（B-2），并关于服务 B 的价格 P_N^B 求导，可得服务商 N 的最优定价为：

$$P_N^B=\frac{\theta P_M^A+\left(\theta c_A-\dfrac{c_e}{3}\right)+c_w\tau(\theta-b)+\dfrac{C_e}{3}+e_B}{2}; \text{ 且满足二阶条件} \frac{\partial^2 R_N}{\partial P_N^{B2}}=-2\left(\frac{1}{(1-\theta)v}+\frac{1}{\theta v}\right)<$$

0。服务商 N 若要获取一般性服务用户的所有需求，其定价还需满足 $p_N^B<p_M^B$。

然后，基于服务商 N 的决策，研究初始服务商 M 的最优决策。由于考虑博弈双方为非合作博弈，所以服务商 M 会使用其一般性服务 B 与服务商 N 竞争，因此双方关于一般性服务 B 的博弈为伯特兰德博弈，即均衡状态下双方的价格都等于边际成本，且双方关于一般性服务 B 的收益均为 0。因此，服务商 M 的目标函数可以表示为：

$$\max_{(P_M^A,\mu_M^A,P_M^B,\mu_M^B)} R_M=(P_M^A-C_A)\lambda_M^A-e_A\mu_M^A+(P_M^B-C_B)\lambda_M^B-e_B\mu_M^B$$

$$\text{s. t. } e^{-(\mu_M^A-\lambda_M^A)\tau}\leqslant 1-\sigma$$

$$e^{-(\mu_M^B-\lambda_M^B)b\tau}\leqslant 1-\sigma$$

$$\max_{(p_N^B,\mu_N^B)} R_N = 0 \tag{C-3}$$

其中，$\lambda_M^A = 1 - \dfrac{c_A - \dfrac{c_e}{3} + P_M^A - P_M^B + c_w(\tau_A - \tau_B)}{(1-\theta)v}$，$\lambda_M^B = \dfrac{c_A - \dfrac{c_e}{3} + P_M^A - P_M^B + c_w(\tau_A - \tau_B)}{(1-\theta)v} -$

$\dfrac{\dfrac{c_e}{3} + c_w\tau_B + P_N^B}{\theta v}$。

令 $\max\limits_{(p_N^B,\mu_N^B)} R_N = 0$，得结果为 $\bar{P}$，令 $P_M^B = \bar{P}$ 使服务商 M 拒绝服务商 N 进入市场（利润为 0 时）。求解可得：

$$\bar{P} = \dfrac{\dfrac{C_e}{3} + e_B + \left(\theta c_A - \dfrac{c_e}{3}\right) + \theta p_M^A + c_w\tau(\theta - b) \pm \sqrt{\left(\dfrac{C_e}{3} + e_B - \left(\theta c_A - \dfrac{c_e}{3}\right) - \theta p_M^A - c_w\tau(\theta - b)\right)^2 + 4\ln(1-\sigma)\dfrac{e_B}{\tau_B}\theta(1-\theta)v}}{2} \tag{C-4}$$

若取 "+"，一般性服务 B 的价格过高，导致没有用户选择服务 B，所以造成了利润为 0；但是，这并不是均衡状态，因为服务商 N 可以降低服务 B 的价格以获取更多的用户购买服务 B，即取 "+" 所得的 $\bar{P}$ 并不是企业提供服务的边际成本。所以，令服务商 N 的效益为 0，存在唯一的解 $\bar{P}$。

服务商关于监控服务 A 的定价可以表示为 $P_M^A = \arg\max R_M \big|_{P_M^B = \bar{P}}$。令

$$\sqrt{\left(\dfrac{C_e}{3} + e_B - \left(\theta c_A - \dfrac{c_e}{3}\right) - \theta p_M^A - c_w\tau(\theta - b)\right)^2 + 4\ln(1-\sigma)\dfrac{e_B}{\tau_B}\theta(1-\theta)v} = t,$$ 将其分别代入相

应的函数表达式，可以得到 $P_M^B(t)$、$\lambda_M(t)$、$p_M^A(t)$，因而服务商 M 的利润可以表示为 t 的函数，有：

$$R_M(t) = (P_M^A(t) - C_A - e_A)\lambda_M(t) + \dfrac{e_A\ln(1-\sigma)}{\tau} \tag{C-5}$$

关于 t 求一阶导数，可得：

$$\frac{\partial R_M(t)}{\partial t} = \frac{1}{\theta}\left[1 - \frac{(2-\theta)\Gamma + (2-2\theta)\left(\dfrac{c_e}{3} + \dfrac{C_e}{3} + c_w b\tau + e_B\right)}{2\theta}\right] -$$

$$\frac{2-\theta}{2\theta}\left[\frac{\Gamma + \left(\dfrac{C_e}{3} + e_2\right) - \left(\theta c_A - \dfrac{c_e}{3}\right) - c_w\tau(\theta - b)}{\theta} - C_A - e_A\right] \tag{C-6}$$

其中，$\Gamma = \sqrt{4\ln(1-\sigma)\dfrac{e_B}{\tau_B}\theta(1-\theta)v+t^2}$。令 $\dfrac{\partial R_M(t)}{\partial t}=0$，可得最优：

$$\Gamma^* = \frac{2\theta-(2-2\theta)\left(\dfrac{c_e}{3}+\dfrac{C_e}{3}+c_w b\tau+e_B\right)+(2-\theta)\left[\left(\theta c_A-\dfrac{c_e}{3}\right)+c_w\tau(\theta-b)-\left(\dfrac{C_e}{3}+e_B\right)\right]+\theta(2-\theta)(C_A+e_A)}{4-2\theta}$$

$$(\text{C-7})$$

之后，可以得到最优 t^*，最终可求得服务商 M 关于监控服务 A 的定价为：

$$P_M^A = \frac{2(1-\theta)v+\left(\dfrac{C_e}{3}+e_B+c_w b\tau+\dfrac{c_e}{3}\right)-(2-\theta)(c_w\tau+c_A)+(1-\theta)(2-\theta)v(C_A+e_A)}{(2-\theta)+(1-\theta)(2-\theta)v}$$

$$(\text{C-8})$$

上述最优解存在最大值的条件为：$\dfrac{\partial^2 R_M(t)}{\partial t^2}=-\dfrac{2-\theta}{\theta^2}\left[t\left(4\dfrac{1}{\ln(1-\sigma)}\dfrac{e_B}{\tau_B}\theta(1-\theta)v+t^2\right)^{-\frac{1}{2}}\right]<$

0。将 P_M^A 分别代入 $\bar{P}$、μ_M^A、μ_N^B，可得第 6 章引理 6.5 中的结果。